David Murlakow Mein unruhiges Leben

David Murlakow

Mein unruhiges Leben

Als Jude aus Galizien durch die Schoáh nach Israel und ein erfolgreiches Leben in Deutschland

Herausgegeben von Erhard Roy Wiehn
Hartung-Gorre Verlag Konstanz

Alle Fotos: Archiv David Murlakow; Herstellung: BoD GmbH HH.

<u>1940–2020</u>
80 Jahre Deportation der südwestdeutschen Jüdinnen und Juden nach Gurs und andere Internierungslager in Südwestfrankreich sowie 75 Jahre Ende des Zweiten Weltkriegs und der Holocaust-Schoáh

Bibliografische Information der Deutschen Nationalbibliothek
Die Deutsche Nationalbibliothek verzeichnet diese Publikation in der Deutschen Nationalbibliografie; detaillierte bibliografische Daten sind im Internet über https://dnb.dnb.de abrufbar.

Erste Auflage 2020
Hartung-Gorre Verlag Konstanz Germany
ISBN 978-3-86628-681-8 und 3-86628-681-3

Inhalt

David Murlakow vor dem Zweiten Weltkrieg (alle Fotos: Archiv David Murlakow)

Erhard Roy Wiehn[1]

Ein unruhiges Leben

Um das außergewöhnliche Leben von David Murlakow besser verstehen zu können, muss man sich einige Daten und Fakten der politisch-militärischen Lage in Europa der 1930er und 1940er Jahre vor Augen führen, von denen man sich heute nur noch sehr schwer vorstellen kann, dass diese tatsächlich einmal schreckliche Wirklichkeit waren. Daher folgen hier einige einführende Informationen zur Schoáh in 1. Polen, 2. Galizien (seinerzeit Ostpolen, heute teils Polen, teils Westukraine), 3. David Murlakow während der Schoáh, in der Pionierzeit Israels und schließlich erfolgreich in Deutschland und Europa.

1. Polen ist seit etwa 1000 Jahren Heimstätte für Juden.[2] POLIN, das hebräische Wort für Polen, heißt: "Hier verweile"![3] – Im Jahre 1939 leben in Polen ca. 3.460.000[4] jüdische Bürgerinnen und Bürger, etwa ein Drittel der Judenheit Europas, von denen ca. 90% in der Schoáh ihr Leben verlieren. Es handelt sich um ein monströses deutsches Verbrechen mit öffentlicher Ansage an alle Welt:

"Und eines möchte ich an diesem nicht nur für uns Deutsche denkwürdigen Tag nun aussprechen", so Reichskanzler Adolf Hitler nach sechs Jahren im Amt am 30. Januar 1939 im Reichstag zu Berlin: "Ich will auch heute wieder Prophet sein: Wenn es dem internationalen Finanzjudentum in und außerhalb Europas gelingen sollte, die Völker noch einmal in einen Weltkrieg zu stürzen, dann wird das Ergebnis

---

[1] Prof. (em.) im Fachbereich Geschichte und Soziologie der Universität Konstanz: www.uni-konstanz.de/soziologie/judaica; https://de.wikipedia.org/wiki/Erhard_ Roy_Wiehn

[2] https://de. wikipedia.org/wiki/Geschichte_der_Juden_in_Polen

[3] Damit beginnt der Rundgang durch das Museum der Geschichte der polnischen Juden in Warschau, das am 19. April 2013 eröffnet wurde, am Tag des Beginns des jüdischen Aufstands im Warschauer Ghetto 1943; https://de.wikipedia.org/wiki/Museum_der_Geschichte_der_polnischen_Juden; vgl. dazu: Maria Kłańska, Aus dem Schtetl in die Welt 1772–1938 – Ostjüdische Autobiographien in deutscher Sprache. Wien, Köln, Weimar 1994, S. 40 u. 33 ff.

[4] Die Zahlen schwanken, Thomas Sandkühler nennt 3,5 Millionen (in: "Endlösung" in Galizien. Bonn 1996, S. 24), im Wikipedia-Artikel steht die Zahl 3.350.000; https://de. wikipedia.org/wiki/ Geschichte_der_Juden_in_Polen; Yad Vashem nennt 3.3 Mio; http://www.yadvashem.org/yv/de/holocaust/about /09/poland.asp

nicht die Bolschewisierung der Erde und damit der Sieg des Judentums sein, sondern die Vernichtung der jüdischen Rasse in Europa."[5]

Am 23. August 1939, wenige Tage vor dem Überfall der deutschen Wehrmacht auf Polen, wird der deutsch-sowjetische Nichtangriffspakt geschlossen, der im Falle eines Krieges mit Polen Deutschland den Rücken freihalten sollte, bereits die Teilung Polens vorsieht und der Sowjetunion das östliche Polen sowie weitere Gebiete zusichert, die Russland nach dem Ersten Weltkrieg verloren hatte.[6]

In der "Weisung Nr. 1 für die Kriegsführung" des Obersten Befehlshabers der Wehrmacht, Adolf Hitler, vom 31. August 1939 heißt es: "1. Nachdem alle politischen Möglichkeiten erschöpft sind, um auf friedlichem Wege eine für Deutschland unerträgliche Lage an seiner Ostgrenze zu beseitigen, habe ich mich zur gewaltsamen Lösung entschlossen. 2. Der Angriff gegen Polen ist nach den für den Fall Weiß getroffenen Vorbereitungen zu führen mit den Abänderungen, die sich beim Heer durch den inzwischen fast vollendeten Aufmarsch ergeben. – Aufgabenverteilung und Operationsziel bleiben unverändert. – Angriffstag 1.9.1939 – Angriffszeit 4.45 Uhr ..."[7]

Am 1. September 1939 sagt Adolf Hitler im Reichstag:[8] "Abgeordnete, Männer des deutschen Reichstags! Seit Monaten leiden wir alle unter der Qual eines Problems, das uns einst das Versailler Diktat be-

---

[5] Max Domarus, Hitler – Reden und Proklamationen 1932–1945. Band II, Erster Halbband. Wiesbaden 1973, S. 1058; http://www.holocaust-chronologie.de/ artikel/hitlers-drohung.html

[6] Der Hitler-Stalin-Pakt, nach den beiden Außenministern auch Ribbentrop-Molotow-Pakt genannt, wurde am 24. August (Datum 23. August) 1939 in Moskau unterzeichnet; er garantierte Deutschland im Falle kriegerischer Auseinandersetzungen mit Polen oder den Westmächten sowjetische Neutralität. Ein geheimes Zusatzprotokoll gestattete der Sowjetunion, die im Ersten Weltkrieg verlorenen Gebiete des russischen Kaiserreiches wiederzugewinnen. Dem deutschen Reich wurde die Benutzung verschiedener Häfen zugesichert, ein Wirtschaftsabkommen regelte den kriegswichtigen Warenaustausch. https://de.wikipedia. org/wiki /Deutsch-sowjetischer_Nichtangriffspakt; dazu: Yosef Govrin, The Jewish Factor in the Relations between Nazi Germany and the Soviet Union 1933–1941. London & Portland 2009.

[7] W. Hubatsch, Hitlers Weisungen für die Kriegsführung 1939–1945 – Dokumente des Oberkommandos der Wehrmacht. 2. Auflage, Koblenz 1983, S. 17 f.

[8] Alfred J. Berndt u. von Wedel (Hg.), Deutschland im Kampf – Erste Septemberlieferung. Nr. 1 der Gesamtlieferung. Berlin 1939, S. 35 ff.; dazu: Jakob Honigsman, Juden in der Westukraine – Jüdisches Leben und Leiden in Ostgalizien, Wolhynien, der Bukowina und Transkarpatien 1933–1945. Konstanz 2001, S. 107 f. (zuerst in russischer Sprache in Lwów erschienen 1998).

schert hat und das nunmehr in seiner Ausartung und Entartung unerträglich geworden war. (...) Polen hat nun heute nacht zum ersten Mal auf unserem eigenen Territorium auch durch reguläre Soldaten geschossen. (Stürmische Pfuirufe). Seit 5.45 Uhr wird jetzt zurückgeschossen! [Unterstreichung im Original; vgl. die Differenz der Angriffszeit!] Und von jetzt ab wird Bombe mit Bombe vergolten! (Erneut brausender Beifall) (...) Deutschland – Sieg Heil!"

Am 1. September 1939 gibt das Oberkommando der Wehrmacht bekannt: "Freitag, den 1. September 1939, 11.35 Uhr – Auf Befehl des Führers und Obersten Befehlshabers hat die Wehrmacht den aktiven Schutz des Reiches übernommen. – In Erfüllung ihres Auftrages, der polnischen Gewalt Einhalt zu gebieten, sind Truppen des deutschen Heeres heute früh über alle deutsch-polnischen Grenzen zum Gegenangriff angetreten. Gleichzeitig sind Geschwader der Luftwaffe zum Niederkämpfen militärischer Ziele in Polen gestartet. – Die Kriegsmarine hat den Schutz der Ostsee übernommen." – In einer weiteren Meldung gab das OKW am Abend des 1. September 1939 bekannt: "Im Zuge der deutschen Kampfhandlungen aus (*in*) Schlesien, Pommern und Ostpreußen wurden an allen Fronten schon heute die erwarteten Anfangserfolge erzielt (...)." Im Einsatz sind ca. 1,6 Millionen deutsche Soldaten.[9]

Am 3. September 1939 erklären England und Frankreich Deutschland den Krieg. Gemäß dem "geheimen Zusatzabkommen" zum Nichtangriffspakt vom 23. August 1939 marschiert die Rote Armee am 17. September 1939 in Ostpolen ein.[10] Warschau kapituliert am 28. September 1939, die polnische Regierung und Armee tut dies offiziell nicht; am 5. Oktober 1939 nimmt Adolf Hitler in Warschau die Siegesparade ab.[11]

---

[9] Die Wehrmachtsberichte 1939–1945; Band 1, München 1985, S. 1 f.; dazu: Erhard Roy Wiehn (Hg.): Totengebet – 60 Jahre Beginn des Zweiten Weltkriegs und der Schoáh in Polen. Konstanz 1999.

[10] Vgl. Jakob Honigsman, a.a.O., S. 109. – "Der sowjetischen Besatzungspolitik in Ostpolen und Weißrußland sind zwischen 1939 und 1941 wahrscheinlich mehr Menschen zum Opfer gefallen als der deutschen in West- und Zentralpolen. In den 21 Monaten unter sowjetischer Besatzung wurde in der Westukraine die Geschichte der UdSSR unter massivem Terror 'nachgeholt': Der Eroberung und Annexion folgte ab Anfang 1940 eine rasche Stalinisierung der Region." Thomas Sandkühler, "Endlösung" in Galizien – Der Judenmord in Ostpolen und die Rettungsinitiativen von Berthold Beitz 1941–1944. Bonn 1996, S. 53.

[11] http://weltkrieg2.de/kriegstagebuch-5-oktober-1939/

Während des "Polen-Feldzugs", des sogenannten "Blitzkriegs" von vier Wochen gegen Polen, – erstmals als totaler Vernichtungskrieg geführt[12] – fallen 66.300 polnische Soldaten, 133.700 werden verwundet, 694.000 geraten in deutsche Kriegsgefangenschaft, 16.376 Zivilisten werden ermordet (September/Oktober 1939). – Die deutsche Wehrmacht verzeichnet[13] 17.469 Gefallene, 36.995 Verwundete, 323 Vermisste. "16.000 polnische und jüdische Zivilisten und Kriegsgefangene werden bei mehr als 700 Massenexekutionen ermordet, die von der Wehrmacht und den Einsatzgruppen[14] durchgeführt werden. (…) Von Anfang an ist die Diskriminierung der jüdischen Bevölkerung von Gewalttaten begleitet: Razzien gegen Juden – vor allem auf orthodoxe Juden in traditioneller Kleidung –, Raubüberfälle auf jüdische Wohnungen, Plünderung jüdischer Geschäfte und Lager, Beschlagnahme jüdischer Wohnungen."[15] Bis Ende 1939 werden ca. 60.000 polnische Staatsbürger ermordet, darunter Lehrer, Ärzte, Juristen, Professoren, Priester – gezielt sollte die polnische Oberschicht vernichtet werden.

Das deutschbesetzte polnische Territorium wird teils dem deutschen Reich einverleibt,[16] teils im *Generalgouvernement* unter eine Art Kolonialverwaltung gestellt.[17] Mehr als zwei Millionen Jüdinnen und Juden geraten unter deutsche Herrschaft, mehr als eine Million unter die

---

[12] Vgl. dazu: Rafael Olewski, Tor der Tränen – Jüdisches Leben im Schtetl Osięciny in Polen, Leiden unter NS-Terror und in Auschwitz, Überleben im KZ Bergen-Belsen, dort im DP-Camp und in Celle 1914–1981. Konstanz 2014.

[13] https://de.wikipedia.org/wiki/Polenfeldzug

[14] Dazu: Yitzhak Arad, Shmuel Krakowski, Shmuel Spector (Eds.), The Einsatzgruppen Reports. New York 1989; https://de.wikipedia.org/wiki/Einsatzgruppen_der_Sicherheitspolizei_ und_des_SD

[15] Eberhard Jäckel et al (Hg.), Enzyklopädie des Holocaust – Die Verfolgung und Ermordung der europäischen Juden. Band II. München u. Zürich 1995, S. 1121 ff., 1134.

[16] Zwi Helmut Steinitz, Meine deutsch-jüdische Kindheit im polnischen Posen – Erinnerungen eines Überlebenden und ein Wiedersehen nach 70 Jahren 1927–1939–2009. Konstanz 2015.

[17] "Polen sollte", so Timothy Snyder, "nach einem im Grunde kolonialen Modell regiert werden." In: "In der Zone der Zerstörung – Im Vorgehen Hitlers gegen Deutschlands Nachbarn seit dem Anschluss Österreichs 1938 ist das Muster der Enthemmung erkennbar: Warum die Zerschlagung von Staaten die Voraussetzung für den organisierten Massenmord an den Juden war – und welche Lehren über den Holocaust wir daraus ziehen sollten." In: Frankfurter Allgemeine Zeitung, Nr. 26, 1. Februar 2016, S. 6.

Herrschaft der Sowjetmacht. 1940 werden die ersten Ghettos in Polen errichtet, im Dezember 1941 das erste Vernichtungslager in Chełmno (Kulmhof, ca. 130 km östlich von Posen).[18] – Vom 19. April bis 16. Mai 1943 findet der jüdische Aufstand im Warschauer Ghetto statt, der einzige bewaffnete Aufstand im ganzen deutschbesetzten Europa überhaupt, ein einzigartiges Fanal für Freiheit und Menschenwürde.[19] – Lwów wird am 27. Juli 1944, Warschau am 17. Januar 1945 durch die Rote Armee befreit. Bis zum Ende des Zweiten Weltkriegs verlieren ca. 6 (sechs) Millionen Polinnen und Polen ihr Leben.[20] Das 1000-jährige jüdische Leben in Polen wird während der dreijährigen (Galizien, Lwów) bzw. viereinhalbjährigen deutschen Besatzung Polens fast völlig vernichtet.[21]

2. Galizien[22] als Landschaft in der heutigen südwestlichen Ukraine mit den großen Städten Lwiw (Lwów Lemberg,), Ternopil (Tarnopol) und Iwano Frankiwsk (früher Stanislau) kommt 1772 zu Österreich und 1804 zur Donaumonarchie (dazu David Murlakow S. 11 ff.). Bis zum Zweiten Weltkrieg gehört ein Teil des Staatsgebietes der späteren Westukraine zu Polen, nämlich die fünf Woiwodschaften Polesien, Wolhynien, Lwów, Stanislau und Tarnopol, wo die Juden nach der Volkszählung von 1921 mehr als 11% und 1931 noch etwa 10,3% der Bevölkerung stellten. Anfang der 1930er Jahre sind nach Jakob Honigsman "unter der Gesamtbevölkerung von 10.649.000 Einwohnern 6.548.000 Ukrainer (61,8%), 2.259.000 Polen (21,2%), 1.110.800 Juden (10,4%), 219.000 Rumänen (2,1%), 133.000 Deutsche (1,2%),

[18] https://de.wikipedia.org/wiki/Vernichtungslager_Kulmhof

[19] Erhard Roy Wiehn, Kaddisch – Totengebet in Polen. Reisegespräche und Zeitzeugnisse gegen Vergessen in Deutschland. Darmstadt 1984, 2. Auflage 1987; ders., Ghetto Warschau – Aufstand und Vernichtung 1943 (darin auch Bertrand Russells denkwürdige Londoner Rede zum 10. Jahrestag des Beginns des Aufstands im Warschauer Ghetto). Konstanz 1993.

[20] Eberhard Jäckel et al (Hg.), a.a.O., S. 1121 ff.; dazu Chr. Zentner, Der Kriegsausbruch 1. September 1939 – Daten, Bilder, Dokumente. Frankfurt a.M. 1979, S. 214 ff; Neues Lexikon des Judentums, 1998, S. 663 ff.; https://de. wikipedia.org/wiki/Deutsche_Besetzung_Polens_1939–1945

[21] Joseph Roth "spricht von den Juden als von den ersten Opfern aller Blutbäder …, welche die Weltgeschichte veranstaltet'." In: Claudio Magris, Weit von wo. Wien 1971, S. 25.

[22] "Zur Geschichte des historisch-geograph. Begriffs Galizien", Maria Kłańska, Problemfeld Galizien in deutschsprachiger Prosa 1846–1914. Wien-Köln-Weimar 1985, S. 14 u. 155.

124.600 Ungarn (1.1%), 96.300 Tschechen und Slowaken (0.9%), 126.200 (1,2%) andere Nationalitäten. Folglich nehmen die Juden in den Westgebieten der Ukraine (in ihren heutigen Grenzen) im Hinblick auf ihren Bevölkerungsanteil nach Ukrainern und Polen den dritten Platz ein."[23]

Während Westgalizien mit Krakau schon im September 1939 unter deutsche Herrschaft gerät und den südlichen Teil des Generalgouvernements bildet, wird Ostgalizien (Halychyna, Ostkleinpolen) infolge des Hitler-Stalin-Pakts im September 1939 zunächst für ca. zwei Jahre der Sowjetunion einverleibt, im Juni 1941 dann von der deutschen Wehrmacht besetzt und als "Distrikt Galizien",[24] wo Juden in ca. 4.000 Ortschaften leben,[25] in das Generalgouvernement eingegliedert. Beim Einmarsch der deutschen Wehrmacht leben Dieter Pohl zufolge in Ostgalizien etwa 530.000 bis 540.000 Juden (knapp 10% der Bevölkerung), d.h. mehr als 1933 in Deutschland, es war die "größte regionale jüdische Konzentration in Europa", nur einem Bruchteil gelang die Flucht.[26]

Das "Unternehmen Barbarossa",[27] der Überfall auf die Sowjetunion, beginnt wie der auf Polen am 1. September 1939 wiederum als Vernichtungskrieg am 22. Juni 1941, dabei geht es der deutschen Führung um "Lebensraum im Osten", die Vernichtung des "jüdischen Bolschewismus",[28] die Versklavung der einheimischen Bevölkerung und

---

[23] Jakob Honigsman, a.a.O. S. 25.

[24] Dazu: Thomas Sandkühler, "Endlösung" in Galizien 1941–1944. Bonn 1996, S. 63 ff.

[25] Dieter Pohl, Nationalsozialistische Judenverfolgung in Ostgalizien 1941–1944 – Organisation und Durchführung eines staatlichen Massenverbrechens. 2. Auflage, München 1997, S. 108; hier handelt es sich neben Jakob Honigsmans Geschichte um ein weiteres, immer noch aktuelles Standardwerk zum Thema. Ein drittes Werk ähnlichen Formats entstand wohl fast gleichzeitig, nämlich Thomas Sandkühler, "Endlösung" in Galizien – Der Judenmord in Ostpolen und die Rettungsinitiativen von Berthold Beitz 1941–1944. Bonn 1996. – An erster Stelle ist jedoch der schauerliche Überlebensbericht von Leon W. Wells zu nennen: Ein Sohn Hiobs. (1962) München u. Wien 1979.

[26] Dieter Pohl, a.a.O., S. 9, 23, 43 f.

[27] https://de.wikipedia.org/wiki/Unternehmen_Barbarossa

[28] "Der Holocaust", so Timothy Snyder, "begann mit dem Einmarsch in die Sowjetunion. (…) Hitler stellte die Sowjetunion als einen jüdischen Staat dar. (…) Diese Überzeugung erlaubte Hitler, 1941 einen Krieg zu beginnen, denn er war der Ansicht, die Sowjetunion werde zusammenbrechen, sobald man ihre Juden umgebracht hatte. (…) Die Juden waren für den Kommunismus verant-

die Ausbeutung der besetzten Territorien.[29] Die deutsche Wehrmacht (einschließlich Luftwaffe) verfügt über 4.733.990 Soldaten, 3.612 Panzer, 2.937 Flugzeuge und 12.686 Geschütze. In Galizien und der Ukraine sind eingesetzt die Heeresgruppe Süd (Rundstedt) mit der 17. Armee (Stülpnagel), der Panzergruppe 1 (Kleist), der 6. Armee (von Reichenau) und der 11. Armee (Schobert), außerdem Sicherheitspolizei (Gestapo u. Kripo), Sicherheitsdienst (SD), Ordnungspolizei, Waffen-SS und ihre Einsatzgruppen.[30]

"Seit dem tragischen Tag, an dem deutsche Truppen Lwów und andere Städte in der West-Ukraine besetzt hatten, waren nur zwei Jahre vergangen", so Jakob Honigsman: "In diesem Zeitraum (Ende Juni 1941 bis Ende Juni 1943) wurden im Distrikt Galizien[31] etwa 550.000 Juden ermordet. An Hunger, Folter und Krankheiten sowie in Gefängnissen starben etwa 40.000. Über 20.000 wählten den 'Freitod', d.h. verübten Selbstmord. Somit kamen allein im Distrikt Galizien während der Hitler-Herrschaft über 610.000 Menschen ums Leben."[32] Be-

---

wortlich, und diese Verantwortung ließ sich tilgen, indem man sie ermordete. (…) In den besetzten Gebieten der Sowjetunion wurden 95 Prozent der Juden ermordet." In: S. 4, Fußnote 16.

[29] Dazu auch: Erhard Roy Wiehn, "Zur deutschen Wehrmacht im Osten", in: Erhard Roy Wiehn, Bleibende Warnungen I – Schriften zur Schoáh und Judaica 1997–1999. Konstanz 1999, S. 155–182.

[30] Dieter Pohl, a.a.O., S. 267 ff.; https://de.wikipedia.org/wiki/Einsatzgruppen_der_Sicherheitspolizei_und_des_SD; https:// de.wikipedia.org/wiki/ Deutsch-Sowjetischer_Krieg

[31] Der Distrikt Galizien wurde am 1. August 1941 eingerichtet und dem Generalgouvernement eingegliedert; der erste Distriktgouverneur war Karl Lasch, Volkswirt und Jurist, Parteikarriere, 36 Jahre, wegen Korruption verhaftet und "vor Abschluß des Verfahrens erschossen bzw. zum Selbstmord gezwungen"; Dieter Pohl, a.a.O., S. 76 f.; Jakob Honigsman, a.a.O., S. 159 ff.; https://de. wikipedia.org/wiki/ Distrikt_Galizien

[32] "Es gibt nichts, was den Nazismus genauer charakterisiert als der Versuch, ein ganzes Volk zu ermorden, das eine aus der deutschen Sprache stammende Mundart sprach. – Mord bleibt Mord. – Aber dass deutsche Soldaten ein Volk ermorden wollten, das der eigenen Sprache entstammte, das macht die Bösartigkeit der Handlung zur Absurdität." Martin Walser, Shmekendike Blumen. Reinbek 2014, S. 101. – Mit den Menschen wurde gerade auch in Galizien die reiche deutsch-jüdische Kultur vernichtet. – Eine Schande, dass im Jahre 2016 eine Deutsche vor dem Warschauer Schloss gegen die deutsche Kanzlerin, gegen das heutige Deutschland und gegen die Europäische Union hetzt, und zwar unter dem Beifall von Warschauer Hooligans; vgl. Felix Ackermann, "Sie wollen die Europäische Union von innen zerstören – Die Internationale bekämpft das Men-

sonders bestialisch sind die Vernichtungsaktionen jüdischer Kinder und Kleinkinder sowie die von Alten und Kranken. An vielen Mordaktionen sind einheimische Denunzianten und Kollaborateure beteiligt,[33] doch gibt es auch örtliche Judenretter, nicht zuletzt den Deutschen Berthold Beitz.[34] Es gibt die erpresste, sehr unterschiedliche Mitwirkung der von den Deutschen installierten *Judenräte,* und es gibt aussichtslosen, verzweifelten, heldenhaften Widerstand verschiedenster Art.[35]

3. David Murlakow wurde 1924 in Meran/Südtirol (Italien) geboren; als er zwei Jahre alt war verzog seine Familie aus beruflichen Gründen des Vaters ins polnische Borislaw (ukrainisch: Boryslaw),[36] eine Mittelstadt von heute etwas mehr als 38.000 Einwohnern südlich von Lwiw, hatte damals nur etwa 30.000 Einwohner, darunter ca. 15.000 Juden. Der Vater betrieb eine Fabrik für Reservetanks und Dampfkessel, denn ihre Stadt lag inmitten eines bedeutenden Erdölfördergebietes. David hatte zwei Brüder, Josef und Elias, sowie zwei Schwestern Sara und Klara, und er erinnert sich an eine frohe Kindheit. Mit den deutschen Nachbarn lebte man in bestem Einvernehmen, die beiden Mütter waren befreundet, die Familien verbrachten jahrelang gemeinsame Sommerferien und David hatte schon als Junge ein Auge auf das Nachbarstöchterchen Trudi geworfen, die er sehr viel später wiedersah, dann mit ihr zusammenlebte und ihr einen liebevollen Nachruf widmete.

---

schenrecht: Die Pegida-Aktivistin Tatjana Festerling redet vor dem Warschauer Schloss", in: Frankfurter Allgemeine Zeitung, Nr. 32, 8. Februar 2016, S. 9.

[33] Für Denunziationen wurden auf Plakaten Preise ausgesetzt: "etwa 1000 Złoty oder eine Flasche Schnaps" pro Kopf: "Ab Ende 1942 förderte die Besatzungsmacht zusehends die Denunziation von Juden, die sich in festen Verstecken aufhielten." Dieter Pohl, a.a.O., S. 318 f.

[34] Berthold Beitz (1913–2013) hatte vielen Juden das Leben gerettet, indem er sie in seinem kriegswichtigen Unternehmen für unabkömmlich erklärte; dafür wurde er 1971 von Yad Vashem (Jerusalem) als "Gerechter unter den Völkern" geehrt, ebenso seine Frau Else 2006; vgl. Dieter Pohl, a.a.O., S. 364; Thomas Sandkühler, a.a.O., S. 290 ff. https://de.wikipedia.org/ wiki/Berthold_Beitz – Laut Yad Vashem befinden sich unter 26.973 *Gerechten unter den Völkern*: 6.863 aus Polen, 2.619 aus der Ukraine, 601 aus Deutschland, 109 aus Österreich; https://www.yadvashem.org/de/righteous/statistics.html (11.12.2018).

[35] Jakob Honigsman, a.a.O., S. 18 f.

[36] https://de.wikipedia.org/wiki/Boryslaw; dieser und alle folgenden Links stammen vom 21/22. September 2020.

David (ganz rechts mit Mütze) und seine Mutter (ganz links mit weißer Bluse) in einem Kurort in Galizien 1939

David (dritter von rechts) vor dem Krieg

Diese friedliche als unverlierbar empfundene Welt war ganz plötzlich untergegangen, als die Russen mit der Roten Armee in Ostpolen und auch in Borislaw einmarschierten: "Die harte Gangart"[*] der Sowjetmacht hatte den Menschen "eine sehr rigide Lebensführung aufgezwungen; nichts verlief mehr ohne Kontrolle und zugleich unter steter Bedrohung einer massiven Bestrafung", im schlimmsten Fall die Deportation nach Sibirien.[37] "Für uns Jugendliche am Gymnasium von Borislaw war es anfangs besonders schwierig: der gesamte Unterricht fand nur noch in russischer Sprache statt." – Neben der Schule wurde David Aushilfsverkäufer in einer Bäckerei und avancierte unter sowjetischer Aufsicht schon bald zum Geschäftsführer eines Brotladens. Eine Weile riskierte er auch "Nebengeschäfte", die jedoch lebensgefährlich waren und mit Sibirien bestraft werden konnten. Zum Glück konnte David noch das Gymnasium mit dem Abitur abschließen.

Mit Beginn des Überfalls der deutschen Wehrmacht auf die Sowjetunion am 22. Juni 1941 hatte eine neue schreckliche Zeit begonnen. Jetzt wurden die sogenannten *Reichdeutschen* "Heim ins Reich" beordert, darunter auch die Nachbarn samt Trudi, für David ein besonderer Schmerz. – Was dann kam übertraf alles, was man sich bis dahin vorstellen konnte: "Seit Anbeginn wurde gemordet, deportiert und den Juden auf die schlimmste Weise das Leben zur Hölle gemacht". Aber "Die Arbeitssklaven zu ermorden, schien dagegen, wenn schon nicht menschlich, so doch wenigstens ökonomisch völlig absurd.

"In unserer Stadt wurde der dosierte Terror folgendermaßen durchgeführt: Zuerst wurden die jüdischen Bürger gezwungen , weiße Armbinden mit einem aufgemalten oder eingestickten Davidstern (Originalname der Nazis: 'Judenstern') zu tragen: Danach wurde alle, die an Hauptstraßen wohnten, in kleine Gassen vertrieben, wo sie mit anderen Familien in erbärmliche und oftmals viel zu enge Wohnungen einquartiert wurden." Dann mussten alle Wertsachen abgeliefert werden. Männer wurden im harten Straßen- und Brückenbau eingesetzt.

---

[*] *Alle Seitenzahlen für die folgenden Zitate wurden einer anderen Textvorlage mit anderer Seitenzählung entnommen, weshalb sie hier entgegen guter Gepflogenheit weggelassen werden mussten. Der Herausgeber*

[37] Dazu: Margit Bartfeld-Feller, Am östlichen Fenster – Gesammelte Geschichten aus Czernowitz und aus der sibirischen Verbannung. Konstanz 2002; Margit Bartfeld-Feller, Von dort bis heute – Gesammelte Geschichten aus Czernowitz sowie aus der sibirischen Verbannung und danach 1925–2015. Konstanz 2015.

Dann wurde David mit anderen Opfern in eine Ortschaft namens Popiele gebracht, in deren Umgebung sie bei ständigen Drangsalierungen auf den Feldern arbeiten mussten. – Glücklicherweise konnte David den Arbeitsplatz wechseln und wurde Pferdepfleger, was aber nicht lange gutging. – "Die in der Stadt (Borislaw, ERW) verbliebenen Juden lebten zu dieser Zeit, gegen Ende 1942, zusammengepfercht in einem Ghetto, wo Hunger, Krankheit und Verzweiflung herrschten." Aber auch für David ging der Überlebendkampf mit grausamer Härte weiter, "ja steigerte sich in der kommenden Zeit zu vorher unvorstellbaren Szenarien." – Inzwischen wurde das Ghetto von Borislaw liquidiert, die Bewohner wurden in Vernichtungslager verbracht, darunter auch Angehörige von Davids Familie. "Unser Seelenschmerz war unbeschreiblich."

David flüchtete aus dem Pferdestall, weil er die Brutalität seines ukrainischen Aufsehers nicht mehr ertragen konnte, verbarg sich im Wald, aber: "Meine Angst, entdeckt zu werden, war riesig!" Doch damit war er einem Massaker entgangen, dem alle Häftlinge in Popiele zum Opfer gefallen waren. Bald suchte er in einer Kaserne Unterschlupf, wurde dann zusammen mit anderen Häftlingen in die unweit von Borislaw gelegene Mittelstadt Stryj[38] gebracht, wo die Hamburger Firma Nickel und Zeiss einen Militärflughafen bauen sollte. Um der Schwerarbeit und den Misshandlungen zu entgehen, verließ David heimlich die Baustelle, riskierte eine Bahnfahrt nach Borislaw und hauste dann als "Waldmensch" zusammen mit anderen Jugendlichen in einer Erdhöhle im Wald.

Immer wieder machte er kurze Besuch in der Kaserne von Borislaw, wo Davids Vater und Schwager Oskar einquartiert bzw. inhaftiert waren. Dann kam er zur Baustelle eines großen Elektrizitätswerkes, geriet einmal mehr an einen sadistischen Aufseher, dem er unbedingt entgehen musste, wenn er überleben wollte. Wieder tauchte er in der Kaserne bei Vater und Schwager unter, die dann erfuhren, dass das Kasernen Lager aufgelöst werden sollte: "Die Auflösung hatte im Zuge einer Maßnahme zu geschehen, deren Endziel darin bestand, die Stadt Borislaw, in der zu Kriegsbeginn mehr als dreizehntausend Juden gewohnt hatten, 'judenfrei' zu machen." – "Nach zwei Tagen in der stinkenden Hölle auf Schienen sind wir schließlich im Konzentra-

[38] https://de.wikipedia.org/wiki/Stryj

tionslager Plaszów bei Krakau angekommen." (S. 60 ff.)[39] Hier machte harte Arbeit den Häftlingen das Lebend schwer, und es ging nicht ohne Verletzungen ab, die mangels ärztlicher Versorgung kaum heilen konnten.

Im Oktober 1943 wurde David mit anderen Häftlingen wieder in Viehwaggons verfrachtet; nach zwei Tagen und zwei Nächten ohne Wasser und Verpflegung hielt der Zug vor den Toren der berüchtigten Todesfabrik Auschwitz-Birkenau, "fuhr dann aber auf Befehl hoher Wehrmachts-Offiziere weiter, weil der Zug für Militärtransporte gebraucht wurde. Die Leidensreise ging jetzt nach Mauthausen bei Linz;[40] unterwegs wurde der Zug von Militär und Zivilisten angehalten, sie holten eine Anzahl von Personen heraus, darunter zu meinem Schrecken auch mein Vater, und verluden sie auf Lkws. Diese Aktion endete – Gott sei es gedankt – in Oskar Schindlers Fabrik in Mähren."

Im Lager Mauthausen wurde allen neuen Häftlingen eine Nummer auf den Arm tätowierte, viele kamen durch schreckliche Schindereien in einem Steinbruch zu Tode. – Wieder einmal hatte David Glück: "Nach einigen Tagen wurde ich einer Gruppe zugeteilt, die im Lastwagen-Konvoi zum KZ Melk, [41] achtzig Kilometer vor Wien liegend, transportiert wurde." Hier baute die Firma "Weiss & Freitag"[42] Gewölbe und Tunnels für die Rüstungsindustrie, was schwerste körperliche Arbeit bedeutete, wo David aber auch unverhoffte Menschlichkeit erlebte: Ein Wachsoldat drückte ihm ein Päckchen mit einem Wurstbrot in die Hand, eingewickelt in einer deutsche Zeitung mit den neuesten Nachrichten von der Front.

Hier wurde David als Übersetzer tätig und war dann als "Häftling Nummer 855466" schon zum "Kapo"[43] ernannt, als ihn "eine Art Nierenkolik" aus dieser ambivalenten neuen Rolle warf, denn: "Nach der

---

[39] Inzwischen in Krakau integriert; dort wurden Teile vom Steven Spielbergs 'Schindlers Liste' (1993) gedreht; https://de.wikipedia.org/wiki/KZ_Plaszow: https://de.wikipedia.org/wiki/Schindlers_Liste

[40] 20 km östlich von Linz; https://www.mauthausen-memorial.org/de/Wissen/Das-Konzentrationslager-Mauthausen-1938-1945; vgl. dazu Yoel Sher, Zum Frieden unterwegs – Botschaften eines israelischen Botschafters in Österreich, der Slowakei u. Slowenien 1995–1998. Konstanz 1998,

[41] https://de.wikipedia.org/wiki/KZ_Melk

[42] Muss wohl heißen: Wayss & Freytag; https://de.wikipedia.org/wiki/Wayss_&_Freytag

[43] https://de.wikipedia.org/wiki/Kapo_(KZ)

Befreiung wurde zuerst mit den Kapos und den Blockältesten abgerechnet. Nicht wenige wurden gelyncht." Und: "Es muss wohl Gottes schützende Hand gewesen sein, die mich davor bewahrte, das Schicksal der meisten Kapos zu teilen." Im Krankenrevier lerne David die junge Ungarin Sandra kennen, es folgten tatsächlich drei unvergessliche Liebesnächte *unter* den Baracken: "für mich und wohl auch für Sandra ein Triumph des Lebens über die Barbarei, intensive Momente des Glücks, in denen das Morgen nicht zählte." Doch die beiden haben sich nie wiedergesehen.

Im Dezember 1944 wurden alle Häftlinge nach Ebensee[44] in der Nähe des Ferienortes Bad Ischl verlegt, ein Außenlager von Mauthausen, wo David dem "Müllaufräumungskommando" zugeteilt wurde, bald aber wieder der Firma "Weiss & Freitag", die auch hier unterirdische Stollen baute, aber: Es war spürbar, dass sich alles, der Krieg, die Lager, die Gräuel, dem Ende zuneigten, denn von der nahezu perfekten Organisation bei der Ausbeutung menschlicher Arbeitskraft und dem effizienten Töten von Arbeitssklaven, wie es die Nazis in den vergangenen Jahren praktiziert hatten, war nicht mehr viel übrig. Überall herrschte Chaos."

Am 2. Mai 1945 mussten die verbliebenen ca. 12.000 Häftlinge von Ebensee zu einem letzten Appell antreten, und es bestand die Gefahr, von der SS in einem Stollen ermordet zu werden. Doch die Häftlinge weigerten sich, den Stollen zu betreten, – am folgenden Tag waren die Wachtürme schon nicht mehr besetzt und die SS-Leute verschwunden. Am 6. Mai 1945 erschienen die ersten amerikanischen Panzer im Lager: "Offiziere stiegen aus ihren Jeeps und blieben vor dem, was sich ihrem Anblick bot, wie versteinert stehen. Sie schauten auf die überall im Lager verteilten Leichenberge, auf die wandelnden Skelette in den dünnen gestreiften und schmutztriefenden Häftlingsanzügen…" – Und David: "Mit 21 Jahren wog ich gerade mal 37 Kilo."

Doch er erholte sich überraschend schnell und konnte sich als Krankenpfleger im Krankenhaus bald nützlich machen, zumeist im Nachtdienst, wo er sich in Schwester Clementa verliebte, die Kloster-Novizin war, weshalb diese Romanze nicht gutgehen konnte. Wieder ein Abschied ohne Wiedersehen, und so war es bald auch mit Sophie, einer Polin, die ihren verschollenen Mann suchte. Dem folgte die "Liebe auf dem Feuerkogel": "Nicht ahnen konnte ich damals, dass

---

[44] https://de.wikipedia.org/wiki/KZ_Ebensee

wir uns dennoch gar nicht viel später in einer außergewöhnlichen Situation wieder treffen würden." – Was aber hier nicht schon verraten wird.

Bald traf David seinen Bruder Josef und seinen Vater in der Tschechoslowakei wieder, den Oskar Schindler[45] gerettet hatte und dem hier eine lesenswerte Anmerkung gewidmet ist; alle anderen Geschwister waren im Holocaust ermordet worden; die Mutter war am erstem Kriegstag verstorben, sodass ihr die Schoáh erspart blieb. – Die nächste Station der überlebenden Familie war Wien, und David fand sehr bald Arbeit bei der UNRRA, wo sich die Chance ergab, durch diese Organisation in die U.S.A. zu gelangen. David hatte aber auch ein Stipendium des Vatikans für ein Medizinstudium in Rom in Aussicht.

David in der israelischen Armee 1948

[45] https://de.wikipedia.org/wiki/Oskar_Schindler; durch die Konstanzer Regionalzeitung *Südkurier* vom 23. Mai 2019 wusste ich, dass Oskar Schindler nach dem Krieg versuchte, illegal in die Schweiz zu gelangen, was ihm jedoch nicht gelang; zusammen mit einem Aktivisten der *Initiative Stolpersteine* stellte ich daraufhin bei der Stadt Konstanz den Antrag, an der Grenze in Konstanz eine Erinnerungstafel für Oskar Schindler anzubringen, was positiv beschieden wurde; die Tafel gibt es jedoch bis heute nicht. (E.R.W., 22.09.2020)

Völlig überraschend entschied sich David jedoch durch eine "Herzensentscheidung", mit seiner Rachel in Israel einzuwandern, wo Rachels Schwester schon lebte. Am 6. Juni 1948 kamen David und Rachel in Haifa an, drei Wochen nach der Gründung des Staates Israel am 15. Mai 1948. Da zwischen den arabischen Armeen und Israel bereits Krieg herrschte, musste David sofort zum Militär. – Nach wenigen Monaten kamen auch die anderen überlebenden Familiengehörigen nach Israel. – "Nach Beendigung des Militärdienstes ließ ich mich verpflichten, bei der Kolonisierung des Landes mit Neueinwanderern mitzuwirken; ich wurde Verwalter in Nord-Galiläa für eine neue zu gründende Siedlung von 150 Familien. Diese Siedlung wurde zu einem Modell, wie Neueinwanderer aus diversen Ländern zusammenzubringen sind in einer Siedlung, sogenannter Kibbuz 'Galuyot'."

David kündigte diesen Job; es kam zu einem interessanten "Besuch bei einem Scheich in der Wüste"; dann kam ein neuer Auftrag für die fortlaufend neu entstehenden Siedlungen mit überraschenden Episoden. – Im Sommer 1957 reiste er für eine israelische Organisation zur Zentralkartei für Wiedergutmachung nach Koblenz, arbeitete von 1954 bis 1959 bei den "Imperial Chemical Industries", und fand ein Haus mit einem Stück Land in Kiryat Ono[46] bei Tel Aviv und versuchte erfolglos für die Knesset zu kandidieren.

"Aber auf einmal fühlte ich mich nicht mehr wohl in meiner hiesigen Welt. Ich sagte meiner Frau, dass ich für einige Zeit nach Europa möchte, um Abstand vom Geschehenen zu finden. Gleichzeitig wollte ich unsere Anrechte auf das Vorkriegsvermögen unserer Familie schneller zum Abschluss bringen." – "Dann flog ich nach Deutschland, folgte wiederum meinem Herzenswunsch." Und "Anfang 1960 kam ich nach Deutschland mit einem Startkapital von eintausend US Dollar." Damals war David Murlakow 37 Jahre jung, startete alsbald eine phantastische Karriere als Gastronom und Hotelier, zeitweise sogar "Burgherr" eines Burghotels bei Solingen, mit Betrieben in Spanien und Teneriffa, einige Jahre sogar in Moskau (nur "Österreich mag mich nicht"), und er hatte unglaublich viel Prominenz zu Gast. Diese ebenso extrem intensiven wie erfolgreichen Jahre muss man unbedingt in David Murlakows Erinnerungen selbst nachlesen.

In seinen "Gedanken, als Jude in Deutschland zu leben" schreibt er: "Und so erlebte ich immer wieder Situationen, welche mir bestätigten,

[46] https://de.wikipedia.org/wiki/Kirjat_Ono

dass ich normal integriert bin und mit anderen Bürgern gleichgestellt werde." – Im Epilog heißt es schließlich: "Heute, im Jahr 2014, zurückblickend auf die vergangenen Jahrzehnte muss ich feststellen, dass mir diese harte, unvergessliche Vergangenheit eine eigene Härte und Sicherheit mitgegeben hat, die mir nach dem Krieg verhalf, jene gesellschaftlichen und geschäftlichen Erfolge zu erreichen, wie ich sie hier beschrieben habe. (…) als einer der noch wenigen Holocaust-Überlebenden wünsche ich niemandem, so seine Stärke beweisen zu müssen."

Zusammenfassend lässt sich sagen, der Inhalt *Eines bewegten Lebens* erscheint ganz ungewöhnlich: Die Schoáh in Galizien (hier mit knapp 80 Seiten) kam in unserer Edition schon öfter vor, auch Post-Schoáh-Einwanderungen in Palästina bzw. Israel (ca. 40 Seiten), aber nicht eine solche erfolgreiche Karriere ausgerechnet in Deutschland (etwa 70 Seiten), weshalb wir diese Erinnerungen gerne in unsere Edition aufgenommen haben, weil eben auch David Murlakows Leben als das eines säkularen Juden, der als solcher durchaus bekannt war, Teil des jüdischen Lebens in Deutschland ist, ohne dass er selbst irgendwelche jüdischen Bezüge erwähnt, was auch für seine Kindheit und Jugend vor dem Zweiten Weltkrieg gilt (Bar Mitzwa, Feiertage, etc.).

Allerdings schreibt David Murlakow einmal: "Diese wunderbare Rettung hatte jedenfalls einen großen Einfluss auf meine Skepsis in Sachen Glauben. In den schrecklichen Jahren des Kriegs mit all den Grausamkeiten und Ungerechtigkeiten, waren meine Zweifel an der Existenz eines Wesens, welches als eine Art 'Gerechter Herrscher der Welt' fungiert, stetig gewachsen. Und doch kann ich das zuvor beschriebene Nicht als Zufall abtun. Ich erlebte in der Zukunft noch weitere solche 'Zufälle', die ich nicht Zufälle nennen mag.[47] Ich glaube doch, dass ein 'höheres Wesen' unser aller Schicksal bestimmt." Später wird auch einmal die ehemalige Zugehörigkeit klar formuliert: "Die meisten der auf dem Appellplatz versammelten Menschen waren, wie

---

[47] Immer wieder geht es bei Überlebenden aber doch um "Zufall": Joseph Mlawski, "Ein Zufall hat mir das Leben gerettet", in: Erhard Roy Wiehn, Ghetto Warschau – Aufstand und Vernichtung 1943 fünfzig Jahre danach zum Gedenken. Konstanz 1993, S. 213 ff.; Zwi Helmut Steinitz, Durch Zufall im Holocaust gerettet – Rückblick eines Israeli aus Posen, der das Krakauer Ghetto und deutsche KZs durchlitt und überlebte. Konstanz 2012; in: Erhard Roy Wiehn, Jüdisches Leben und Überleben. Konstanz 2020, geht es um "Glück, Wunder, Zufall" S. 62, 68, 82, 93, 100, 105, 108 f., 121, 127, 128, 160, 234, 237.

ich und meine Familie, ein Teil der jüdischen Gemeinde von Borislaw gewesen." Und schließlich: "Es muss wohl Gottes schützende Hand gewesen sein, die mich davor bewahrte, das Schicksal der meisten Kapos zu teilen."

David Murlakow mit Lebenspartnerin Helga Grünbaum

Zur Publikationsgeschichte ist zu bemerken, dass der literarisierte[48] Originaltext aus dem Jahre 2015 aus zeitlichen Gründen gescannt wurde, weil es dem Autor verständlicherweise eilte. Daher konnten im Text keine Unschärfen korrigiert werden, was jedoch an dieser Stelle in minimalem Umfang geschehen soll: Mit dem "deutschen Adler" ist der NS-Reichsadler gemeint, der auf einem umkränzten Hakenkreuz sitzt.[49] – Am 12. März 1944 wurde Ungarn von der deutschen Wehrmacht besetzt, und am 15. Mai 1944 begannen die Deportationen der ungarischen Jüdinnen und Juden nach Auschwitz-Birkenau.[50] – Für die "Mauthausener Stiege" werden 250 Stufen verzeichnet.[51] – "Arbeit macht frei" konnte für Melk nicht verifiziert werden (S. 69). – Das KZ Ebensee wurde am 6. Mai 1945 befreit.[52] – Der Feuerkogel bei Ebensee ist 1562 m hoch.[53] – Oskar Schindler hatte seine Fabrik von Krakau ins mährische Brünnlitz verlegt.[54] – 1948 war das Mittelmeer von britischen Kriegsschiffen und der Royal Airforce beherrscht. – In Beduinenzelten galt und gilt strikte Friedenspflicht, draußen kann man sich dann umbringen. – Auch einige Rechtschreibefehler (z.B. "Groß-magd" statt "Großjagd") konnten nicht korrigiert werden, wofür hier um Nachsicht gebeten wird.

Ralph Giordano (1923-2014) hatte recht, wenn er meinte, dass diese unglaubliche jüdische Lebensgeschichte nicht vergessen werden darf, und deshalb haben wir mit Hochdruck dieses unbedingt lesenswerte Buch daraus zu machen versucht. Wir danken David Murlakow herzlich, dass er uns seine Erinnerungen anvertraut hat und Wolfgang Hartung-Gorre vom gleichnamigen Verlag in Konstanz für sein besonderes Engagement.[*] – Was aufgeschrieben, publiziert und in etlichen Bibliotheken der Welt aufgehoben ist, wird nicht so schnell vergessen, damit vielleicht daraus gelernt werden kann. – 30. September 2020

---

[48] Es gibt z.B. viele Zitate, die natürlich nicht mitgeschnitten, also nur erinnerte Zitate sein können und nicht unbedingt haargenau so gewesen sein müssen.

[49] https://de.wikipedia.org/wiki/Reichsadler

[50] https://de.wikipedia.org/wiki/Geschichte_der_Juden_in_Ungarn

[51] http://uran-deutsch-tschechischer-erinnerungsort.info/?p=77

[52] https://de.wikipedia.org/wiki/KZ_Ebensee

[53] https://feuerkogel.info/

[54] https://de.wikipedia.org/wiki/Oskar_Schindler

[*] Und Mirjam Wiehn für ihr akribisches Korrekturlesen dieses Vorworts (23.09.2020)

"Reichskristallnacht", Collage Karin Judith Elsohn, 2012

Widmung

Allen meinen Lieben
und
Den leidenden Partnern meiner Vergangenheit

Einführung
Yom HaShoah 2013 – 68 Jahre danach

Vier Uhr nachmittags vorbei, die verklingenden Geräusche in manchen Straßen der Stadt verraten, dass sich ein besonderer Tag ankündigt, eine Stimmung von Spannung, die mit viel Wissen und Erinnerung getränkt ist. Wie jedes Jahr beginnen heute in Israel, nach der Dämmerung, die vierundzwanzig Stunden Gedenkzeit an die Shoah: für alle jüdischen Menschen, welche den zweiten Weltkrieg nicht überlebt haben und für alle jene Menschen, welche ihn als Opfer aller Misshandlung und menschlicher Entwertung überlebt haben. Zeremonien, die staatlichen vor den Toren Yad Vashems in Jerusalem, unzählige kommunale und private in Städten und Synagogen werden tausende von Teilnehmern anziehen, Erinnerungen nahekommen lassen, geliebter, vermisster und ebenso unbekannter Menschen wird man gedenken. Überlebende kommen zu Wort, zünden eine Fackel an. Obwohl ich manchen Menschen, die ›danach‹ ein neues Leben begonnen haben, begegnet bin, fühle ich mich dieses Jahr noch mehr berührt als je zuvor, von demjenigen Mann, der mich gebeten hat, sein Buch gemeinsam zu verfassen, David Murlakow. Erstmals vor wenigen Monaten getroffen, ergab sich in unserem Gespräch bald, dass da noch eine Schublade mancher unvollendeter, persönlicher Erzählungen und Notizen, sowie geschichtsträchtiger Dokumente darauf warteten, zu einem Buch gestaltet zu werden. Nun liegt seine Lebensgeschichte vor. Nur ein einziges Mal hat sie sich genau auf diese Weise ereignet, und gleichzeitig wissen wir von hunderttausenden anderen Männern und Frauen, daß sie beinahe denselben Weg gegangen sind, dasselbe gemeistert haben: trotz grausamster, schmerzlichster Jahre unter dem Nazi-Regime, danach ein erfolgreiches Leben zu verwirklichen.

Es zieht die Lesenden hinein in eine immense Spannweite unterschiedlichster Lebensstimmungen. Nichts bleibt uns übrig, als so bewegt mitzufühlen und mitzudenken wie es dem Überlebenden widerfahren ist, all dies auszuhalten, und eben mehr als zu überleben: weiterzuleben. Noch heute stehen gleichaltrige Überlebende aufrecht und stark im Leben wie David, den ich 2012 in Israel getroffen habe, jeder einzelne als bewundernswerte, aber auch herausfordernde Persönlichkeit. Neigen wir uns vor ihren, und nun vor Davids Erzählung, teilen wir das mit ihm, was uns Nachgeborene auch etwas angeht: weil wir alle Menschen sind, weil es auch heute noch Teil von uns selbst ist.

Karin Judith Bloch Elsohn

Prolog

»Dieses Gedächtnis darf nicht verloren gehen.«
Ralph Giordano

Nicht sind sie verschwunden in meinen nächtlichen Träumen, die traumatischen Szenarien der Shoah-Zeit, im Gegenteil, im Älterwerden kehren sie zurück, als wäre es heute. Irgendwann musste ich zu schreiben anfangen und mit jenen gleich ziehen, welche sich gegen das Vergessen wehren, gegen die Ignoranz aus Unwissenheit der nachkommenden Generationen. Sehnsucht führte die Feder, den Leser dieses maßlose Gewicht jeder einzelnen Minute in den Lagern erfahren zu lassen, es in erlebten Worten unbekannten Menschen, die nach uns kommen, anzuvertrauen. Auch mein Drang, vom Leben danach zu schreiben, eine Gegenüberstellung zu machen zu dem, was war und wer ich bin. Ich wollte nicht in den Schreckensbildern jener Jahre untergehen, es musste ein Leben geben, wo keine KZs mehr vorkommen – nie mehr! Das sollte weder beim Studium in Italien noch im Amerika der Nachkriegsjahre ansetzen, sondern – meinem inneren Ruf folgend – seit den ersten Minuten der Ausrufung des Staates Israel hier selbst. Ich suchte den eigenen Weg zu realisieren mit einem frohen Privatleben, einer aktiven Berufszeit als Geschäftsmann, ich war wach für die Gegenwartsthemen in Politik und Wirtschaft. Leitgedanken auf meinem Weg waren stets ein bewusstes Verständnis, eine Verbindung zur Umwelt und Gesellschaft für gegenseitigen Respekt und Freundschaft.

Aber erst mal nahm auch dies einen andern Weg!

Und ... ja, vielleicht ist es »trotzdem« etwas verrückt verlaufen?

David Murlakow

Erster Abschnitt
Als wär's der letzte Tag

1
Mein Vater

Im Nordteil vom Karpaten-Gebirge und dessen Vorland, zwischen den heutigen Staaten Ukraine, Tschechien und Polen, entstand im 12. Jahrhundert ein Zentrum der damaligen Ruthenen mit dem Namen Galizien. Der Name stammte vom Fürstentum Halicz, dessen Hauptstadt auch Halicz hieß. Nachdem Galizien österreichisches Kronland wurde, holte Kaiser Josef II. Menschen aus dem Deutschen Reich und siedelte sie in Galizien an. Vom Karpatenvorland wurde mit der Zeit bekannt, daß zahlreiche Stellen mit Erdölvorkommen aufwiesen, oftmals gleich unter der Erdoberfläche.

In der zweiten Hälfte des 19. Jahrhunderts begann die Exploration des schwarzen Goldes. Den Anstoß zu diesem Ölboom gab ein jüdischer Apotheker namens Ignacy Lukasiewicz, der eine Petroleum-Lampe entwickelte, welche er mit dem sogenannten Erdnaphta aus den Ölgruben füllte. Bereits zuvor wurden Schmiermittel und Arzneimittel aus diesem Öl in weiten Teilen Europas bekannt. An der Spitze der Ölgewinnung stand die Stadt Borislaw. So existieren dort alleine zwischen 1860 und 1865 mehr als 4000 von Hand gegrabene Schächte zur Gewinnung von Erdöl und Erdwachs. Das Erdöl wurde dann per Bahn zu einer Raffinerie bei Wien transportiert. Dieser Ölboom und damit verbundene Existenzmöglichkeiten sprachen sich weit in Europa herum, und es kamen aus allen umliegenden Ländern wiederum tausende von interessierten Menschen, welche hier leben und arbeiten wollten. Eine multikulturelle Gesellschaft aus Ukrainern, Polen, Ungarn, Tschechen und Deutschen, auch Juden aus allen Ländern, bildete sich heran. Auffallend war eine gegenseitige Toleranz untereinander. Jede

Gruppe behielt ihre eigene Sprache innerhalb ihres Kreises, jede Religion folgte ungestört ihren Traditionen. Dies sollte leider mit dem Ausbruch des zweiten Weltkrieges durch die Nazis so ganz furchtbar anders werden.

Mein Vater, der auch durch den bereits weltweit bekannten Ölboom nach Galizien gelockt wurde, kam als Zwanzigjähriger nach Borislaw, wurde in kurzer Zeit ausgebildet zum Fachmann, für die Herstellung riesiger Reservetanks, sowie von Dampfkesseln, mit welchen die Energie zur Betreibung der Bohrschächte erzeugt wurde. Nach einigen Jahren machte er sich mit einer eigenen Fabrik selbstständig. Bestens ausgewiesen, erhielt seine Firma stets von allen Seiten Aufträge. Manchmal hat er bis zu hundert Angestellte beschäftigt. In der ganzen Stadt war sein Betrieb der einzige dieser Branche. Zu Wohlstand gelangt, als bereits verheirateter Unternehmer, erwarb mein Vater ein mehrere hundert Quadratmeter großes Grundstück mit einem bereits bestehenden Wohnhaus. Hier lebte ich mit meinen zwei Brüdern, Josef und Elias, und mit den zwei Schwestern, Sara und Klara, bis zum Kriegsausbruch.

Vor dem Krieg lebten in Borislaw auf einer Fläche von 37'000 m^2 etwa 30'000 Einwohner. Nach bekannt gewordener Statistik waren davon 13'500 Juden; den Holocaust überlebten etwa zehn Prozent, deren Nachkommen heute in der ganzen Welt verstreut sind.

2
1939 – Trudi geht nach Deutschland

Wie es meine drei erwachsenen Geschwister vor mir getan hatten, lebten ich und meine jüngere Schwester Klara unser Schülerleben und genossen ein liebes, aufmerksames Zuhause. Meine Eltern ermöglichten uns eine frohe Kindheit, und ließen uns manches unbeschwert erleben; vielleicht auch deshalb, weil die herannahende Zukunft äußerst ungewiss erschien. Eine besondere Freundschaft verband mich seit frühester Kindheit mit dem Nachbarsmädchen Trudi. Wir wohnten Tür an Tür – ihre Eltern waren aus dem Reich eingewandert, sprachen also deutsch – und meine Mutter war mit Trudis Mutter eng befreundet, allein schon der Sprache wegen. Trudi war etwa zwei Jahre jünger als ich, und wir gingen alle Jahre hindurch in dieselbe Volksschule. Sie und Klara spielten oft zusammen und ich fand mich oft als Helfer bei ihren Schulaufgaben. Diese freundliche Nachbarschaft war auch von jahrelangen gemeinsamen Sommerferien genährt, welche beide Familien in der Ortschaft Brigidau, einer deutschen Kolonie, verbrachten. Unsere deutschen Nachbarn haben uns immer gerne dazu eingeladen. Wir sind gemeinsam wandern gegangen, haben den Bauern bei der Ernte geholfen, und als besondere Freude erlebte ich die idyllischen Stunden, wenn ich mit meinem Vater zum Fischen mitgehen durfte. Mit der massiven politischen Veränderung wandelten sich die meisten unbeschwerten Gespräche zwischen den Erwachsenen. Zunehmend sorgten sie sich mehr um unsere Lage in Galizien, in Deutschland, um unser Schicksal, unsere Zukunft. Eines regnerischen Tages kursierten wieder Gerüchte von einem Einmarsch sowjetischer Truppen in der Stadt, die restlos alle beunruhigten. Ungewissheit, Unsicherheit, banges Zittern hing in allen Nischen und Ecken unserer Stadt. Mein Vater meinte, »Die Russen? Schlimm genug, aber besser als die Deutschen!«, und nahm einen tiefen Zug aus der Zigarette. Ich war fünfzehn Jahre alt. Mir war nicht bewusst, dass wir die letzten Wochen und Tage eines wenigstens scheinbar normalen Lebens auskosteten. Demnächst würde eine lange, unabsehbare Zeit über uns alle hereinbrechen, beginnend mit irritierender, bedrohlicher Unterjochung und sich später in mörderischem Grauen bis zur absoluten Zerstörung ausbreitend.

Der unrechtmäßige Blitzkrieg Deutschlands gegen Polen war noch nicht zu Ende, als die Rote Armee, im Oktober 1939, in Ostpolen einmarschierte; ein geheimes Zusatzprotokoll im deutsch-sowjetischen Nichtangriffspakt vom August desselben Jahres hatte dies ermöglicht: es sah die Abtretung des ehemaligen Ostgalizien, bis zur Grenze der sogenannten Curzon Linie, an die Sowjetunion vor.

Mein Vater sollte zunächst recht behalten, er konnte seine Fabrik unbehelligt weiterführen und den Betrieb in gewohnter Weise weiterführen. Alle Unannehmlichkeiten, mit denen wir während der sowjetischen Besatzung meiner Heimatstadt Borislaw dennoch quälend konfrontiert gewesen waren, bedeuteten nichts im Vergleich zu dem, was uns nach dem Einmarsch der Deutschen, ab dem Sommer 1941, eineinhalb Jahre später, erwarten sollte.

Die harte Gangart hat uns zwar eine sehr rigide Lebensführung aufgezwungen, nichts verlief mehr ohne Kontrolle und zugleich unter steter Bedrohung einer massiven Bestrafung. Wir waren genötigt, uns an die rüde Gangart der Russen zu gewöhnen. Die russischen Besatzer richteten Ihre Ämter und Büros ein, und begannen umgehend damit, für jeden Bürger und Bewohner von Borislaw Dokumente auszugeben, meistens provisorische Pässe. Diese waren begrenzt auf eine bestimmte Dauer des geduldeten Aufenthaltes im Bezirk, oder besiegelten im schlimmsten Fall die bevorstehende Deportation nach Sibirien. Auch mein Vater, der bis zum

Ausbruch des Krieges seine Fabrik für Ölverarbeitung geleitet hatte, und bei den Russen als Kapitalist galt, erhielt nur einen »Pass«, der befristet gültig war. Einzig weil die örtliche Kommandantur seine Tätigkeit als sehr wichtig eingestuft hatte, war ihm einstweilen erlaubt, seine Arbeit weiter zu führen. Das hieß, es wurden weiterhin Dampfkessel und Öltanks produziert, nun aber nach dem Diktat der russischen Besatzungsmacht.

Für uns Jugendliche am Gymnasium von Borislaw war es anfangs besonders schwierig: der gesamte Unterricht fand nur noch in russischer Sprache statt. Von einem Tag auf den anderen hatten wir uns den Lernstoff in allen Fächern in russischer Sprache und mit kyrillischer Schrift einzuprägen. Endlose, zutiefst zermürbende Stunden quälten uns, und wir vermissten plötzlich manche Lehrer, mit denen wir vertraut gewesen waren – wo hat man sie nur hingebracht?!

Innerhalb eines halben Jahres hatten wir uns zwangsläufig an die russische Sprache gewöhnt, und sie uns soweit angeeignet, dass wir dem Unterricht mit neuer Selbstverständlichkeit zu folgen vermochten. Auf der Straße gelang es mir, mich in der Sprache unser Besetzer zu verständigen. Fehlte es uns nun nicht mehr an der Sprache, um zurechtzukommen, so doch an all dem, was wir an Lebensnotwendigem brauchten, sowohl an Geld wie an Nahrungsmitteln, an Kleidung und an Heizmaterial für den Winter.

Eines Tages erfuhr ich durch einen Aushang am ›schwarzen Brett‹ in der Schule, dass eine Organisation, die mit der staatlichen Regelung von Geschäften beauftragt war, Schüler als Aushilfen suchte. Ich bin daraufhin sofort zur angegebenen Adresse geeilt, um mich zu bewerben. Hinter dem Schreibtisch saß ein junger, ziemlich groß gewachsener Russe mit buschigen Augenbrauen. Er befragte mich über meine Familienverhältnisse und meine Vergangenheit, und nach den möglichen Einsatzgebieten meiner Arbeitskraft. Eine Anstellung zu erhalten, war mir brennend wichtig; so strengte ich mich an, bestmöglich zu antworten. Schließlich, sich am Kopf kratzend, schaute mich der Beamte ernst an und meinte: »Gut, komme morgen Nachmittag wieder, dann sehen wir weiter!« Am Folgetag, nach der letzten Schulstunde, fuhr ich mit diesem Russen zu einer bekannten Stadtbäckerei an der Hauptstraße von Borislaw. Zwar wurde gerade umgebaut, aber der Verkauf schien ununterbrochen weiterzugehen. Ein Geschäft für Brot und Backwaren – doch da war nichts, außer Brot, nichts! Vor der Eingangstüre stand eine dichte Menschenschlange, jeder wartete stundenlang darauf, die erlaubte Ration, einen einzigen Laib Brot, zu ergattern. Mehr konnte sich keiner erhoffen. Ich wurde dem Geschäftsführer vorgestellt, und dieser stellte mich umgehend ein. Der kurzen Einführung in meine neue Tätigkeit, wie die Brote zu verkaufen seien, wurde eine Warnung angefügt, sie lautete: mir würde eine massive Gefängnisstrafe drohen, wenn ich dabei erwischt würde, jemandem mehr als die zugelassene Menge an Brot zu verkaufen. Und abends hatte ich das eingenommene Geld in der Komturei abzuliefern. So half ich, die in Abständen angelieferten Brote im Geschäft aufzutürmen, und verkaufte sie nach genauer Kontrolle der Lebensmittelkarte an kläglich frierende Männer, Frauen und Kinder, welche unendlich lange auf ihre sehnlichst erwartete Ration gewartet hatten.

Nach einigen Arbeitstagen, an einem späten Nachmittag, trat der Russe in Begleitung eines jungen Mädchens in den Laden. Er packte mich beim Arm und zog mich zur Seite: »Heute wurde der Geschäftsführer verhaftet, der kommt so schnell nicht wieder. Nun bist ab sofort du der Verantwortliche. Du kannst das nicht allein, wirst Unterstützung brauchen, da habe ich dir eine Assistentin mitgebracht, sie soll mit dir zusammenarbeiten.« Dann stellte er mich dem schüchternen, blonden Mädchen vor. Sein letzter Rat, bevor er mich in meiner neuen, überraschenden Situation und mit dem Mädchen zurückließ, war: »Merke dir, wenn du nicht so enden willst wie dein Vorgänger, dann halte dich an die Regeln!« Damit trat ich meine Karriere als Geschäftsführer eines Brotladens an. Morgens drückte ich die Schulbank, gleich anschließend eilte ich in mein Geschäft, wo wir täglich, bis zum späten Abend, mehrere hundert Brote verkauften, die wartenden Menschenschlangen schienen nie aufzuhören. In der beschränkten freien Zeit an dieser Arbeitsstelle musste ich auch meine Hausaufgaben hinter mich bringen, um am nächsten Tag dem Unterricht folgen zu können. Dank dem Umstand, dass wir zu zweit waren, konnten manchmal meine Assistentin oder ich eine Lernpause einlegen, und dem andern den Verkauf für eine Weile überlassen. Froh war ich um diese Nische, die mir verhalf, den Anschluss an den Unterricht nicht zu verpassen! Spät und erschöpft eilte ich täglich nach Hause, mochte mich nur noch müde ins Bett fallen lassen.

Einige Monate verlief dies so, zunehmend beherrschte ich meine Arbeit besser. Mit dem Schulunterricht und dem anschließenden Bäckereibetrieb kam ich ganz gut zurecht.

Eines Tages besuchte mich ein Kollege, der im Quartier nebenan eine Bäckerei leitete, er wartete mit einer interessanten Idee auf: »Hör mal, wenn wir zusammenarbeiten, könnten wir viel mehr Geld verdienen!« Er erklärte mir, dass es im System der Sowjets, wo alles nach Normen ablaufe, ein leichtes sei, sich dieser Normen zu bedienen, um daraus Kapital zu schlagen. Unsere Pflicht war, aus hundert Kilogramm Mehl 138 Kilogramm Brot zu backen. Wenn man dem Teig etwas mehr Wasser beimische, und die Laibe etwas weniger lang im Ofen belasse, würde man einen Fünftel mehr Brotlaibe produzieren. Diese wären zwar ein wenig kleiner, aber das erforderliche Gewicht hätten sie allemal. Er habe dies erprobt, und würde mir diese zusätzlichen fünfhundert Brote gerne liefern, um sie zu verkaufen. Ich hatte zugestimmt, und mir diese Überschussware zukommen lassen, habe diese zusätzlichen Brote neben den regulären brav verkauft. Jeden Abend hatten wir den so gewonnenen Erlös glücklich geteilt, und dies während einer längeren Zeit fortgesetzt. Selber erfand ich ein weiteres System, um den Verkauf einträglicher zu machen: waren die frisch gebackenen Brote verkauft, war die Qualität der zurückgebliebenen Brote so, dass sie keiner mehr wollte, es ließ sich nur noch Umsatz machen, indem das altbackene Brot an

Bauern aus der Umgebung verkauft wurde … als Schweinefutter. Allmählich erfuhren die Bauern davon. Mancher kaufte gleich fünf bis zehn Brotlaibe auf einmal (obwohl jedem Käufer bloß ein Laib zugeschrieben war). Die meisten von ihnen achteten nicht mehr auf das Kleingeld, das sie gut gehabt hätten, ich behielt es. Diese Nebengeschäfte waren für mich lebensgefährlich, eine gewaltige Strafe drohte, falls ich erwischt worden wäre. Jugendlich naiv vertraute ich auf mein Glück, war zugleich nicht wenig stolz auf meine berufliche Autonomie. Für lange Zeit verlief alles gut, niemand schien etwas bemerkt zu haben. Jeweils abends nach Hause gekommen, stopfte ich das auf diese Weise »verdiente« Geld in die Tasche unter meinem Bett. Eines Tages fand mein Vater die Tasche, und geriet außer sich: »Du bringst die ganze Familie in Gefahr. Damit muss du sofort aufhören!« Zugegeben, ich bin mit diesem unverhofften Nebenverdienst großzügig umgegangen, habe viel für die Familie und für mich eingekauft, und lebte im Vergleich zu den anderen Leuten in ziemlichem Wohlstand. Das mochte zwar gewissen Leuten auffällig vorkommen, aber für lange Zeit hat niemand irgendwelche Schlüsse daraus gezogen. So gelang es mir, trotz dem sehr berechtigten Einwand meines Vaters, nicht mit diesem reizvollen »Trinkgeld« gleich aufzuhören. Bis dann doch der endgültige Schlag kam: es war ein Festtag, der 1. Mai 1940. Zur Feier des Tages wurde nur weißes Brot verkauft, die Bauern aus den Dörfern kamen nicht. Dummerweise bekam ich von meinem Freund trotzdem einige hundert Brotlaibe ohne Lieferschein zugestellt. Gegen vier Uhr nachmittags erschien ein russischer Inspektor im Laden. Er sah die weißen Brote und verlangte die zugehörigen Lieferscheine. Mir wurde heiß und kalt, aber ich war immerhin schlau genug zu sagen, dass es der Fahrer sehr eilig gehabt habe, zur 1. Mai-Parade zu gehen, wohl habe er vergessen, mir die Lieferscheine auszuhändigen. Meine Erklärungsversuche machten jedoch keinen Eindruck auf den Inspektor; er beäugte mich misstrauisch: »Vergessen? Aha … « Abrupt verließ er das Brotgeschäft, schritt zu seinem Wagen und fuhr davon. In Panik geraten, rief ich meinem Freund an und warnte ihn, schnellstmöglich eine Rechnung für die heutige Lieferung auszustellen, weil sich der Inspektor auf dem Weg zu ihm befände. Das war dann vergeblich: der Inspektor zeigte uns an, und eines Tages wurden wir zum Prokurator vorgeladen. Eine Vorladung zu einem Prokurator war immer mit einem Gerichtsverfahren verbunden, und damit auch – im Falle einer Verurteilung – mit einer Deportation nach Sibirien. Zitternd wurden wir dem Staatsanwalt, der hinter einem Schreibtisch Platz genommen hatte, vorgeführt. Er sah aus wie ein typischer, russischer Funktionär: Mütze auf dem Kopf, lederne Jacke und ein steinerner Gesichtsausdruck, der glauben machen sollte, hier würde ein Kapitalverbrechen verhandelt.

Wir haben uns, wie zuvor vereinbart, und so gut wie möglich verteidigt. Die Angelegenheit sei nichts als ein großer Irrtum, der nur auf eine Ungenauigkeit des Fahrers zurückzuführen wäre, beteuerten wir. Uns träfe keine Schuld, wir hätten immer korrekt gehandelt. Ich weiß nicht, ob wir besonders überzeugend waren, oder ob der Staatsanwaltschaft einfach aus einer barmherzigen Laune heraus gehandelt hat. Wahrscheinlich war es unsere Jugend – mein Freund war nur zwei Jahre älter als ich – die uns vor einer Verurteilung bewahrt hat. Der Staatsanwalt warnte uns, dass es das erste und das letzte Mal gewesen sei, wo wir nur mit einer Ermahnung davon gekommen wären. »Nächstes Mal braucht ihr nicht mehr zu versuchen, irgendetwas zu erklären, ihr werdet sofort nach Sibirien geschickt. Verstanden?« Das war mir eine deutliche Warnung. Nach diesem Vorfall habe ich niemals wieder gewagt, etwas zu tun, was eine solch heikle und gefährliche Situation erzeugt hätte.

Die Anstellung in der Bäckerei zog sich über weitere Monate hin. Trotz der Beinahe-Verurteilung mit dieser bedrohlichen Verwarnung wurde ich von den Vorgesetzten als tüchtiger und zuverlässiger Arbeiter anerkannt und genoss deren Vertrauen. Schließlich wurde ich wieder zu meinem Chef gerufen, der mir bestätigte, dass ich mich bewährt hatte und reif für eine neue Aufgabe wäre.

Zu dieser Zeit wurde die Versorgung der arbeitenden Bevölkerung über eine Aufteilung in Bezirke, den sogenannten Sektoren, betrieben. In diesen Sektoren gab es einige hundert Arbeiter und Angestellte, die nur in bestimmten Läden einkaufen durften. Diese Läden ähnelten heutigen Supermärkten, in denen, von Schuhen bis Butter, beinahe alles angeboten wurde. Mir wurde, so unglaublich es schien, ein eigener Sektor mit beinahe 1200 registrierten Kunden anvertraut. Als eine Art Geschäftsführer erhielt ich zur Unterstützung, sieben Gehilfen verschiedenen Alters und Geschlechts, die nach meinen Anweisungen zu handeln hatten; das taten sie zunächst nur sehr widerwillig. Es fiel ihnen verständlicherweise nicht leicht, den Befehlen eines knapp Sechzehnjährigen Folge zu leisten, der offenbar über keine besondere Qualifikation verfügte, und der erst am Nachmittag nach der Schule im Betrieb eintraf.

Nach einer kurzen Eingewöhnungsphase kamen wir dennoch halbwegs gut als Team zurecht. Die Arbeit selber war sehr umfangreich. Es galt, über hunderte von verschiedenen Artikeln Buch zu führen, Waren herein- und hinauszutragen, argwöhnische Inspektoren durch das Geschäft zu begleiten und die monatlichen Inventuren durchzuführen. Ich habe täglich in der Schule meine Warenbestände berechnet und fand erst am Abend etwas Zeit, um im Geschäft meine Hausaufgaben zu machen. So etwas wie Freizeit kannte ich nicht mehr. Meine Freundschaft mit Trudi war reduziert auf wenige Minuten, auf dem morgendlichen Schulweg und in der Zehn-Uhr-Pause, wo wir ein wenig erfuhren, wie es dem andern so ergeht. Ich war froh, dass wir wenigstens täglich ein paar Worte miteinander wechseln konnten. Die interessante Herausforderung im Geschäft schätzte ich sehr, auch wenn ich täglich erst als letzter gehen konnte, insbesondere an den Tagen der Zulieferung. Diese wollte ich immer gerne selbst kontrollieren. Es wurde unvermeidlich, dass mein Lernen in der Schule darunter litt; oft musste ich den Unterricht aus fadenscheinigen Gründen und unter missbilligenden Blicken der Lehrer verlassen. Eine Lösung für dieses Problem schien dringend erforderlich, und ich fand sie: die Lebensmittel wurden knapper und meine Arbeitsstelle befand sich an der Quelle zum Essen, immer hatte ich genügend Lebensmittel in den Händen. So begann ich, meine Lehrer mit verschiedenen kleinen Delikatessen aus »meinem« Warenbestand zu verwöhnen. Aus nur zu sehr verständlichen Gründen, drückten sie gerne ein Auge zu, wohlwissend, woher die Sachen stammten und dass ich diese wohl kaum legal herbeigebracht hatte. Es gelang mir, die Lehrerschaft auf meine Seite zu bringen, und nach kurzer Zeit konnte ich kommen und gehen, wann ich wollte. Da ich regelmäßig den Verkauf kontrollierte und genau Buch führte, hatte ich immer Überblick über den aktuellen Stand der Bilanzen, meldete diesen auch an die Inspektoren, die mir nach und nach vertrauten. So erwarb ich mir den Ruf eines aufgeweckten und geschäftstüchtigen Angestellten. Eines Tages besuchte mich mein direkter Vorgesetzter und fragte: » Sag mal, wie klaust du eigentlich, ohne dass die jemals etwas bei dir finden? Kannst du mir das mal beibringen?«

Einmal in der Woche musste ich auch zu den Erziehungstreffen, für politische Erziehung, erscheinen, in denen über das sowjetische Paradies gesprochen wurde. Man musste sich jedes Mal zwei bis drei Stunden langweiliges Gerede anhören, bei dem ich regelmäßig eingeschlafen bin. Während einer dieser Veranstaltungen wurde ich von meinem Sitznachbarn mit einem Fußtritt geweckt. Er sagte mir, dass soeben mein Name aufgerufen worden sei. Ich stand halb benommen auf und versuchte, mich auf das eben Gesagte zu konzentrieren. Es schien völlig absurd, aber einer der Leiter hat mich soeben als einen der besten Angestellten der »Smiesctorg« (= gemischte Ware) bezeichnet und ausdrücklich gelobt.

Zu Beginn des Russland-Feldzugs der Deutschen, am 22. Juni 1941, war schlagartig alles vorbei. Mit allen Altersgenossen zusammen mochte sehr froh gewesen sein, dass wir das Gymnasium gerade noch vor wenigen Wochen mit dem Abitur haben abschließen können. Ich hatte mich seither ganztägig meiner Anstellung gewidmet, aber an diesem besagten Tag sind alle Geschäfte und Schulen geschlossen worden. Drei Tage nach Kriegsausbruch packten die Russen ihre Sachen und liefen davon. Kaum eine Woche danach wurde ich morgens durch lautes Klopfen an der Haustür geweckt. Vor dem Haus stand ein deutscher Wagen mit vier SS-Offizieren. Was tun? Sie kamen geradewegs zu mir, »Wer verwaltet den Sektor ›Gemischte Waren‹?«, fragte mich ein bulliger SS-Mann. Ich erwiderte, dass ich das sei, woraufhin ich die Schlüssel nehmen und die Offiziere ins Geschäft begleiten musste. Sie befahlen mir, den Laden zu öffnen und zusammen mit den anderen Angestellten den Verkauf wieder aufzunehmen. Alles wurde verkauft, jeder wollte sich wegen des erneut ausgebrochenen Krieges mit allem Notwendigen eindecken. Nach einer halben Woche ist den Käufern das Geld ausgegangen, sodass ich beschloss, den Betrieb zu schließen. Außerdem hatte ich noch immer vor den Russen Angst. Ich glaubte, dass sie zurückkommen und mich wegen der Unregelmäßigkeiten im Bestand zur Rechenschaft ziehen würden.

Wie ich die Tore schließen wollte, trat der Direktor des Sektors mit einem deutschen Offizier an mich heran: »Was machst du da?« fragte er. »Ich schließe den Laden«, stotterte ich nervös. Die Männer tauschten flüchtige Blicke, dann sprach der Offizier: »Nein, du verkaufst weiter!« Ich antwortete: »Die haben alle kein Geld und ohne Geld werde ich denen nichts geben.« Die beiden musterten mich kurz, und nach einer kurzen Besprechung sagte der Direktor: »Na schön, wir werden Geldgutscheine ausstellen.« Ich warf ein: »Aber nur, wenn auch die deutsche Wehrmacht die Bons unterschreibt.« Daraufhin lachte der Offizier auf, versprach aber, dies zu veranlassen. So setzte sich der Verkauf fort, diesmal mit Lebensmittelkarten, die sowohl vom Direktor als auch von der Wehrmacht unterschrieben worden waren.

Allmählich leerte sich der Laden, neue Produkte wurden keine nachgeliefert. So lange wie es mir machbar war, ließ ich für meine Familie Sachen in meinen Taschen verschwinden, und brachte sie abends nach Hause. Tief in meinem Inneren ahnte ich, dass uns eine sehr schlimme Zeit bevorstünde. Nach etwa einer Woche waren alle Regale völlig leer. Ich steckte das eingenommene Geld in einen Zuckersack und ging damit am nächsten Tag zum Direktor; zu meinem Erstaunen wollte er das Geld nicht und schickte mich weg. Ich kam nach Hause und zeigte den Geldbeutel meinem Vater. »Das gehört jetzt uns. Der Direktor will es nicht haben«, erzählte ich mit naivem Stolz. Ich hätte es wohl besser wissen müssen, denn ich sah, wie sich eine Woge des Zorns über das Gesicht meines Vaters ausbreitete. Er brüllte heraus, dass ich mit diesem Sack schnellstens verschwinden solle, er wolle nichts mit diesem Geld zu tun haben. Wohin jedoch? Nach langer Beratschlagung rief mein Vater den neuen Bürgermeister an, der lange unser Hausarzt gewesen war und fragte ihn um Rat. Dieser, ein Ukrainer, versprach, das Geld in Gewahrsam zu nehmen. So bin ich mit meinem Vater zum Büro des Bürgermeisters gegangen, um ihm den Geldsack abzuliefern.

Ich bestand energisch darauf, dass mir der Bürgermeister eine ordentliche Quittung ausstellte. Diese Quittung habe ich noch jahrelang in meinen Unterlagen aufbewahrt.

In denselben Tagen musste unsere Familie auch von unseren herzgeliebten Freunden Abschied nehmen: mit dem Einmarsch der deutschen Armee sind alle Reichsdeutschen unmittelbar in das Reich beordert worden, somit waren Trudi und ihre Eltern gezwungen, Borislaw zu verlassen. Es war sehr schwer, ihre Abreise zu akzeptieren und persönlich traf es mich noch mehr. Längst hatte ich mich in die hübsche, blonde, inzwischen vierzehnjährige Trudi verliebt und es schmerzte mich sehr, ihr Fehlen vielleicht auf immer akzeptieren zu müssen.

Nach Kriegsende und nach Bekanntwerden des ganzen Ausmaßes der beispiellosen Verbrechen an unserem Volk, wurde ich oft gefragt, warum wir uns nicht gewehrt hätten, warum wir uns wie Schlachtvieh in den sicheren Tod haben führen lassen, gottergeben und kampflos.

Abgesehen davon, dass dies so nicht ganz zutrifft, zeugt die Frage von einer Unkenntnis der damaligen Verhältnisse: die perfide Strategie der Nazis, zur effizienten Vernichtung des europäischen Judentums, wird in neu erscheinenden Filmen immer wieder und oft an Einzelschicksalen sichtbar gemacht; bildhaft sehen wir, was uns einzelnen Menschen damals und jederzeit widerfahren konnte, zu Hause, auf der Straße und wie vorhin beschrieben, verschärft in den KZs. Wie tief aber der Schock bereits unser aller Verhalten geformt hatte, die furchtbare Angst vor physischer Gewalt und Grausamkeit ... welch starke Abgrenzung es erfordert hatte, sich davon nicht zugrunde richten zu lassen, sondern von Grund auf zu entscheiden, dass man es körperlich überlebte, wer vermag das nachzuvollziehen? Die Nazi-Methode wurde systematisch, planmäßig dosiert und in verschiedenen Stufen durchgeführt. Es war nicht von Anfang an und in jeder Phase erkennbar, dass die einzige Konsequenz und das Endziel der absolute Genozid war. Die ganze entfesselte Brutalität der nationalsozialistischen Massenmörder, so wie sie ein oder zwei Jahre vor Kriegsende, sozusagen auf ihrem Höhepunkt, für jeden sichtbar wurde, hatte bis dahin verschiedene Stadien durchlaufen. Seit Anbeginn wurde gemordet, deportiert, und den Juden auf die schlimmste Weise das Leben zur Hölle gemacht; das blieb niemandem verborgen. Doch da die kaltblütig durchgeführte, fabrikmäßige Vernichtung eines ganzen Volkes für einen normalen Menschen unvorstellbar schien, hatten die meisten Aktionen und Maßnahmen der Nazi-Besatzer vor dem Beschluss zur »Endlösung der Judenfrage«, 1943, so naiv es aus heutiger Sicht erscheinen mag, für viele den Charakter von vorübergehenden Schikanen und Belästigungen. Man kaufte es den »Herrenmenschen« ab, wenn sie anstatt von Deportationen, von »Arbeitstransporten in Gebiete mit kriegswichtiger Industrie« sprachen. Man glaubte ihnen deshalb, weil es logisch und einleuchtend war, die Arbeitskraft von entrechteten Menschen für die eigenen Zwecke nutzen zu wollen. Die Arbeitssklaven zu ermorden, schien dagegen, wenn schon nicht menschlich, so doch wenigstens ökonomisch, völlig absurd. Aus diesem Grund bin ich der festen Überzeugung und ich sage das als ehemals selbst Betroffener, dass eine frühere, eindeutige Gewissheit, in Kürze ermordet zu werden, bei vielen Männern und Frauen unweigerlich einen Reflex zur Gegenwehr, in welcher Form auch immer, ausgelöst hätte. Wahrscheinlich wäre der Holocaust auch dann nicht zu verhindern gewesen, aber dessen Durchführung zumindest massiv erschwert worden. Es hätte mit Sicherheit vielen Menschen das Leben gerettet.

Doch leider kam es anders. Die teuflische Perfektion, mit der die Nazis ihre psychologisch ausgeklügelte Terror- und Täuschungstaktik anwandten, war zu wenig angreifbar. Ich glaube auch, dass ich im Rahmen aller meiner Möglichkeiten jeden Widerstand ausgeschöpft hatte, der mein Überleben im Auge behielt, und zudem habe ich immer wieder auf meine Vorbilder gebaut, welche Widerstand, an ihren Orten, bestmöglich geleistet haben. Das waren einzelne Menschen, die immer wieder höchst bewundernswerte Momente kreiert haben, um in irgend einer Situation ein Leben zu retten, etwas Essen zu besorgen, in einer Sache zu helfen.

Von solchen Widerständen, wie der Ausbruch jüdischer Häftlinge aus dem Konzentrationslager Sobibor oder der Aufstand im Warschauer Ghetto, habe ich erst später erfahren. Man kann sich nicht tief genug neigen vor ihnen.

Mir hat gewiss geholfen, dass ich meine Jugend hatte erleben wollen, dass meine Zuversicht zuließ, stets an »ein Leben danach« zu glauben.

3
Landgut Popiele

In unserer Stadt wurde der dosierte Terror folgendermaßen durchgeführt: Zuerst wurden die jüdischen Bürger gezwungen, weiße Armbinden mit einem aufgemalten oder eingestickten Davidstern (Originalname der Nazis: »Judenstern«) zu tragen. Danach wurden alle, die an Hauptstraßen wohnten, in kleine Gassen vertrieben, wo sie mit anderen Familien in erbärmlichen und oftmals viel zu enge Wohnungen einquartiert wurden. Es kam nicht selten vor, dass in manchen Zweizimmerwohnungen zehn bis zwölf Personen, unter schwierigsten Bedingungen, wie bei eiskalten Temperaturen im Winter, miteinander hausen mussten. Als dies auch unserer Familie angetan wurde, hatten wir den Hinschied von unserer lieben Mutter und mein Vater von seiner geliebten, herzenstreuen Ehefrau zu verschmerzen; man hat uns wissen lassen, dass sie im Spital verstorben sei, wo sie eine kleine Operation hatte, wir wissen nicht, wie das von statten ging. Etwas Zeit, sie nochmals zu sehen, von ihr Abschied zu nehmen und sie auf würdige Weise zu bestatten, hat man uns auf grobe Art verweigert. In aller Trauer wollten wir dennoch froh sein: diese jahrelange, ungeheuerliche Schmach absoluter Entrechtung ist ihr erspart geblieben!

Noch als das Kontaktverbot mit Juden nicht erlassen worden war, verzichteten Leute auf den einstigen gutnachbarlichen Kontakt mit uns. In jenen ersten Wochen der deutschen Besatzung erinnere ich mich, wie ich einst die Straße überquerte und einmal einen ukrainischen Hilfspolizisten entgegenkommen sah, den ich kannte, ein langjähriger Schulfreund, nun in schwarzer SS-Uniform. Dennoch erfreut, ihm zu begegnen, streckte ich ihm meine Hand entgegen, wollte ihn grüßen, »Hallo Peter, erkennst mich nicht mehr?«, fragte ich ihn, wie ich seinen kalten Blick erfasste. »Ich gebe Scheiß-Juden nicht die Hand«, zischte er, »und jetzt verschwinde!« Mich überfiel ein kalter Schauer. »Aber Peter, wir waren Freunde! Warum das hier?«

Doch er war bereits weg.

Es folgten beinahe täglich Bekanntgaben von Verordnungen und Beschränkungen: Wir mussten unter Androhung der Todesstrafe unseren gesamten Wertsachen wie Goldschmuck, Pelzmäntel und Bilder abliefern. Es wurden an verschiedenen Stellen Razzien durchgeführt, um Männer, die zufällig irgendwo angetroffen wurden, für die Arbeit beim Straßen- und Brückenbau außerhalb der Stadt wegzuschleppen. Diese armen Opfer erhielten keine Verpflegung, geschweige denn Bezahlung, dafür aber reichlich Prügel von der Wachmannschaft. Meine Jugend schützte mich nicht davor, auch für Sklavenarbeit aufgegriffen zu werden. Eines Tages fand ich mich auf einem von drei Lastwagen, die uns, eine Gruppe von etwa hundert Männern, zu einem Gelände außerhalb der Stadt transportierten. Dort, an einem Fluss, sollte eine Brücke gebaut werden, welche die deutsche Wehrmacht angeblich für militärische Transporte benötigte. Noch während sich die Lastwagen mühsam durch den Schlamm zu seinem Stellplatz wälzten, sah ich die abgekämpften und elend aussehenden Männer, die am Ufer mit Erdarbeiten oder Holzbearbeitung beschäftigt waren, und wie sie durchgehend von einem SS-Aufpasser und seiner Wachmannschaft drangsaliert und gehetzt wurden. Nicht nur, dass diese die schwer arbeitenden Männer mit Flüchen und Beleidigungen überhäuften, sie teilten auch häufig Knüppelschläge und Fußtritte aus. Zwei junge SS-Männer öffneten die Ladeklappen des Lasterwagens. »Raus, ihr Schweinehunde!«, schrie der eine unserer Gruppe zu. Ich sprang von der Ladefläche herunter und landete in einer Pfütze. Schlammschweres, dunkelbraunes Wasser spritzte nach allen Seiten, ich stellte erleichtert fest, dass nicht ein Tropfen den bellenden SS-Mann getroffen hatte, wehe, was mir ansonsten umgehend widerfahren wäre! Dann wurde ich mit den anderen per Laufschritt zu einem Sammelpunkt in der Nähe des Flusses getrieben, wo man die Männer den jeweiligen Arbeitsgruppen zuordnete. Keinesfalls wollte ich zu den Gepeinigten am Ufer eingeteilt werden! Ich nutzte die Gelegenheit, mich einer Gruppe anzuschließen, die im Wasser, genauer, direkt über dem Wasser, auf einem schmalen Gerüst arbeitete. Ihre Aufgabe bestand darin, Pfeiler, die später als Träger der Brücke dienen sollten, ins Flussbett einzubauen. Das war schwerste Arbeit, während der man stundenlang mit einem Bein im Wasser stehen, und sich gleichzeitig mit dem anderen Bein auf dem Gerüst abstützen musste. Auch hier waren wir den Misshandlungen und Demütigungen durch die Wachmänner ausgesetzt, aber viel seltener als bei den Arbeitern am Ufer; das hatte seinen Grund: die SS-Männer kamen uns nicht zu nahe, da erstens das Gerüst zum Stehen nicht viel Platz bot und sie sich zweitens ihre Stiefel und Hosen nicht durch das bracke Flusswasser beschmutzen lassen wollten. Ein Traumjob war diese Arbeit unter akrobatischen Verhältnissen deshalb keineswegs. Sie dauerte mehrere Wochen und blieb für meine Gesundheit nicht ohne Folgen. Mein linkes Bein, welches sich dauernd im Wasser befand, schwoll an, und die Kniescheibe rutschte aus dem Gelenk heraus; schließlich vermochte ich nicht mehr aufrecht zu stehen und hatte bisweilen starke Schmerzen. Zeit meines Lebens ist diese Kniescheibenverrenkung nie mehr völlig ausgeheilt.

Nach viel zu kurzer Genesungszeit (krank sein war eine lebensgefährliche Angelegenheit) erfuhr ich, dass die von den Behörden eingesetzte jüdische Verwaltungsadministration Arbeiter für die Landwirtschaft in einem etwa dreißig Kilometer von der Stadt Borislaw entfernten Ort suchte. Ich beschloss, den »Arbeitsplatz« zu wechseln und meldete mich. Mit etwa fünfzig anderen Personen, Männern und Frauen, wurden wir auf Lastwagen in eine Ortschaft namens Popiele gebracht. Die Fahrt endete auf dem teilweise begrünten Gelände, vor einem eleganten Landhaus, wo wir uns in Dreierreihen aufstellen mussten. Man befahl, unser armseliges Gepäck auf den Boden zu stellen und zwischen die Beine zu klemmen. Nach einer halben Stunde öffnete sich die große Eichentür des dreistöckigen Hauses; heraus trat der oberste Chef. Der noch ziemlich junge SS-Obersturmbannführer war groß, blond und athletisch. Das Musterexemplar der germanischen Herrenrasse stellte sich breitbeinig vor uns auf, verschränkte seine Arme und musterte uns. Seine Miene ließ keine Gefühlsregung erkennen. Es schien, als sei er völlig geistesabwesend. Dann aber donnerte er: »Ihr seid nicht zur Erholung hier, damit das klar ist. Hier wird hart gearbeitet, und wer dazu nicht bereit ist, wird nicht überleben.« Während seiner wenigen Worte schielte ich zu einer jungen, dunkelhaarigen Frau in der Reihe rechts vor mir. Sie zitterte. Vielleicht aus Angst, oder wegen der Kälte, oder aufgrund von Fieber. Sie versuchte offensichtlich krampfhaft einen Hustenreiz zu unterdrücken. Das Wort »überleben« hallte noch in meinen Ohren nach. Was würde uns hier erwarten? »Ihr werdet genug zu essen haben. Für sämtliche Probleme ist Herr Krushko zuständig.« Herr Obersturmbannführer zeigte auf einen hinter ihm stehenden großen Kerl. Aus der Nähe betrachtet, wirkte der Mann, ein Ukrainer mit brutalem Gesicht und kleinen, durchdringenden Augen, wie ein wildes Tier. Später sollte sich herausstellen, dass dieser erste Eindruck nicht übertrieben war. Wir wurden in leeren Ställen untergebracht und mussten unsere Schlafstätten aus Stroh fertigen. Frauen und Männer waren getrennt in separaten Ställen einquartiert. Zur Nacht wurden die Stalltüren von außen verschlossen.

Bereits um fünf Uhr morgens wurden wir von Krushko mit Flüchen in ukrainischer Sprache geweckt. Dabei verteilte er links und rechts Peitschenhiebe, zwischendurch spuckte er herum. Die Peitsche war sein Handwerkzeug, von dem er sich nie trennte, ähnlich einem Dompteur, der Raubtiere zähmt. Nur, dass in diesem Fall er das Raubtier war. Einige Frauen mit Kocherfahrung wurden zu Arbeiten in der Gutsküche zugeteilt, alle anderen mussten aufs Feld. Nach einem hastigen Frühstück, das aus einem Napf Ersatzkaffee, einer Portion Brot und Marmelade bestand, marschierten wir, mit allerlei Geräten beladen, einige Kilometer hinaus zu den ferner liegenden Feldern. Für diejenigen, die nie in der Landwirtschaft tätig gewesen waren, keine Erfahrung mit Spaten und Rechen hatten, war die Arbeit auf dem Feld besonders schwer. Die meisten konnten die erforderliche Arbeit nicht fachmännisch ausführen und das brachte unseren brutalen Aufseher in Rage. Unerbittlich quittierte er seine Unzufriedenheit, und schleuderte mit seiner Peitsche nach allen Seiten und schrie wie ein Wahnsinniger, wenn ihm nicht passte, was ein Arbeiter getan hatte. Fast keiner wurde von seinen Hieben verschont und manchmal ähnelte das unaufhörliche Aufklatschen der Peitsche minutenlang dem Takt der Trommel auf einem Schiff mit Galeerensträflingen. Und so fühlten wir uns auch. Mittags wurde uns eine halbe Stunde Pause eingeräumt, um die von der Küche herbeigeschaffte Kohlsuppe zu verzehren. Um sechs Uhr abends wurde dann endlich zum Feierabend gepfiffen.

Trotz der Erschöpfung von dieser schweren Feldarbeit, schenkte uns der abendliche Rückmarsch zum Gut eine Atempause, in der wir unsere überanstrengten Glieder in Ausgleich bringen konnten. Mit sämtlichen Handgeräten erreichten wir den Gutshof, stapelten alles einer Wand, und stürzten uns ausgehungert auf das klägliche Abendessen, eine Gemüsesuppe mit einer Scheibe Brot, zu dem wir endlich absitzen durften. Ausgelaugt von der ungewohnten Arbeit, übermüdet und frustriert durch die andauernden Schikanen und Prügel des Ukrainers, suchte jeder schweigend seine Schlafstelle auf, um wenigstens im Schlaf der unwirklichen Situation, dem gelebten Albtraum, zu entkommen.

Einmal wurden wir gegen Mitternacht von völlig entmenschlichten Schreien und lautem Weinen aus der Frauenunterkunft geweckt. Wir konnten nicht aus unserer Unterkunft heraus, um der Sache auf den Grund zu gehen. Die Tür war wie immer von außen verriegelt worden. Am nächsten

Morgen erfuhren wir die schreckliche Neuigkeit: Aufseher Krushko hatte sich ein 17-jähriges Mädchen aus der Frauengruppe geholt und sie stundenlang missbraucht. Erst nach einiger Zeit wurde in der Männergruppe bekannt, dass sich der Ukrainer beinahe jede Nacht ein neues weibliches Opfer suchte. Bei diesen Aktionen war er meistens betrunken und extrem gewalttätig. Die Frauen hatten keine Chance. Wehrten sie sich, schlug er brutal mit seinen riesigen Fäusten zu, was für das jeweilige Opfer den Tod bedeuten konnte. Eines Morgens fanden die Frauen in ihrer Baracke die Leiche einer jungen Frau. Sie hatte sich an einen Querbalken unweit der Eingangstür erhängt. Der leblose Körper wies Spuren schwerster Gewalteinwirkung auf, wie sie nur jemand einem Menschen zufügen kann, der seine niedersten Instinkte von der Leine lässt, gleich einem entfesselten Tier. An diesem Tag waren wir wie versteinert. Der Ehemann der Frau hatte sich mit uns in der Männer-Baracke befunden.

Wochen vergingen. Die Verzweiflung der Menschen nahm von Tag zu Tag zu, gleichzeitig schwanden unsere Kräfte, was sich unerbittlich schwächend auf die Arbeitsmoral und das Tempo auswirkte. Wir wurden unproduktiver. Als Gegenmittel fielen Krushko wie üblich nur Wutausbrüche, Schreie, Prügel und die Peitsche ein.

Eines Nachmittags, während ich ein Feld umpflügen musste, hörte ich, wie jemand nicht fern von mir eine Melodie aus einer Operette von Franz Lehar pfiff. Selbstvergessen erkannte ich dieses Lied und stimmte in das kleine Pfeifkonzert ein. »Da ist doch noch jemand musikalisch veranlagt«, vernahm ich plötzlich eine Stimme hinter mir. Ich drehte mich um und blickte mit Schrecken in das amüsierte Gesicht des Kommandanten. Vor Angst konnte ich den Mund nicht öffnen, meine Knie wurden weich. »Woher kennst du diese Melodie?«, fragte er freundlich. »Wir hatten zu Hause ein Grammofon mit vielen Schallplatten, Herr Obersturmbannführer ... und wir alle in der Familie liebten diese Musik.« Mit unwirschem Blick blitzte er mich kurz an, wandte sich ab, wollte gehen. Plötzlich hielt er an, wandte sich nochmals um: »Hast Du Angst vor Pferden?«, fragte er. »Überhaupt nicht, Herr Obersturmbannführer. Wir waren mit einer deutschen Familie befreundet und haben oft unsere Ferien mit ihr zusammen in der deutschen Kolonie Brigidau verbracht. Da haben wir in der Landwirtschaft mitgeholfen. Und Pferde gab es dort auch. Ich kenne mich mit ihnen gut aus.« Ein vages Gefühl der Hoffnung schlich sich in meine Knochen. Gespannt erwartete ich die Reaktion des Kommandanten. »Dann melde dich heute nach Feierabend beim Stallmeister.« Noch bevor ich weiteres sagen konnte, ging er fröhlich pfeifend von dannen.

Abends erwartete mich der Stallmeister bereits. Er führte mich zu der Box, in der das Lieblings-Reitpferd des Kommandanten stand, ein brauner Hannoveraner Wallach. Meine Aufgabe, so erklärte er mir, bestünde in der vollständigen Pflege aller Pferde; seines aber erhalte eine Vorzugsbehandlung, das bedeutete, täglich mehrmaliges Füttern, Tränken und Bürsten des ganzen Körpers. Er strich mit einer Bürste über das Fell des Pferdes und klopfte sie am braunen Steinboden aus. Es entstand ein heller Staubst-reifen auf dem Boden der Box. Dann sagte er: »Ich will jeden Tag am Boden ein Gitter mit 10x10 Streifen von diesem Staub sehen!«

Da das Pferd vor lauter Pflege kaum noch Staub aufweisen konnte, hatte ich nach kurzer Zeit damit begonnen, mit der Bürste den Kalk von den Wänden der Box abzuschaben. Den so gewonnenen weißen Staub benutzte ich dann für die Zeichnung des gewünschten Gitters auf dem Boden. Niemand hat deswegen jemals Verdacht geschöpft. Schnell begriff ich den Umgang mit den Tieren. Das erwählte Pferd war stets bestens gepflegt, und das Einspannen des Zweiradwagens für den Kommandanten war in wenigen Griffen getan. Dieser zeigte sich mit meiner Arbeit zufrieden. Alles in allem konnte ich mich über diesen Abschnitt meiner Versklavung nicht beklagen. Mir blieb sogar Zeit übrig, sodass ich kleine Dienstleistungen für die Köchin erledigen konnte. Als Dank erhielt ich dafür Essensreste des Hauspersonals zugesteckt. Meine Leidensgenossen, die meine »Karriere« mit Neid beobachteten, taten mir sehr leid und so half ich auch ihnen, wo und wie ich nur konnte; ich erbettelte für sie Restspeisen aus der Küche, zu der ich jetzt freien Zugang hatte. Eines Morgens, als ich dem Kommandanten das reitfertige, gesattelte Pferd übergab, schaute er mich mit ernster Miene an und fragte: »Kennst du Leute in der Stadt, die vor dem Krieg Handel mit Farben und Lacken getrieben haben?« »Jawohl, Herr Obersturmbannführer«, antwortete ich, ahnend, zu welchem Zweck diese Frage gestellt worden war. »Gut, du gehst morgen in die Stadt und zeigst, was du kannst. Hier sollen alle Fensterrahmen und Türen neu gestrichen werden, die werden allmählich morsch vom Wetter. Lasse dir vom Büro einen Passierschein ausstellen, sonst kannst du ohne Wachbegleitung nicht alleine hingehen.«

Ich erhielt eine vom Kommandanten des SS-Gutes Popiele unterschriebene Bescheinigung, die mich berechtigte, in seinem Auftrag dringende Besorgungen für das Gut in der Stadt zu machen. Ich meldete mich beim Stallmeister ab, um die mir anvertrauten Pferde nicht ohne Pflege zurückzulassen, und machte mich um sechs Uhr morgens zu Fuß auf den Weg. Bis in die Stadt hatte ich vielleicht fünfzehn Kilometer zurückzulegen, von denen ich einige auf einem Pferdekarren sitzend genießen konnte; ein alter Bauer hatte sich bereit erklärt, mich gegen den Tausch von ein paar Zigaretten in Richtung Stadt mitzunehmen.

Die in der Stadt verbliebenen Juden lebten zu dieser Zeit, gegen Ende 1942, zusammengepfercht in einem Ghetto, wo Hunger, Krankheit und Verzweiflung herrschten. An den grauen, zerfallenden Straßen lehnten sich hie und da zu Skeletten abgemagerte Menschen gegen baufällige Häuserfronten. Andere, die nicht einmal dazu die Kraft besaßen, lagen schutzlos, einsam auf dem Bürgersteig, bleiche Gestalten in abgetragenen Kleidern, apathisch ins Leere starrend. Bald habe ich mich zu meinem älteren Bruder Elias durchfragen können. Er und seine kleine Tochter waren gezwungen worden, sich eine kleine Hinterhofwohnung mit zwei anderen Familien zu teilen. Die Wiedersehensfreude verflog ernüchternd schnell, als ich ihm erzählte, wie mir seit unserer Trennung vor vielen Monaten ergangen war, und er mir seinerseits die Namen von all denjenigen Familienmitgliedern nannte, die von der SS in Lager verschleppt worden waren. – Unsere Herzen wollten sich krümmen, aber ich konnte es mir keine Minute lang leisten, meinen erhaltenen Auftrag hinauszuzögern. Wie und auch wo ich die benötigten Farben beschaffen könnte, wusste mir mein Bruder nicht zu vermitteln. Wir entschieden uns, das Büro des ›Judenrates‹ aufzusuchen. Dies war eine von den Deutschen eingesetzte Gruppe von Juden, deren Aufgabe darin bestand, die internen Angelegenheiten im Ghetto zu regeln. Nachdem ich dem Vorsitzenden des Rates, der meine Familie gut kannte, die Sachlage erläutert hatte, musste ich die Drohung meines Lager-Kommandanten hinzufügen, die bei Nichterfüllung seiner Forderung, Farben aufzutreiben, eintreffen werde: dass er selber mit seinen Leuten in die Stadt kommen wolle! Damit hatte der »Judenrat« definitiv verstanden, dass er mir unbedingt bestmögliche Unterstützung zu bieten hatte. Der ältere Herr erblasste und rutschte nervös auf seinem Stuhl hin und her. Meine Lüge hatte ihre Wirkung nicht verfehlt. Ohne diese wäre es wahrscheinlich nie zu dem gekommen, was danach geschah. Der Vorsitzende holte den zuständigen Leiter der Ordnungsabteilung und diktierte ihm einige Anschriften von ehemaligen Haushaltsgeschäften. Dann gab er ihm den Befehl, die benötigten Lacke und Farben herbeizuschaffen, wobei er versprach, diese aus den Mitteln des Judenrates zu bezahlen. Bereits am frühen Nachmittag standen im Büro des Vorsitzenden einige größere, mit Farben gefüllte Eimer. Innerhalb von zwei Stunden fand sich ein Bauer, der bereit war, für ein paar Flaschen Schnaps und Tabak, die Farbeimer in das Gut zu transportieren. Die Nacht war hereingebrochen, als wir mit der Fuhre im Lager ankamen. Der Chef kam persönlich und begutachtete die Ware mit einem Schmunzeln und einer Kopfbewegung in meine Richtung. Sein Blick sagte »gut gemacht«. Ich war sehr stolz auf das Geleistete, aber mehr noch war ich

Elias für seine Hilfe zutiefst dankbar. Leider wusste ich damals nicht, dass ich meinen geliebten Bruder Eli, wie er von allen genannt wurde, nicht mehr wiedersehen sollte. Einige Tage nach unserem letzten Treffen wurde er bei einer Razzia im Ghetto verhaftet, und zusammen mit anderen in Viehwaggons zum Vernichtungslager Treblinka abtransportiert. Dort wartete auf ihn der Tod. Nur neunundzwanzig Jahre alt durfte er werden. Eli hatte kurz vor Beginn des deutschen Russland-Feldzuges zugunsten seiner Frau auf seinen ihm zustehenden Erholungs-Urlaub auf der Krim verzichtet; denn sie hätte nicht mitreisen dürfen. Hätte er den Urlaub wie geplant angetreten, wäre ihm wahrscheinlich erspart geblieben, in der Gaskammer von Treblinka zu enden. – Das sind Spekulationen und Wunschfantasien, die sich immer wieder aufdrängten. Trotzdem bleibt festzuhalten, dass es die Gutmütigkeit und Opferbereitschaft meines Bruders waren, die letztendlich sein Schicksal frühzeitig besiegelt hatten. Dass die Guten im Leben belohnt und die Schlechten bestraft werden, so wie es uns fast alle Religionen weismachen wollen, hat seither für mich jede Glaubwürdigkeit verloren.

Für mich ging der Überlebenskampf mit grausamer Härte weiter, ja steigerte sich in der kommenden Zeit zu vorher unvorstellbaren Szenarien.

Der geglückte Einkauf der Farben hatte meine Lage leicht verbessert: der ukrainische Peiniger vermied von nun an, mich zu prügeln. Das schien jedoch bloß eine Frage der Zeit zu sein, denn seine hasserfüllten Blicke verhießen nichts Gutes. Mehrere Tage vergingen in normalem Trott ohne besondere Vorkommnisse. Dann erfuhren wir von einheimischen Arbeitern, dass das Ghetto in der Stadt aufgelöst worden war. Es hieß, nur eine ganz kleine Gruppe Juden habe man noch dort belassen. Ich erschauerte beim Gedanken an meine Familie: war sie von der Räumung verschont geblieben? Bei erstbester Gelegenheit fand ich den Mut, den Kommandanten darauf anzusprechen. Ich bat ihn um die Erlaubnis, in die Stadt gehen zu dürfen und Auskunft über den Verbleib meiner Familie einzuholen. Er muss wohl meinen verzweifelten Blick und meine Trauer bemerkt haben, denn er gestattete mir, für einen einzigen Tag das Lager zu verlassen. Natürlich wurde ich von meinen Leidensgenossen heftig bedrängt, bei dieser Gelegenheit auch nach ihren Familien in der Stadt Ausschau zu halten. Man flehte mich an, mir Namen von Familien zu merken, die ich nicht kannte, von Menschen ohne Adresse, da es im Ghetto so etwas wie einen festen Wohnsitz nicht gab. Das einzige, was wir alle sicher wussten, war, dass sich unsere Angehörigen auf die eine oder andere Weise in höchster Gefahr befinden mussten. Ich versprach, mein Bestes zu tun, wohlwissend, dass das in den meisten Fällen gar nicht möglich sein würde.

Überraschend und schockierend leergeräumt traf ich das Ghetto an; von den vielleicht 13000 Bewohnern mochten es vielleicht noch ein- bis zweitausend sein, die zurechtzukommen suchten. Man sagte mir, alle andern seien außerhalb der Stadt in einer ehemaligen Militärkaserne untergebracht worden.

Also bin ich dorthin geeilt, um meine Verwandten aufzufinden: meinen Vater und meinen Schwager Oscar fand ich als einzige übriggebliebene Mitglieder unserer Familie vor! Zusammen mit andern Menschen vom Ghetto saßen und lagen sie in einem düsteren Raum auf dem Boden, man befand sich ungefähr in der Mitte der Kaserne. Es war eine gequälte Trauergemeinde, die hier versammelt war. Alle hatten von Schmerz gezeichnete Gesichter, einige weinten laut, andere jammerten leise vor sich hin. Die meisten im Raum hatten entweder einen Teil ihrer Familie oder schlimmer, alle Familienangehörigen verloren. Und dann wurde auch ich zu einem Teil dieser Gemeinschaft, die Nachricht traf mich wie ein Donnerschlag: Meine 26-jährige Schwester Sara und ihre drei Söhne waren, in der Nacht zuvor, gewaltsam aus dem Bett gerissen und zum Bahnhof getrieben worden. Dort hatte man sie in einen Viehwaggon verladen und abtransportiert. Das jüngste der Kinder war gerade mal sechs Monate, die anderen zwei und drei Jahre alt. Ziel der dreitägigen Reise im Waggon, ohne Verpflegung und

Wasser, mit etwa hundert Menschen zusammengepfercht, waren die Gaskammern von Majdanek. Ein sicheres Todesurteil. Unser Seelenschmerz war unbeschreiblich. Wie spürten ihn geradezu körperlich, als ob jemand mit einem spitzen Gegenstand in unsere Brust stechen würde. Getränkt in Gefühle von Wut und Trauer drangen Bilder und Erinnerungen aus der Vergangenheit an die Oberfläche. Ich sah die wunderbare und tüchtige Sara und meine drei süßen, kleinen Neffen, mit denen wir immer viel Spaß gehabt hatten. Ihr Schreien und Lachen hallte noch in meinen Ohren nach. Der Gedanke, sie nie mehr wiedersehen zu können, war kaum zu ertragen. Ich konnte nicht anders, ich bin bei meinem Vater und meinem Schwager geblieben, ich wollte mit ihnen sein, sie trösten, und auch durch ihre Nähe mich getröstet, ein kleines bisschen umarmt fühlen. Doch wie lässt sich solche Qual um den Verlust geliebter Menschen jemals wirklich lindern, vermischt mit allen Ängsten, welche mir bereits in den nächsten Stunden wieder aufwarten mochten?!

Da am nächsten Morgen in der Frühe alle wieder unbarmherzig zur Arbeit antreten mussten, hatte ich mich noch vor Tagesanbruch auf den Rückweg ins Lager begeben. Trotzdem traf ich erst gegen Mittag wieder im Gutshof ein. Ich ging zum Stall, um nachzuschauen, ob die Pferde während meiner kurzen Pause gut versorgt worden waren. Am Eingang erwartete mich mit hochrotem Kopf und hasserfülltem Blick der Ukrainer. Seine rechte Hand hielt den Knauf der Peitsche umklammert. »Erst jetzt kommst du, du dreckiges Judenschwein? So kümmerst du dich um die Pferde des Kommandanten?« Noch bevor ich ganz begriff, was den brutalen Teufel in Rage versetzt hatte, traf mich seine Peitsche mitten ins Gesicht. Ich wollte den Grund meines Zuspätkommens erklären, konnte jedoch kein Wort über meine Lippen bringen, denn bereits schleuderte er den nächsten Peitschenhieb gegen mich. Dann knallte ein Faustschlag seitlich an meine Schläfe, ich ging zu Boden. Der Ukrainer begann, mich mit seinen Reiterstiefeln ins Gesicht, auf den Rücken und in den Bauch zu treten. Dann nahm er auch seine riesigen Fäuste zu Hilfe. Unaufhörlich prügelte er auf mich ein, bis ich das Bewusstsein verlor. Als ich langsam und ächzend vor Schmerzen am ganzen Körper wieder zu mir kam, lag ich in der Ecke des Stalls auf einem Strohhaufen. Jemand musste mich dort hingezogen haben, vielleicht der Stallmeister oder einer von den anderen Häftlingen. Alles an meinem ganzen Körper schmerzte, Hände und Gesicht waren mit verkrustetem Blut bedeckt. Vorsichtig tastend rappelte ich mich etwas hoch, kroch schwer atmend bis zum Wassereimer, welcher den Tieren zur Tränke diente, und versuchte mir mit bloßen Händen den Verletzungen Linderung zu verschaffen. Jede Sekunde konnte neues »Unglück« über mich hereinbrechen oder ich mochte Glück haben und noch lange allein gelassen werden. Es war ruhig, man ließ mir Zeit, vermutlich waren alle auf den Feldern mit Arbeit beschäftigt. Durch die offene Stalltür spähte ich ins Freie, keine Spur vom Ukrainer. Das konnte sich aber schnell ändern. Ich überdachte meine nicht gerade rosige Lage und gelangte zur Überzeugung, dass ich an diesem Ort keine Überlebenschance hatte. Nun, da mich der sadistische Aufseher offensichtlich ins Visier genommen hatte, jagte mir die Aussicht auf seine erneuten Faustschläge und Fußtritte eine Mordsangst ein. Und wer weiß, dachte ich, beim nächsten Mal würde ich vielleicht nicht so glimpflich, will heißen: ohne Knochenbrüche und andere schwere Verletzungen, davonkommen. Ich beschloss zu fliehen. Etwas Schlimmeres als der Brutalität dieses Ungeheuers ausgesetzt zu sein, konnte mir nicht widerfahren, sagte ich mir. Gegen Mitternacht ging ich zu meiner Unterkunft, die sich in einer Ecke des Stalls befand, raffte zusammen, was ich an Kleidung und Wäsche besaß, fand noch etwas Essbares, füllte eine leere Flasche mit Wasser, und wartete intuitiv den passenden Augenblick zur Flucht ab. Durch den Hinterausgang des Stalls, dort wo sich die Wassertränke der Tiere befand, verließ ich unbemerkt das Lager. Entlang den Ackerfeldern des Gutes erstreckte sich ein dicht bewachsener Wald. Bis dahin musste ich es schaffen, wenn ich nicht vorzeitig entdeckt werden wollte. Mein von den

Schlägen und Tritten zerschundener und schmerzender Körper ließ mich nur langsam vorankommen. Mit viel Mühe erreichte ich nach einiger Zeit den Waldrand und betrat kurz darauf das rettende Dunkel. Ich widerstand dem Drang, eine Ruhepause einzulegen, denn ich wusste genau, dass sofort nach Bekanntwerden meiner Flucht eine Jagd nach mir angesetzt würde. So schleppte ich mich bis zum Morgengrauen kraftlos durch den Wald. Als sich mit der herannahenden Morgendämmerung die schützende Dunkelheit verabschiedete, verließ ich den ausgetretenen Pfad, auf dem ich mich befand, und drang tief in das Dickicht des Waldes ein. Meine Angst, entdeckt zu werden, war riesig! Ich fürchtete, mich zum Schlafen hinzulegen, denn meine Verfolger könnten mich im Schlaf überraschen. Nach längerem Suchen fand ich einen Baum, der mir geeignet schien, hinauf zu klettern; breit und stark verzweigt lud er ein, dass ich mich so gut wie möglich auf den dickeren Ästen einrichtete, sogar eine Stelle fand, um mit meinem Rücken anzulehnen. Nur mit dem Schlafen war es nicht so einfach, denn ich hatte Angst, erschöpft wie ich war, im Schlaf herunterzufallen. So verbrachte ich den Tag halb wach, halb schlafend auf meiner kantigen Ruhestätte, aß hin und wieder etwas Brot, nippte Wasser aus der Flasche und beobachtete wachsam die Umgebung um mich herum. Ohne einen Menschen gesehen zu haben, nahte der Sonnenuntergang. Alsbald stieg ich vom Baum herunter und setzte meinen Weg in Richtung Süden fort. Vorher hatte ich mir die Himmelsrichtungen eingeprägt, die mir fortan helfen sollten, mich zu orientieren.

Mehr als zwei Tage verblieb ich im Wald ohne jemandem zu begegnen. Manchmal hörte ich in der Ferne undeutlich Stimmen, allerdings war mir nie möglich, herauszufinden, ob es sich um meine Verfolger handelte, um Waldarbeiter oder zufällige Besucher. Nachdem meine kümmerlichen Brot- und Wasservorräte zu Ende gegangen waren, begann ich nach Nüssen zu suchen, auf und in der, inzwischen winterlich, nassen und kalten Erde, die nichts Frisches mehr von sich gab. Eines Morgens wagte ich mich näher an den Waldrand heran, bis an den Rand einer offenen Wiese, die sich weitläufig nach links und rechts erstreckte. Mir gegenüber, weit entfernt, konnte ich Häuser und Menschen ausmachen, ein Dorf. Ich entschloss, bis ich mich einigermaßen sicher fühlte, im Wald wohnen zu bleiben und die ganze Umgebung genauestens zu beobachten, bis ich wüsste, wohin ich mich wenden könnte. Gleichzeitig blieb ich immer auf der Hut, selber nicht entdeckt zu werden. Nachts gewöhnte ich mich an das Lager auf einem Baum, der mir auch als Ausblick diente, tagsüber suchte ich letzte Beeren, Nüsse, die meinen Hunger linderten. Mehrmals kehrte ich an den Wiesenrand zurück, wo sich das Gelände absenkte und in die Ebene hineinführte, in der sich eben diese kleine Siedlung befand. Eines Tages wagte ich vorsichtig, in diese Richtung weiterzugehen. Konzentriert auf den abfallenden Hang, hob ich die Augen, und entdeckte schließlich seitlich der Siedlung einen großen Gebäudekomplex. Ich erkannte die Kaserne wieder, in der die restlichen Juden aus der Stadt, unter ihnen mein Vater und mein Schwager Oscar, nun als Lagerinsassen wohnten. Vielleicht war dies die hoffnungsvollste Lösung, wohin ich mich begeben könnte, ich wollte es versuchen. Wie ich bereits wusste, konnte man dieses Lager nur mit einer Arbeitskolonne betreten oder verlassen. Mein Vater hatte erwähnt, dass die Zwangsarbeiter täglich abends, zwischen fünf und sechs Uhr, von ihren Arbeitsstellen in die Kaserne zurückkehrten. Deshalb kauerte ich mich in einen geschützten Winkel des Abhanges, und setzte meinen Abstieg in Richtung der Häuser erst am späten Nachmittag fort. Solange es gerade noch hell war, begab ich mich hinter jene Häusermauern, an denen die Arbeiter vorbeigehen mussten, wenige Meter entfernt vom Eingang zur Kaserne. Bald hörte ich, wie sich die Gruppe näherte, mit scharfem Blick erkannte ich, wie die erste Gruppe mit etwa fünfzig Personen daherkam, sich in Vierer- und Fünferreihen der Kasernenanlage näherte. Bewacht wurde die Kolonne von zwei SS-Männern, die sich beim Gehen angeregt miteinander unterhielten und den Arbeitern keinerlei Beachtung schenkten. Wahrscheinlich war ihre

Tätigkeit für sie mit der Zeit eine langweilige Routine geworden, vor allem auch deshalb, weil es so gut wie keine Zwischenfälle gab. Zusätzlich, so erfuhr ich später, hatten die Wachmänner mit ihren »Schützlingen« ein stillschweigendes Abkommen: gegen ein paar Zigaretten und etwas Schnaps waren sie bereit, bei ihrer Bewachung ein Auge zuzudrücken und nicht so genau hinzuschauen, wenn einige Arbeiter zwischendurch aus der Gruppe ausscherten, um bei der Bevölkerung kleine Einkäufe zu machen. Danach reihten sich die Männer wieder in die Kolonne ein. Ich wartete in dem schmalen Durchgang der zur Straße führte, den geeigneten Moment ab und schloss mich, als die Reihen mit den Arbeitern dicht an mir vorbeizogen, den Männern an. Keiner hatte etwas bemerkt. Einer der Wachleute machte am Tor die übliche Meldung, dann hieß man uns in die Unterkünfte zurückkehren. Ich war in der Kaserne.

Da ich den Raum, in dem mein Vater untergebracht war, bereits kannte, begab ich mich direkt dorthin. Seine Gruppe war noch nicht eingetroffen. Ich legte mich auf eine Pritsche, und fiel nach wenigen Minuten in einen tiefen Schlaf. Man musste lange an mir rütteln, bis ich wach wurde, erzählte mir hinterher mein Vater. Er sei sehr erschrocken, als er mich da liegen sah, denn mein Ausbruch aus dem Gut Popiele war überall bekannt geworden. Einen Tag nach meinem Verschwinden hatte sich der Kommandant in Begleitung des ukrainischen Aufsehers in die Stadt begeben, um dem Judenrat einen wütenden Besuch abzustatten. Er hatte gedroht, dass er einige Judenratsmitglieder als Geiseln nehmen wolle, falls ich nicht innerhalb der nächsten Stunden gefunden und an ihn ausgeliefert würde. Dies ist zum Glück nicht geschehen, das Schicksal hatte anders entschieden. Es hieß, bevor die Racheaktion mit den Geiseln in die Tat umgesetzt werden konnte, sei aus Berlin der Befehl gekommen, das SS-Gut Popiele zu schließen und alle Häftlinge zu liquidieren; der Kommandant sollte an die Ostfront verlegt werden. Dieser Befehl hatte diesen wohl so aufgewühlt, dass er sich erst einmal um sein eigenes Leben kümmerte und die Drohung fallen ließ. Wenige Tage später seien frühmorgens Lastwagen mit SS-Männern in das Gut eingefahren, hätten alle Insassen des Lagers aufgeladen und in den nahen Wald transportiert. Dort sind 42 Frauen und Männer erschossen worden. Der 43. dieses Massakers hätte ich sein sollen. Noch heute mache ich mir über diese Ereignisse Gedanken. Waren mein Ausflug in die Stadt und die anschließenden brutalen Schläge ein Fingerzeig Gottes, wollte er mich vor dem traurigen Ende bewahren, das meinen armen Leidensgenossen widerfuhr? Diese wunderbare Rettung hatte jedenfalls einen großen Einfluss auf meine Skepsis in Sachen Glauben. In den schrecklichen Jahren des Krieges, mit all den Grausamkeiten und Ungerechtigkeiten, waren meine Zweifel an der Existenz eines Wesens, welches als eine Art »Gerechter Herrscher der Welt« fungiert, stetig gewachsen. Und doch kann ich das zuvor Beschriebene nicht als Zufall abtun. Ich erlebte in der Zukunft noch weiterer solcher »Zufälle«, die ich nicht Zufälle nennen mag. Ich glaube doch, dass ein »höheres Wesen« unser aller Schicksal bestimmt.

4
Das Jahr 1943

Der Aufenthalt in der Kaserne war schon für sich allein genommen sehr riskant. Er wurde aber mit der Zeit noch gefährlicher. Es gab endlose Kontrollen, bei denen mit lautem Geschrei die Identität und Anwesenheit von Häftlingen überprüft wurde, nicht selten auch mitten in der Nacht. Bei einer Razzia der SS-Polizei wurde ich eines Tages vor der Baracke aufgegriffen und zusammen mit etwa achtzig jungen Männern auf Lastwagen verladen. Man brachte uns in die eine Fahrstunde von unserer Stadt entfernten Ortschaft Stryj, durch die ein Fluss gleichen Namens führte. Die Reise verlief ohne Zwischenfälle, wobei einige von uns manchmal nur mit Mühe der Versuchung widerstanden, an dafür geeigneten Stellen entlang der Reiseroute zu fliehen. Die Angst vor den Folgen war einfach zu groß, und niemand wollte die vage, von Hoffnung getragene Möglichkeit des Überlebens leichtsinnig aufs Spiel setzen. Wir wussten inzwischen genau, mit wem wir es bei den Deutschen zu tun hatten. Bei Flucht würde es kein Erbarmen geben, das war gewiss. Viele tragisch endende Beispiele von Freunden und Verwandten hatten uns das bis dahin zur Genüge gelehrt. Nach der Ankunft an unserem Zielort wurden wir ohne Erklärung in einer ehemaligen, nun vollkommen leergeräumten Synagoge untergebracht. Man befahl uns, keinen Lärm zu machen und sobald wie möglich schlafen zu gehen. Matratzen oder Decken gab es keine, geschweige denn so etwas, das einem Bett ähnelte. So mussten wir die erste Nacht frierend auf dem harten Fußboden des leeren Gebäudes schlafen. Es war eine kurze Nacht, bereits um fünf Uhr früh wurden wir mit

Geschrei und Schlägen geweckt. »Schnell anziehen und dann raus!« brüllte man uns zu.

Draußen warteten Lastwagen mit leeren Ladeflächen, um die sich einige Männer von der Wachmannschaft, die sich rauchend unterhielten, versammelt hatten. Andere standen tatenlos herum und beobachteten die Ladeaktion der Häftlinge aus einiger Entfernung. Die Fahrt auf den Lastwagen dauerte nicht lange, endete außerhalb der Stadt bei einer großen Baustelle. Wir wurden ausgeladen und zu einem nicht fertig errichteten Parkplatz getrieben, wo wir uns in Reih und Glied aufzustellen hatten. Es stellte sich heraus, dass an dieser Stelle ein Militärflughafen gebaut werden sollte. Bauunternehmer war die Hamburger Firma Nickel & Zeiss, die bis dahin im Rahmen dieses Projektes nur zivile Angestellte beschäftigt hatte. Aus Kostengründen und auch, weil die Zeit drängte, wurden nun hunderte von Zwangsarbeitern hinzugezogen. Die Männer wurden in verschiedene Arbeitsgruppen mit unterschiedlichen Aufgaben eingeteilt. Ich sah, dass die größte Gruppe für Straßenbau und Erdarbeiten zuständig war, was bedeutete, täglich acht bis zehn Stunden, auf der Straße, Schnee und Regen ausgesetzt zu sein. Deshalb habe ich mich auf Anfrage des Poliers, nach Männern mit Schreiner-Fachkenntnissen, ohne Zögern für diese Arbeitsgruppe gemeldet. Ich bekam vier andere sogenannte »Fachleute« als Helfer zugeteilt, und zugleich den Befehl, uns unverzüglich an die Arbeit zu machen. Ein Lastwagen, der unweit der Straße stand, musste mit Brettern und verschiedenen Werkzeugen beladen werden. Kaum war das getan, wurden wir zusammen mit der Ladung zurück zu unserem Nachtquartier, zur Synagoge gefahren. Dort erwartete uns der für die gesamte Gruppe zuständige SS-Mann, jung, mit eisernem Gesicht. »Schafft den ganzen Kram vom Lastwagen in den Schlafsaal!«, befahl er. »Dann werdet ihr daraus ein zweistöckiges Gestell für Schlafpritschen bauen, vierzig Männer unten, vierzig oben. Zerschneidet nicht zu viele von den langen Brettern und geht sparsam mit den Nägeln um. Ihr werdet nämlich nicht lange genug leben, um diese Verschwendung zu rechtfertigen!« Wir packten diese ungewohnte Arbeit unverzüglich an, ohne eine geringste Ahnung zu haben, wie das gewünschte Gestell konstruiert und für das Gewicht von vierzig Männern tragfähig gemacht werden konnte. Nichts ließen wir uns anmerken und zeigten intensivste Strebsamkeit, gaben notgedrungen unser Bestes. Mittags wurde uns aus der Küche, die normalerweise nur für die Angestellten der Firma kochte, etwas Suppe und Brot gebracht. Irgendwie schafften wir es danach bis zum Abend, die äußerst fragwürdige Konstruktion fertigzustellen: nicht nur wegen unserer mangelnden Fachkenntnisse, insbesondere durch die bedrohliche Warnung, vor zu viel Materialverbrauch, hatten wir die physikalischen Gesetze zu sehr außer Acht gelassen, es kam dann, wie es kommen musste: nachts brach die obere Etage mit vierzig schlafenden Männern zusammen. Sie fiel auf die Darunterliegenden, die teils durch den Schreck, teils durch den schmerzvollen Aufprall, laut aufschrien. Das Jammern und Stöhnen der armen Teufel hallte minutenlang unter den hohen Decken der alten Synagoge. Für uns Schreiner und Konstrukteure folgte die Strafe am nächsten Morgen. Der bullige Sturmbannführer tobte. Er prügelte mit Stock und Fäusten so lange auf uns ein, dass ich und andere am Ende das Bewusstsein verloren. Sich dieser Brutalität zu entziehen, hätte gewohnheitsmäßig bedeutet, danach noch schlimmeren Folterungen ausgesetzt zu werden. Die Beulen, blauen Flecken und Schmerzen haben viele Tage gehalten. Dann zwang man uns zurück zur Baustelle. Der Polier, von dem ich den Bauauftrag bekommen hatte, sah mich mitleidsvoll an, und wies mir zu meiner großen Erleichterung eine Arbeit zu, welche für mich unter diesen Verhältnissen zum Glücksfall wurde. Ich sollte auf den Baracken zum Schutz gegen den Winterregen Dachpappe festmachen. Mit geradezu kindlicher Freude kletterte ich auf das Dach der Baracke und machte mich an die Arbeit. Sie erforderte weit weniger Fachkenntnisse, als die Fabrikation eines riesigen Etagenbettes. Außerdem wurde ich dort von niemandem angetrieben oder überwacht. Wie froh war ich, da oben außerhalb des

Blickfeldes von dem sadistischen Sturmbannführer zu sein, der unten am Boden bei jeder kleinen Unregelmäßigkeit seinen Wolfshund auf die Gefangenen hetzte!

Einmal pro Tag bekamen wir von der Firma unsere knappe Verpflegung. Satt wurden wir davon nie. So dauerte es nicht lange, bis die meisten Leute dermaßen geschwächt waren, dass sie morgens nur noch auf der Pritsche liegen bleiben konnten, viele von uns wurden auch krank; ihnen fehlte sogar die Kraft, um wenigstens für die Essensration zur Baustelle zu kommen. Wir Arbeitsfähigen halfen am Abend, mit einem Teil unseren mageren Rationen, so weit wie möglich aus; aber wir mussten darauf achten, selber nicht den kleinen Rest an verbliebener Kraft und Gesundheit einzubüßen. Nach einiger Zeit eröffnete sich mir eine ziemlich gefährliche Möglichkeit, an etwas Essbares zu gelangen: ich fand heraus, dass Nägel ein sehr gefragtes Produkt auf dem zivilen Markt waren. So begann ich während der Arbeit kleine Päckchen mit Nägeln in meiner Jacke verschwinden zu lassen und brachte sie anschließend zu einem Eisenwarenhändler in der Nähe der Baustelle. Dafür bekam ich Brot, ab und zu auch ein paar Münzen. Diese Selbsthilfeaktion wiederholte ich einige Male, aber die Angst, erwischt zu werden war so groß, dass ich doch lieber Hunger leiden wollte, als mich dieser Gefahr auszusetzen. Tage und Wochen vergingen. Es kam der kalte Herbst 1942 mit Regen, zunehmend auch Schnee. Für uns änderte sich nichts. Die Arbeiten wurden weiter durchgeführt, ohne Rücksicht auf die unfreundliche, kalte und nasse Witterung. Einige der Männer, die sich von ihrer Krankheit nicht erholt hatten, starben oder wurden abgeholt. Sie kamen nie wieder zurück. Eines Morgens erwachte ich mit einer Erkältung. Es quälten mich starke Halsschmerzen und Schnupfen, wahrscheinlich auch Fieber. Ich ging zum Büro der Verwaltung und meldete mich krank, wie es allgemein für die Häftlinge angeordnet war. Der zuständige Arzt, ebenfalls ein Häftling, gab mir aus Angst vor dem sadistischen Aufseher nur ein paar Tabletten und schickte mich zurück an meinen Arbeitsplatz. Ich wusste zu genau, dass mich dort bei meiner Rückkehr als erstes Prügel vom SS-Wächter erwarteten. Dazu brauchte es nie einen besonderen Anlass, aber im Fall einer Arztvisite konnte man, mit hundertprozentiger Sicherheit, die Reaktion des brutalen Schlägers voraussehen. Also änderte ich meine Pläne. Anstatt an meinen Arbeitsplatz zurückzukehren und mich den Misshandlungen des SS-Mannes auszusetzen, verließ ich die Baustelle und ging der Straße entlang in Richtung Bahnhof. Ich vergewisserte mich, dass mir niemand folge oder meine Flucht bemerken würde, und gelangte dann nach einer knappen Stunde Fußmarsch dort an. Der kleine Bahnhof war nicht zu stark von Menschen bevölkert, hie und da ein paar Pendler und eine dreiköpfige Familie, die auf die Ankunft ihres Zuges warteten. Meine nervliche Anspannung war immens. Mit meiner Armbinde war ich als Jude erkennbar. Ich trug einen hellen Regenmantel, der noch mein persönliches Eigentum war, und drehte die Armbinde mit dem Judenstern nach innen. Da Binde und Mantel die gleiche Farbe hatten, fiel das kaum auf.

Am Eingang des Bahnhofs waren mehrere Schilder mit der Warnung »Zugfahrt für Juden ohne Sonderbewilligung bei Todesstrafe verboten« angebracht. Es war nicht Mut, sondern blinde Verzweiflung und jugendlicher Leichtsinn, die mich trotz dieser Warnung dazu brachten, mich am Fahrkartenschalter hinter zwei Reisenden anzustellen. Wie ich an die Reihe kam, drehte ich mich leicht zur Seite, sodass dem Fahrscheinverkäufer die Sicht auf meinen linken Arm mit der Binde genommen war, und verlangte einen Fahrschein nach Borislaw. Ein Teil des Geldes, das ich für die Nägel bekommen hatte, reichte dafür aus. Nach einer Viertelstunde fuhr der Zug in den Bahnhof ein. Ich bestieg ihn und setzte mich in ein leeres Abteil, und zwar so, dass mein linker Arm gegen die Fensterseite lehnte. So war er vor den Blicken von Passagieren und Zugpersonal abgeschirmt. Die Fahrkartenkontrolle überstand ich ohne Probleme und die Hälfte der Reise verlief ruhig. Dann allerdings wurde es brenzlig. Im Bahnverbindungsknoten Drohobycz stiegen zwei ukrainische SS-Polizisten in den Zug ein.

In ihren schwarzen Uniformen mit den SS-Abzeichen glichen sie gänzlich ihren deutschen Herren, nur dass sie, entweder aus fanatischem Judenhass oder weil sie sich beweisen wollten, noch viel grausamer und mörderischer gegenüber Juden sein konnten. Nach einigen Minuten betraten sie mein Abteil. Sie erkannten sofort, welcher Volksgruppe und Religionsgemeinschaft ich angehörte, denn kurz zuvor hatte ich noch eilig meinen Judenstern sichtbar gemacht. Es war mir ratsam erschienen, nicht den Eindruck erwecken zu wollen, dass ich etwas zu verbergen hätte. Mit größter Sicherheit wäre ich ins offene Messer gelaufen. »Hast du eine Reisebewilligung?«, sprach mich einer von ihnen auf Ukrainisch an. Mit Mühe unterdrückte ich jegliches Anzeichen von Angst in meiner Stimme und antwortete in ruhigem Plauderton: »Ja, natürlich, warten sie einen Moment.« Ich kramte in der Innentasche meines Mantels und zog die Überweisung zur medizinischen Untersuchung, die wenige Stunden zuvor stattgefunden hatte, heraus. Sie war auf dem Briefbogen der Firma Nickel & Zeiss geschrieben, und enthielt meinen komplett ausgeschriebenen Vor- und Zunamen sowie den Vermerk, dass ich bei dieser Firma beschäftigt war und einen Anspruch auf ärztliche Betreuung hatte. Am unteren Ende des Schreibens stach ein großer Stempel mit dem schwarzen Deutschen Adler ins Auge. Zu jener Zeit waren sämtliche schriftlichen Dokumente mit einem solchen Stempel versehen. Ich erkannte, dass er auf den Ukrainer Eindruck machte. Statt sich jedoch mit dem geschriebenen Text näher zu beschäftigen, drehte er das Blatt Papier herum und wieder zurück, schaute mich kurz an, dann erneut das Schreiben. Mir wurde klar, dass der Mistkerl kein Deutsch lesen konnte, höchstwahrscheinlich auch keine weitere andere Sprache beherrschte. Die Freiwilligen, die sich damals zum Dienst bei der SS-Polizei meldeten, kamen größtenteils aus entlegenen Dörfern, in denen es für junge Leute kaum Arbeit gab. Viele von ihnen waren Schafhirten oder verdienten ihr Brot mit Tätigkeiten in der Landwirtschaft. In die SS eintreten zu können, war für sie ein großer Karrieresprung, und dementsprechend gaben sie sich alle erdenkliche Mühe, den Anforderungen zu genügen; Bildung gehörte allerdings nicht dazu. »Und damit ist es erlaubt, mit diesem Zug zu fahren?«, fragte er unsicher. »Natürlich«, antwortete ich, »sonst würde ich doch keinesfalls in einen Zug einsteigen. Übrigens wurde ich von den Kommandanten des Arbeitslagers geschickt, um im Stammlager in Borislaw Bekleidung und andere Sachen für die Arbeiter abzuholen. Das ist von höchster Wichtigkeit, denn bald kommt der Winter.« Ich weiß nicht, ob meine Lüge so glaubwürdig oder ob es der Respekt vor dem Schwarzen Adler auf dem Schreiben war, ich erhielt das Papier zurück und die beiden verließen das Abteil. Kurz darauf entlud sich meine Anspannung, und der psychische Druck ließ nach; ich konnte meine Tränen nicht zurückhalten, minutenlang weinte ich wie ein kleines Kind. Kurz vor Ankunft an der Endstation, vor dem Bahnhof Borislaw, sprang ich vom fahrenden Zug ab, und lief über die Gleise hinweg aus dem weitläufigen Bahnhofsareal hinaus in die Felder.

Der Bahnhof wurde von einer großen Anzahl deutscher SS-Männer abgesichert, denen ich gewiss nicht mein tolles Reisedokument mit dem Schwarzen Adler vorlegen konnte. Ich versteckte mich bis zum Einbruch der Nacht, und gelangte über Schleichwege durch Wald und Wiesen zur Kaserne, wo sich noch immer mein Vater und mein Schwager befanden. Durch die mir von früher bekannte Öffnung im Zaun kroch ich ins Lager hinein. Ein paar Minuten später stand ich im Zimmer und hielt meinen Vater in den Armen. Die Wiedersehensfreude war groß, verflog aber umgehend angesichts meiner Angst, in der Kaserne entdeckt zu werden. Ich hatte gelernt, die Deutschen nicht zu unterschätzen; es war nur eine Frage der Zeit, bis sie hier nach mir suchen würden. So bald wie möglich musste ich wieder weg von hier. Wir beschlossen, dass ich am nächsten Morgen mit der ersten Kolonne das Lager verlassen würde. Irgendwo auf der Strecke wollte ich mich von den anderen absetzen und mich bis auf weiteres im Wald verstecken. Der fünfzehn bis zwanzig Kilometer entfernte Wald in den Karpaten war dicht und besonders im Winter schwer zugänglich. Zur damaligen Zeit war er Fluchtpunkt für Hunderte von Juden, die sich vor den Nazis versteckt hielten und sich, wenn schon nicht in Sicherheit wiegen, so doch wenigstens eine kleine Atempause verschaffen konnten. Zu diesem Zweck wurden im Wald tiefe Stollen gegraben, in denen die Menschen einen Unterschlupf fanden, der sogar bei Tageslicht nicht sonderlich auffiel. Diese Löcher unter der Erde bekamen den Namen »Bunker«. Ich schloss mich einer Gruppe von ehemaligen Schulfreunden an, welche bereits mit dem Bau eines Bunkers begonnen hatte. Ältere Leute, die noch etwas Geld oder Wertsachen besaßen, stellten diese den Bunkerbauern zur Verfügung und bekamen dafür für sich und ihre Angehörigen einen Platz im »Bunker« zugesichert. Es war ein Geschäft, das für alle Vorteile aufwies. Mit dem Geld und den Wertsachen wurden bei den Bauern Lebensmittelvorräte und andere, für das Überleben wichtige, Gegenstände eingekauft, zum Beispiel, Petroleum für Beleuchtungslampen, gefüllte Gasbehälter für die Kochgeräte, und das wichtigste: Schusswaffen mit Munition zum Schutz gegen ungebetene Gäste, die sich zufällig im Wald verirrten. Mit der Zeit entstand eine große Anzahl solcher Schutzbunker, die Hunderte von verzweifelten Menschen beherbergten. Unser Bunker lag in der Nähe eines kleinen Baches, was sehr wichtig war für unsere Wasserversorgung. Er war vielleicht etwa 24–30 m^2 groß und bot Schutz für etwa dreißig Menschen. Bequem war er nicht; es fehlte an Platz, damit alle zur gleichen Zeit sitzen konnten. Das hatte zur Folge, dass tagsüber alle in den zweistöckigen Pritschen liegen mussten. Das Leben fand im Wald ohnehin nachts statt, dann konnten die versteckten Leute an die Luft gehen, ihre kleinen und großen Bedürfnisse erledigen und sich im Bach waschen. Wir hatten es uns zur Gewohnheit gemacht, jeweils ein Pärchen arbeitsdienstlich einzuteilen. Die Frau bereitete für alle eine Mahlzeit zu, während der Mann für Wasser, Beleuchtung und die Wartung der Kochgeräte zuständig war. Das funktionierte bei einigen besser, bei anderen weniger gut, aber im Großen und

Ganzen verlief es problemlos und stets so leise wie möglich. Die Aufgabe der jungen Leute, war die Versorgung mit Lebensmitteln und Brennstoff. Das war nicht ungefährlich, denn es erforderte Kontakt mit Fremden. Dies waren zumeist Bauern und kleine Händler aus den umliegenden Dörfern. Sie hatten Kenntnis von den Umtrieben im Wald, trauten sich aber kaum in die Nähe der Bunker, weil sie wussten, dass die Juden nicht das Risiko eingehen würden, sie lebendig wieder gehen zu lassen. Also hielten sie sich vom Wald fern, und machten ihre Geschäfte dann, wenn die »Waldmenschen« zu ihnen kamen. Ich ging regelmäßig mit anderen jungen Leuten in die Kaserne, wo wir für uns vorbereitete Ware in Empfang nahmen, um am nächsten Morgen mit den Kolonnen heraus zu marschieren, und danach unterwegs im Wald zu verschwinden. Eine Zeit lang ging das auch ganz gut.

5
Schuster

Nach einigen Tagen Aufenthalts in der Kaserne kam mir zunehmend stärker zu Bewusstsein, wie gefährlich meine Lage trotz, oder gerade wegen der immer gleichen und scheinbar vorhersehbaren, täglichen Abläufe, tatsächlich war. Mir wurde klar, dass ich begonnen hatte, mich in selbsttrügerischer Sicherheit zu wiegen. Das morgendliche Ausmarschieren in den Reihen der Arbeitskolonnen und das anschließende Verschwinden im Wald war mir bis dahin zwar immer problemlos und ohne größere Zwischenfälle geglückt, aber konnte ich mich darauf verlassen, dass es auch so weiterging? Die wachsende Angst davor, aufzufliegen, führte mich dazu, mich einer gerade neu zusammengestellten Arbeitskolonne anzuschließen. Wissend, dass mich erneut unberechenbare Brutalität und Gemeinheit erwarten würde, glaubte ich doch, auf diese Weise eine größere Chance zum Überleben zu haben. Der Einsatzort war nicht weit. Dieses Mal ging es um den Aufbau eines großen Elektrizitätswerkes, etwa eine Wegstunde von der Kaserne entfernt. Ungefähr hundert Männer wurden dieser Arbeitskolonne zugeteilt. Ich wurde einer von ihnen. Keiner von uns wusste, wie sein neuer Arbeitsplatz werde oder was dort verlangt würde. Hätte ich es vorher gewusst, dann hätte ich meine vielleicht vorschnelle Entscheidung, Teil dieser Kolonne zu werden, doch noch einmal gründlich überdacht. Begleitet von ukrainischen SS-Wachleuten mussten wir um sechs Uhr morgens abmarschieren, um rechtzeitig am Arbeitsplatz anzukommen. Außer uns jüdischen Häftlingen wurden dort auch zivile Fachleute beschäftigt, sowie eine Gruppe von ukrainischen Jungpionieren, die sich freiwillig zum Dienst in der deutschen Wehrmacht gemeldet hatten. Letztere hatten nicht schlecht gestaunt, als sie feststellten, dass man von ihnen harte körperliche Arbeit erwartete und was in ihren Augen besonders schlimm war, dass sie diese auch noch in Gemeinschaft mit ungeliebten, jüdischen Arbeitern verrichten sollten. Dann machten wir die Bekanntschaft mit dem Projektleiter. Es war ein etwa 45 Jahre alter untersetzter Mann mit einem grauen Bulldoggen-Gesicht. Sein hängender Unterkiefer und seine stechenden, kalten Augen verliehen ihm das Aussehen eines Schwachsinnigen. Auf seinem unnatürlich groß gewachsenen Kopf trug er einen cremefarbenen Wildwesthut, dessen Krempe nach oben hin zurückgebogen war. Unter uns Häftlingen bekam er deshalb schnell den Spitznamen, Napoleon, was in seinem Fall eine völlig unpassende Schmeichelei war. Denn Schuster, so sein Name, war so, wie er aussah: verrückt. Gepaart mit einem exzessiven Hang zum Sadismus war dies für uns Häftlinge eine explosive Mischung. Der Psychopath, dessen Vorname niemand kannte, lief den ganzen Arbeitstag lang tollwütig über das Gelände, brüllte die Arbeiter für jede Kleinigkeit an und schlug sie unbarmherzig mit der Peitsche, die er immer bei sich trug. Selbst die bei uns Juden verhassten ukrainischen Wehrmachtsoldaten waren vor seiner Gewalttätigkeit nicht sicher, im Gegenteil. Schuster hatte die Gewohnheit, auf eines der vielen durch das ganze Gelände verlaufenden Wasserrohre zu steigen, welche sich etwa zwei Meter über dem Boden dahinzogen. Von dort oben überwachte er die Arbeit der Pioniere. Meist bemerkte man seine Gegenwart zu spät, mit schmerzhaftesten Folgen für die Betroffenen: plötzlich stand Schuster breitbeinig auf dem Wasserrohr, unter dem sich gerade einer unbeobachtet fühlte, und eine Atempause machte oder mit einem andern Polier ein paar Worte tauschte. Umso größer war der Überraschungsmoment, wenn einer von ihnen unvermittelt durch einen von oben herabfallenden massigen Körper zu Boden gerissen und unter ihm begraben wurde. Das war Schusters Spezialität. Einer der Häftlinge gab ihm den Namen »menschliche Fliegerbombe«. Beobachtete man zufällig dieses skurrile Schauspiel, aus einiger Entfernung, traute man zunächst seinen Augen nicht. Einige Sekunden lang sah man einen kleinen fettleibigen Mann mit Napoleon-Hut, der sich mühsam auf dem Wasserrohr aufzurichten versuchte. Aber schon im nächsten Augenblick breitete dieser seine kurzen fleischigen Arme aus, beugte seinen Oberkörper nach vorne und sprang sturzflugartig wie ein Falke in die Tiefe, geradewegs auf sein nichtsahnendes Opfer zu. Dabei verlor er noch in der Luft seine lächerliche Kopfbedeckung. Derjenige, den es traf, brauchte einige Momente, um zu begreifen, was überhaupt mit ihm geschehen war. Dann setzten die Schmerzen ein. Übliche daraus resultierende Verletzungen waren Quetschungen, Prellungen und in manchen Fällen auch Knochenbrüche. Das Geheule und Wehklagen der Opfer löste bei Schuster augenblicklich eine Welle guter Laune aus. Er klopfte sich schwer atmend den Staub von seiner Uniform, setzte seinen Hut auf und zog, fröhlich pfeifend, an den aufgeschreckten Polieren vorbei weiter.

Einige Tage vergingen. An einem regnerischen Vormittag ließ Schuster mit Hilfe von zwei Jungpolieren alle jüdischen Arbeiter zusammen rufen und vor seinem improvisierten Büro, einer kleinen morschen Holzhütte mit Kamin, Aufstellung nehmen. Wir waren vom Regen durchnässt und litten unter der Kälte. Das kümmerte den großen Chef nicht im Geringsten. Mit irrem Blick und zuckenden Kopfbewegungen überflog er hastig die Gesichter der erschöpften Arbeiter und wurde schnell fündig. Er zog einen etwa vierzigjährigen Mann heraus, der uns zuvor, vor allem durch Eigentümlichkeiten an seinem Äußeren aufgefallen war. Unser Leidensgenosse hieß Moishe, wurde aber von allen verniedlicht Moischele genannt. Klein gewachsen und sehr mager, hatte dieser von Natur aus unscheinbare Mann zwei charakteristische Merkmale, die ihm eine gewisse Komik verliehen: das eine in Gestalt einer abgenutzten und schräg zur Seite geneigten schwarzen Schiebermütze. Das andere eine selbst geschnitzte Holzpfeife, klein und rußgeschwärzt. Ich habe diese Pfeife kein einziges Mal angezündet gesehen, aber immer steckte sie in Moischeles Mundwinkel; sogar beim Appell, oder wenn er seinen Vorgesetzten ansprach, entfernte er sie nicht aus seinem Mund. Kurioserweise nahm der sonst hoch pedantische Schuster keinen Anstoß daran, was die Vermutung zulässt, dass er Moischele als eine Art Original ansah, dem man so etwas wie Narrenfreiheit zubilligen konnte. Es kam dann noch besser: Schuster ernannte Moischele ab sofort zu seinem Assistenten. Von diesem Moment an erhielt die Tragödie auch ihre komischen Akzente, mit unverändert bitterem Beigeschmack. Wann immer der Chef und sein Gehilfe unsere Wege kreuzten, konnten wir uns beim Anblick der beiden Paradiesvögel ein Schmunzeln nicht verkneifen. Ich erinnerte mich an Filme der Vor-Kriegszeit mit den Marx Brothers, und stellte mir vor, ich sei nicht in einem Nazi-Arbeitslager, sondern Komparse in einer Filmkulisse bei Dreharbeiten zu einer absurden Komödie. Wie viel Absurdität und Verrücktheit die brutale Wirklichkeit in einem aufweisen konnte, sollten mir die folgenden Wochen noch zeigen. Schuster amüsierte sich nach Belieben, meistens mit Schlägen, Peitschenhieben und Flüchen, manchmal aber auch mit gespielten Witzen, über die einzig er lachen konnte. Sein Lieblingspartner dafür war Moischele. Auffällig, wenn andere Leute anwesend waren, wiederholte sich stereotyp die selbe Szene: Schuster beugte sich im Stile eines besorgten Beichtvaters zu Moischele, während er ihm den Arm auf die Schulter legte: »Sag mal Moischele, fickst du etwa auch in diesen Zeiten?« Moischele verzog sein Gesicht und antwortete halb auf Jiddisch, halb auf Deutsch: »Oi weh, Chef, nein, nein, die Zeiten ficken mich.« Schuster brüllte daraufhin jedes Mal begeistert vor Lachen und schlug sich mit den Händen auf die Knie. Diese Szene ist mir unvergesslich geblieben. Noch heute kommt sie mir manchmal in den Sinn, wenn jemand zu laut über seinen eigenen Witz lacht. Moischele war morgens beauftragt, für die Herausgabe der Geräte, Werkzeuge und verschiedene Materialien an die Arbeiter zu sorgen. Nach Arbeitsschluss am frühen Abend musste er alles wieder einsammeln und kontrollieren, ob von den zuvor ausgehändigten Gegenständen keiner fehlte oder beschädigt worden war. Nachmittags, wenn es für Moischele nichts weiteres zu tun gab, betraute ihn Schuster mit einem Spezial-Auftrag, wir nannten ihn »Mission Gesundheitswasser«. Moischele wurde in den nahen Wald geschickt, um dort aus einer Quelle für seinen Chef ein stark nach Petroleum riechendes Wasser zu schöpfen und in Flaschen abzufüllen. Dieses Wasser trank Schuster leidenschaftlich gern, denn es hatte, so behauptete er, eine wohltuende Wirkung auf seinen kranken Magen. Eines Tages erschien Moischele nicht zum morgendlichen Appell. Schuster bekam einen von seinen bekannten Wutanfällen, als ihm mitgeteilt wurde, dass sich sein Schützling krank gemeldet habe. Er betrachtete unsere gerade in Reih und Glied angetretene Gruppe, welche die übliche Arbeitsverteilung erwartete. Ich stand wie immer in vorderster Reihe, als Schuster näher trat und mich durchdringend ansah. Dann wich er zwei Schritte zurück und zeigte, ohne den Blick von meinen Augen abzuwenden, mit dem Finger auf mich. »Du kommst mit!« bellte er. Ein Angestellter der Firma erläuterte mir kurz danach, welche Aufgaben ich zu erfüllen hätte. Er händigte mir anschließend die Schlüssel zum Werkzeuglager aus. War das nun ein Grund zur Freude? fragte ich mich. Hatte ich als Ersatz oder Vertretung für Moischele eine Vorzugsbehandlung zu erwarten? Für einige Stunden sah es beinahe so aus. Ohne Aufsicht konnte ich im Geräteschuppen Reinigungsarbeiten erledigen, was unter den gegebenen Umständen eine Wohltat war. Kurz vor Einbruch der Dunkelheit kam der Befehl, mich unverzüglich bei Schuster zu melden. »Hier ist die Flasche für mein ›Gesundheitswasser‹«, fauchte er in scharfem Ton. »Lass dir den Weg erklären und mach dich sofort auf den Weg. Beeile dich, bald ist Feierabend!«

Einer von den Arbeitern zeigte mir die Richtung, wo sich die Quelle befinden sollte. Ich raste sofort los, damit die übrigen Arbeiter nicht zu lange auf mich warten mussten. Mehr durch Zufall, aber vor allem dank ihres Gestanks, fand ich ohne lange zu suchen die Quelle im Wald, füllte die Flasche und kehrte rechtzeitig, aber völlig außer Atem, zum Abmarschort zurück. Als ich Schuster die Flasche mit dem Wasser überbrachte, hatte ich, noch bevor er sprach, eine böse Vorahnung, eines seiner Augenlider zuckte nervös: »Hast du da etwa reingepinkelt?« »Nein, natürlich nicht«, beteuerte ich. »Dann trinke du zuerst!« Er goss ein wenig von der stinkenden Medizin in ein Glas und gab es mir. »Los, runter damit, du verschlagener Scheißjude!« Mit Widerwillen trank ich die ekelhafte Flüssigkeit, von der mir sofort übel wurde. Wieder draußen, konnte ich gar nicht mehr aufhören, auszuspucken. Der Geschmack von Petroleum klebte regelrecht an meiner Zunge.

Am nächsten Tag wiederholte sich der Arbeitsablauf. Ich verbrachte wieder die meiste Zeit mit Aufräumarbeiten im Geräteschuppen, wenn auch nicht mehr so ungestört wie am Tag zuvor. Manchmal wurde ich nach draußen gerufen, um irgendwo mit anzupacken. Während einer Ladeaktion, bei der mehrere Fässer auf einen LKW gehievt wurden, erhaschte ich einen flüchtigen Blick auf Schuster; der war gerade damit beschäftigt, sich in der Nähe eines frisch ausgehobenen Grabens seinen Hut zurechtzurücken. Dabei wirkte er sehr unruhig und nervös. In seinen Augen brannte ein gefährliches Feuer, das nichts Gutes verhieß. Später erfuhren wir von einem zivilen Angestellten der Firma, dass das Haus der Familie Schuster während einer Bomber-Attacke durch englische Flugzeuge getroffen worden war. Über menschliche Opfer war nichts bekannt geworden, aber es blieb die an den Nerven nagende Ungewissheit, welche ihn für einmal total ruhig stellte. Gegen Ende des Nachmittags begann ich mich zu fragen, weshalb mich Schuster noch nicht wegen des »Gesundheitswassers« angesprochen hatte. Sollte er das in seiner wirren Gemütsverfassung vergessen haben? Ich fasste meinen ganzen Mut zusammen, klopfte an seine Tür und trat ein. Der Kerl saß zusammengesunken hinter seinem Schreibtisch, eine Hand an die Stirn gelegt. »Darf ich das Wasser holen gehen?«, fragte ich unschuldig. »Ich sage dir schon, du blöder Hund, wann du gehen darfst«, brüllte er mir zu und schmiss den Bleistift, den er gerade in der Hand hielt, nach mir. Ich verzog mich rasch. Vor dem Büro wartete ich dennoch, denn mir war klar, dass Schuster nicht auf sein Wasser verzichten würde und dass meine Gruppe und ich nicht vorher abrücken konnten. Tatsächlich kam er kurz darauf heraus. »Bist du noch nicht weg, du Arschloch?«, schrie er mich an. Ich ergriff die Flasche und rannte davon. Bei meiner Rückkehr aus dem Wald standen alle meine Mithäftlinge in Reih und Glied auf dem Platz, unweit des Ausgangs der Baustelle. Sie hatten ungeduldig auf mich gewartet. Schuster stand auf der Treppe am Eingang zu seinem Büro, in der Hand ein aus Eisen geflochtenes Seil. Bevor ich ihm die Flasche mit dem Wasser überreichen konnte, schlug er mir mit dem Seil auf den Kopf. Dabei brüllte er wie von Sinnen: »Erst jetzt kommst du, du blödes Judenschwein? Und alle müssen auf dich warten?«

Meine Kopfwunde fing sofort an zu bluten. Ich ließ die Flasche zu Boden fallen und bedeckte mit beiden Händen, schützend, mein Gesicht in Erwartung weiterer Schläge. Schusters brutale Gesichtszüge waren verzerrt. Als ich kurz zwischen meinen Fingern zu ihm aufblickte, kam er mir vor wie ein rasendes Tier, eine entfesselte Bestie, die nach Blut gierte. In meiner Angst drehte ich mich ruckartig um und rannte davon, zurück in Richtung Wald. Blut lief über mein Gesicht. Hinter mir hörte ich die grölende Stimme des Wahnsinnigen, der wohl gerade den ukrainischen Jungpolieren den Befehl zur Jagd auf den Juden gab. »Fangt ihn, fangt das Dreckschwein!« Das ließen sich die frustrierten Poliere nicht zweimal sagen. Es begann ein Wettlauf im Zahlenverhältnis von hundert zu eins, bei dem ich keine Chance hatte. Die Poliere kreisten mich ein, packten meinen geschwächten Körper und trugen mich triumphierend zurück zum Arbeitsgelände. Wie ein erlegtes Stück Wild wurde ich Schuster, der noch immer an derselben Stelle stand, vor die Füße geworfen. Rot angelaufen und vor Wut schäumend, holte dieser mit dem Seil, das er noch immer fest umklammert hielt, aus und schlug in kurzen Abständen trommelnd auf mich ein. Die Sache hätte wahrscheinlich ein tragisches Ende genommen, wenn sich nicht der zivile leitende Geschäftsführer der Firma eingeschaltet hätte. Mutig ging er auf Schuster zu, nahm ihm das Seil aus der Hand und sprach ihn ruhig an. Zuerst glaubte man, der Geschäftsführer würde auch ein paar Seilhiebe abbekommen, so wütend schaute Schuster ihn an. Aber dann lenkte der Schläger ein, ließ das Seil zu Boden fallen und hörte lächelnd zu, was der Zivilist ihm zu sagen hatte. Ich wurde vom Boden aufgehoben und weggebracht. Zwei Leute mussten mich auf dem Rückweg zur Kaserne beim Gehen stützen, denn jeder Teil meines Körpers schmerzte. Mit Mühe erreichten wir als letzte der Gruppe die Kaserne, wo mich mein Vater mit Entsetzen in Empfang nahm. So wie ich war, blutverschmiert und humpelnd, brachte er mich zum Lagerleiter, dem ich mit gebrochener Stimme erzählte, was passiert war. Man rief umgehend den Lagerarzt. Nachdem dieser meine Wunden gereinigt und, so gut wie möglich verbunden hatte, erklärte er sich auf Drängen meines Vaters bereit, mich vorläufig als arbeitsunfähig zu melden. Außerdem verordnete er mir strikte Bettruhe. Das habe ich seit Jahren nicht mehr genießen dürfen ... Am darauffolgenden Abend, als die meisten Arbeitsgruppen bereits in die Kaserne zurückgekehrt waren und sich in ihren Wohnbehausungen befanden, klopfte es an unsere Türe, zeitgleich betraten zwei Männer den Raum. Mein Vater und ich wurden wie vom Blitz getroffen. Diesen Besuch hatten wir nicht erwartet. Schuster näherte sich in Begleitung des zivilen Geschäftsführers der Firma meinem Bett. Seinen markanten Hut hatte er vorher abgenommen und hielt ihn nun in der Hand. Mit einem breiten Lächeln schaute er mich einige Sekunden lang an, bevor er das Wort an meinen Vater richtete, der neben mir am Bett saß. »Sind sie der Vater des armen Jungen?« Mein Vater nickte. »Wie geht es denn dem Kleinen nach dem tragischen Unfall gestern? Erholt er sich auch gut?« Ich spürte, wie eine unbändige Wut in mir hoch kroch, ließ mir aber nichts anmerken. Der Psychopath fuhr seelenruhig mit süßlicher Stimme fort. »Wissen Sie, so ein Unfall kann ja jedem passieren. Es ist halt Pech.« Im Raum entstand eine gespannte Ruhe. Niemand wagte es, Schuster zu widersprechen, nur der Zivilist trat näher an mein Bett. Er drückte stumm mit einem vielsagenden Gesichtsausdruck meine Hand. Als sich beide anschickten wieder zu gehen, dreht sich Schuster bei der Türe nochmals um und kam wieder zurück: »Ich will dich schnell wieder bei der Arbeit sehen, sonst komme ich dich persönlich holen«, zischte er mich an. Leider konnte der Lagerarzt die Zeit für meine Rekonvaleszenz nicht allzu großzügig bemessen. Er stand selber unter Aufsicht der SS, die sehr genau kontrollierte, ob er mit seinen Krankenbescheinigungen nicht übertrieb. Also wurde ich nach nur wenigen Tagen wieder arbeitsfähig gemeldet. Sehr schweren Herzens musste ich zurück in die Teufelshölle. Bei der Arbeitsverteilung pickte mich Schuster persönlich aus der Reihe der Männer heraus und drückte mir einen Spaten in die Hand. In der Nähe seines Büros sollte ein Kanal angelegt werden. Als erstes mussten tiefe Gräben ausgehoben werden. Das war meine neue Aufgabe. Da Schuster mich vom Fenster seines Büros aus die ganze Zeit über beobachtete, habe ich in gekrümmter Haltung ohne die kleinste Unterbrechung unentwegt, dem entstehenden Graben entlang, Erde und Lehm aufgetürmt. Später stapfte er auf mich zu und befahl mir, einer in unserer Nähe arbeitenden Gruppe beim Transport von etwa vier bis fünf Metern langen Röhren zu helfen. Danach befahl er mich zurück zum Graben. So wiederholte sich das den ganzen Tag lang. Immer wieder fand er Stellen, zu denen ich eilen musste, um den dort Arbeitenden zu helfen; und jedes Mal trieb er mich anschließend zurück zur Spatenarbeit. Schuster ging an diesem Tag keiner anderen Beschäftigung nach, konzentrierte sich einzig und allein obsessiv auf meine Person. Am späten Nachmittag erfand er eine weitere Schikane. Er setzte sich mit Blick nach außen, zu mir hin, auf die Fensterbank seines Büros und legte eine mit kleinen Steinen gefüllte Schüssel auf seine Knie. Während er mich beobachtete, griff er in die Schüssel, holte einen Stein heraus und warf ihn mir an den Kopf. Wurde ich besonders hart getroffen, lachte Schuster, mit den Füßen gegen die Wand hämmernd, laut auf. Mein Leben lang konnte ich das absonderliche Verhalten dieses Geisteskranken nicht vergessen. Obwohl er verantwortlicher Leiter eines Riesenprojektes mit Hunderten von Arbeitskräften war, hatte er sich an diesem Tag ausschließlich mit sadistischen Spielchen amüsiert. Als ich abends mit zerrütteten Nerven in die Kaserne einkehrte, teilte ich meinem Vater mit, dass ich von diesem Teufel genug hätte. Ich wäre nicht bereit, solch einen Tag noch einmal zu erleben. Anderntags tauchte ich wieder in unserem Versteck im Wald unter. Wie ich hörte, hat Schuster beim Lagerverwalter nach mir gefragt, musste sich aber mit der Auskunft begnügen, ich sei verschwunden und nicht mehr auffindbar.

6
1944 Liquidierung

Eines Tages hatte sich das grausame Schicksal wieder gegen uns entschieden.

Am 14. April 1944 habe ich abends meinen Vater in der Kaserne aufgesucht. Er hatte wohl eine böse Vorahnung, denn er bat mich wiederholt, noch in dieser Nacht das Lager zu verlassen und in den Wald zurückzukehren. Ich lehnte seine Bitten kategorisch ab und schenkte ihnen auch dann keine Beachtung, als er mich regelrecht zu bedrängen begann. Der Grund für meine Ablehnung war pure Bequemlichkeit, wenn man das so nennen mag. Wer mochte mir verübeln, wenn ich in all diesen schwierigen, unmenschlichen Monaten und Jahren wieder einmal die Gelegenheit nutzen wollte, in einem richtigen Bett schlafen zu können, eine Dusche benutzen zu dürfen und nicht wie ein Tier in einem Erdloch kauern zu müssen? Ich konnte nicht widerstehen, blieb in der Kaserne. Außerdem wusste ich, dass auch eine ehemalige Schulfreundin da war … Genau um zwei Uhr nachts wurden wir durch Schüsse und lautes Geschrei aus dem Schlaf gerissen. SS-Leute hatten das Lager umzingelt. Sie waren mit Maschinengewehren bewaffnet und feuerten Warnsalven ab. Über Lautsprecher wurden wir aufgefordert, uns schnell anzuziehen, und lediglich mit einem kleinen Handgepäck die Baracken zu verlassen, um uns umgehend auf dem Appellplatz einzufinden.

Dort angekommen, erfuhren wir vom jüdischen Lagerverwalter, dass das Lager, laut Befehl aus Berlin, liquidiert werden sollte. Die Auflösung hatte im Zuge einer Maßnahme zu geschehen, deren Endziel darin bestand, die Stadt Borislaw, in der zu Kriegsbeginn mehr als dreizehntausend Juden gewohnt hatten, »judenfrei« zu machen. Die letzten Worte aus dem Mund des Verwalters ließen uns vor Schreck zusammenfahren. Die meisten der auf dem Appellplatz versammelten Menschen waren, wie ich und meine Familie, ein Teil der jüdischen Gemeinde von Borislaw gewesen. Nun standen wir in einer eiskalten Nacht ohne Schutz und Hilfe auf dem zweckentfremdeten Appellplatz einer alten Kaserne und hofften verzweifelt, dass die Läufe der Maschinengewehre, die auf uns gerichtet waren, nicht sofort den grausamen Befehl aus Berlin in die Tat umsetzten. Sie taten es zunächst nicht. Wir mussten uns in Fünfer-Reihen aufstellen und zum fünf Kilometer entfernten Bahnhof marschieren. Eskortiert wurden wir von SS-Männern und ihren Hunden. An den Straßenrändern standen hunderte von nichtjüdischen Einwohnern, die einst unsere Nachbarn, Schulfreunde oder Arbeitskollegen gewesen waren. Vergeblich suchte ich in ihren Gesichtern nach Spuren von Trauer, Mitleid oder Anteilnahme, da gab es nichts, nur Gleichgültigkeit und Häme. Einige lachten sogar und machten Witze. Oh, hat das wehgetan! Was war mit all jenen Menschen geschehen? Warum ließen sie es zu, wie mit uns umgegangen wurde?!

Am Bahnhof pferchte man uns in Viehwaggons, in denen jeweils achtzig bis neunzig Personen Platz finden mussten. Die Reise, bei der Menschen vor Erschöpfung zusammenbrachen oder in einigen Fällen starben, gehört zu den schlimmsten Erfahrungen, die ich im Laufe des Krieges durchleiden musste. Es gab weder Wasser noch Essen und was besonders schlimm war, auch keine Toiletten oder sonstige Möglichkeiten, seine Notdurft zu verrichten. Hinzu kam das nicht endende Jammern und Stöhnen von Menschen in Todesangst. Das führte bisweilen bei denjenigen, die versuchten, der eigenen inneren Panik zu widerstehen, zu aggressiven Reaktionen. Streitereien und kleinere Handgemenge waren die Folge und machten die Reise noch unerträglicher, als sie schon war. Nach zwei Tagen Fahrt in der stinkenden Hölle auf Schienen sind wir schließlich im Konzentrationslager Plaszow bei Krakau angekommen.

Wie wir später erfuhren, haben die Deutschen, nach der Liquidierung der Kaserne, eine Großjagd auf die versteckten Juden in den Wäldern begonnen. Auch dort lautete die Parole Liquidierung. Sie marschierten mit hunderten von Soldaten und Spürhunden in den Wald hinein, durchkämmten das Gelände systematisch und fanden die meisten Bunker. Es wurden keine Gefangenen gemacht. Sobald ein Bunker entdeckt wurde, warf jemand aus dem Suchtrupp eine Handgranate hinein, brachte sich vor der Explosion in Sicherheit und man ging weiter zum nächsten. Versuchte jemand den Granaten zu entgehen und zu fliehen, wurde er niedergeschossen.

In einem der Bunker hatte sich meine 14-jährige Schwester Klara versteckt. Ihr Grab wurde nie gefunden.

Auch die Häftlinge des Lagers in Stryj, aus dem ich geflohen war, hatten ein trauriges Schicksal erfahren. Man erzählte mir, dass nach Bekanntgabe des Liquidierungsbefehls aus Berlin alle 75 noch verbliebenen Gefangenen erschossen worden waren. Eine der fehlenden Nummern war wieder mal ich gewesen. So hatte mich der Schöpfer erneut vor dem Tod bewahrt.

Das Konzentrationslager Plaszow war ein riesiges Gelände mit unzähligen Holzbaracken, in denen etwa 20'000 Häftlinge hausten. Umgehend spürten wir den Unterschied zwischen einem Arbeitslager und einem Konzentrationslager: man zwang uns gestreifte Häftlingskleider, mit angenähten Häftlingsnummern, auf, dann rasierte man uns den Schädel, wobei ein zwei Zentimeter breiter Scheitel so ausrasiert wurde, dass er einen schon von weitem als Häftling erkennen ließ. Dieser Scheitel musste wöchentlich erneuert werden. Alle persönlichen Gegenstände wie Bilder und Dokumente wurden uns weggenommen und in große Holzkisten geworfen. Damit wir nichts verstecken konnten, untersuchte man uns mit einer pedantischen Gründlichkeit, die sogar die Inspektion von intimen Körperöffnungen miteinbezog. Männer und Frauen bekamen getrennte Unterkünfte und waren durch hohe Zäune voneinander getrennt. Der Tag begann exakt um fünf Uhr morgens mit einem spärlichen Frühstück, das aus schwarzem Kaffee und einer Portion Brot bestand. Dann wurde auf dem Hauptplatz, wo sich hunderte von Gruppen versammelt hatten, ein Appell abgehalten. Die meisten Häftlinge des Konzentrationslagers Plaszow arbeiteten in den umliegenden Rüstungsfabriken und ihren Zulieferungsbetrieben, die sich rund um Krakau niedergelassen hatten. Mir ordnete man zunächst eine andere Aufgabe zu: mit einem zweiten Häftling musste ich jeweils zwei lange Bretter von sechs Meter Länge, die für den Barackenbau bestimmt waren, von einem etwa fünf Kilometer entfernten Fracht-Bahnhof abholen und zum Lager tragen. Während des beschwerlichen Transports schlugen regelmäßig deutsche Soldaten mit ihren Gewehren auf uns ein. Die offenen Wunden an den Beinen, die ich mir dabei zuzog, blieben jahrelang offen, da mir im Konzentrationslager fraglos kein richtiges Verbandszeug zur Verfügung stand. Stattdessen umwickelte ich die Verletzungen mit altem Zeitungspapier.

7
Was wird meinem Vater geschehen?

Im Frühjahr hat man uns hierher gebracht, länger als ein halbes Jahr haben wir ohne Pause unmenschliche Schwerstarbeit verrichten müssen, bis wir eines morgens, im Oktober 1944, wieder in Viehwaggons verfrachtet wurden. Zu dieser Zeit war ich durch diesen so lange andauernden Hunger und die quälenden Misshandlungen im Lager dermaßen geschwächt, dass ich meinem weiteren Schicksal beinahe mit Gleichgültigkeit entgegensah. Zwar machten uns Häftlingen die Meldungen vom Vormarsch der Roten Armee Mut, zugleich verstärkte sich in uns die Angst, es kurz vor dem Ende doch nicht schaffen zu können. Diese Angst war leider mehr als berechtigt, denn solange wir in der Gewalt der Deutschen waren, konnte zu jeder Zeit ein Leben ohne besonderen Grund oder Anlass ausgelöscht werden. Als sich der mehr als hundert Meter lange Zug, mit den in die Waggons zusammengepferchten Häftlingen, in Bewegung setzte, erfuhren wir von Leidensgenossen das Ziel der Reise, sie hatten die Information vom Wachpersonal am Bahnsteig aufgeschnappt: Auschwitz-Birkenau! Jeder von uns wusste, was das bedeutete! Es sollte also im wahrsten Sinne des Wortes unsere Endstation sein, so wie für viele hunderte, tausende andere, von deren Schicksal wir gehört hatten, Familienangehörige und Freunde. Nach 24 Stunden leidvoller Fahrt hielt der Zug vor den Toren der berüchtigten Todesfabrik; unsere Waggons wurden auf einem Nebengeleise abgestellt. Sofort bekamen wir irgendwie mit, dass hier das Morden auf Hochtouren lief, kurz vor unserer Ankunft seien Transporte aus anderen Teilen Europas, vor allem aus Ungarn, eingetroffen, und offenbar kamen die Henker mit der Arbeit nicht nach, unser Zug stand in der Warteschlange. Der durchdringende Gestank von verbranntem menschlichem Fleisch durchwirkte die hintersten Winkel des Zugwaggons, bestätigte auf grauenhafteste Weise alle Gerüchte, die uns seit vielen Monaten zu Ohren gekommen waren! Wann würden wir drankommen, wie viele Stunden zu leben blieben uns noch?! Die Stimmung im Waggon war gepresst von unausstehlichen Gerüchen und einer ungeheuerlichen Panik, die uns zugleich erstarren ließ, in stummen Schreien. Wie die Nacht hereinbrach, erkannten wir durch die Luken der hölzernen Waggonwände die Umrisse des Lagers. In tiefstem Schrecken, völlig entkräftet, mussten wir den Anblick der lodernden Kamine der Krematorien ertragen, in denen Tag und Nacht Leichen verbrannt wurden. Zwei Tage und zwei Nächte verbrachten wir so zusammengepfercht, ohne Essen und Trinken in Wartestellung, in Angst und Ungewissheit ohne gleichen. Dann setzte sich der Zug in Bewegung. Entgegen unserer tiefsten Befürchtungen, für die es keine Worte mehr gab, rollten wir nicht ins Lager hinein, sondern in entgegengesetzter Richtung, vom Lager weg! Was war das? Es hieß, dass es für unseren Transport kein Platz gebe im Lager, und dass unsere Waggons dringend für Militärtransporte benötigt würden. Man habe beschlossen, uns ins KZ Mauthausen nach Österreich umzuleiten, mehrere Fahrstunden von Auschwitz entfernt. Gab es Hoffnung, oder würde uns nochmals die Hölle erwarten?

Irgendwo unterwegs an einem kleinen Bahnhof hielt der Zug. Die großen Türen der Viehwaggons wurden geöffnet, uns allen wurde befohlen auszusteigen. Mehrere SS-Männer liefen dem Bahnsteig entlang und brüllten uns an, dass wir uns in Reih und Glied aufstellen sollten. Dann trat aus dem nahen Bahnhofsgebäude ein SS-Obersturmbannführer heraus, ging auf uns zu und begann den Reihen von Häftlingen entlang zu stolzieren. Jenen, den er mit seinem Schlagstock auf den Arm schlug, sollten vortreten und ein paar Meter abseits in einer separaten Gruppe warten. Dieser hastig durchgeführten Selektion fiel auch mein Vater zum Opfer, mit der gesamten Gruppe wurde er von uns weggeführt. Von da an bangte ich erneut sehr um ihn; bis nach Kriegsende erfuhr ich nicht mehr, was mit ihm geschah, und was man mit dieser Gruppe angerichtet hatte. Mitten in diesem engen Gedränge von Mithäftlingen war ich allein, vollkommen allein. Und alle andern waren es ebenso.

Obwohl es auch in Mauthausen keinen Platz für die neu ankommenden Häftlinge gab, wurden wir dort aufgenommen. Das verschlimmerte die katastrophalen Platzverhältnisse ins Unbeschreibliche: zu sechst saßen wir jeweils in einem Bettrahmen ohne Matratze. Zum Liegen gab es keinen Platz, und wenn einer zur Toilette gehen wollte, verursachte er, ob er wollte oder nicht, ein Gedränge und Geschiebe, durch das Unmut und Frustration der Häftlinge weiter anwuchsen. Allen, die in Mauthausen neu dazugekommen waren, wurde eine Häftlingsnummer in den Arm tätowiert. Nach der schonungslosen Nummernprägung wurde jeder umgehend zum naheliegenden Steinbruch abkommandiert. Hier musste man, beladen mit einem mindestens zehn Kilo schweren Stein, die 186 Stufen des Steinbruchs hinaufsteigen. Oben angelangt, zwang man jeden, den mit Mühe hinaufgeschleppten Stein hinunterzuwerfen. Sieben Mal pro Tag, viermal morgens, dreimal am Nachmittag, wurde diese Prozedur durchgeführt. Die Schwächeren, deren Kräfte nicht ausreichten und die den Stein nicht mehr zu tragen vermochten, mussten ohne Stein die Stufen nach oben steigen, und, dort angelangt, wurden sie von einem SS-Mann in die Schlucht hinuntergestoßen; es war so unerträglich! Ich nahm mir vor, unter allen Umständen der Abkommandierung zum Steinbruch zu entgehen. Es blieb mir nichts anderes übrig, als mich trotzdem in eine Schlange von Häftlingen einzugliedern, die auf die verordnete Tätowierung der Häftlingsnummer warteten. Nach einiger Zeit begann ich mich leicht tänzelnd hin und her zu bewegen, was mir ermöglichte, anderen unbemerkt den Vortritt zu lassen. Das fiel in dieser großen Masse von Menschen nicht auf, und irgendwie schaffte ich es auf diese Weise, mich vor der Tätowierung zu drücken, ich blieb ohne Nummer. Dieses kleine Täuschungsmanöver zahlte sich aus, mir blieb der grausame Steinbruch erspart.

Nach einigen Tagen wurde ich einer Gruppe zugeteilt, die im Lastwagen-Konvoi zum KZ Melk, achtzig Kilometer vor Wien liegend, transportiert wurde. Hier wurden von verschieden Firmen in langen unterirdischen Tunnels und Gewölben große Rüstungsanlagen gebaut. Die Arbeiter unterstanden dem brutalen Kommando der SS. Jeden Tag wurden wir um fünf Uhr morgens auf gröbste Art geweckt, und in Viehwaggons von unserem Lager zu den unterirdischen Stollen im benachbarten Roggendorf gebracht. Täglich zehn Stunden lang, mussten wir unter Tag, schwerste körperliche Arbeit verrichten. Die weit verzweigte Stollenanlage mit dem Namen »Quarz« hatte insgesamt sieben Kilometer Stollen, in denen es kalt und sehr düster war. Die zahlreichen SS-Aufseher ließen keine Erholungspausen zu und schlugen mit ihren Knüppeln unerbittlich zu, wenn sie glaubten, dass jemand seiner Arbeit nicht genügend nachkam. Wir wagten nicht, uns zwischendurch kurz aufzurichten, unsere geschundenen Körper ein wenig zu strecken oder auch nur etwas tiefer Atem zu schöpfen. Obwohl sich die brutalen, erbarmungslosen Methoden der Wachsoldaten nicht voneinander unterschieden, erlebte ich hier eine einmalige, unvergessliche Ausnahme. Während einer morgendlichen Fahrt im dunklen Waggon drückte mir ein Wachsoldat ein Päckchen in die Hand. Es war in eine deutschsprachige Zeitung eingewickelt, mit den Schlagzeilen der neuesten Nachrichten von der Front, und es befand sich ein Wurstbrot darin. Bis heute habe ich keine Ahnung, was den Soldaten bewogen hatte, mir solch ein kostbares Geschenk zu machen. Das Wunder wiederholte sich noch einige Male. Diese menschliche Geste hatte mich zutiefst gerührt. Dies umso mehr, als ich genau wusste, was nicht nur ich, sondern ebenso sehr der Soldat dabei riskierte. Wäre seine barmherzige Tat jemandem aufgefallen, hätte dies seine sichere Versetzung an die Ostfront bedeutet.

Die Arbeit im Stollen fand im Auftrag der Baufirma, Weiss & Freitag statt. Wir waren etwa zweihundert Häftlinge unterschiedlicher Nationalitäten, größtenteils Polen, Italiener und manche Spanier, die vor dem Krieg aus dem faschistischen Spanien Francos nach Frankreich geflüchtet und dort, nach dem Einmarsch der Deutschen, verhaftet worden waren. Viele von ihnen, vor allem die jüngeren und stärkeren, deportierte man in die Konzentrationslager, andere kamen eben in ein Arbeitslager wie dieses hier. Beinahe alle ausländischen Häftlinge sprachen kaum ein Wort Deutsch, was sie hinderte, die gebrüllten Befehle der SS-Männer zu verstehen. Somit konnten sie den Arbeitsanweisungen nicht umgehend Folge leisten; Schläge und Misshandlungen durch das Wachpersonal waren für sie, unerbittlich verschärft, an der Tagesordnung. Vergeblich suchte man nach Anzeichen von Menschlichkeit. Zusehens und bei größter Vorsicht wagte ich, meine Fremdsprachenkenntnisse einzusetzen. Ich wollte diese unerträglichen Momente nach bestem Vermögen entlasten, ohne dabei Haut und Kragen zu riskieren. In Erinnerung an den Unterricht in den letzten zwei Klassen auf dem Gymnasium war Russisch kein Problem für mich; und mein Schulfranzösisch reichte aus, um für die Spanier zu vermitteln, da sie längere Zeit in Frankreich verbracht hatten. Meine Tätigkeit als Übersetzer brachte nicht nur für die Mithäftlinge Vorteile, die dadurch in der Lage waren, die Befehle schneller zu befolgen, sondern auch mir bot sich eine Chance: entgegen meiner Befürchtungen wurde man auf mich aufmerksam als eine nützliche Kraft, die den Arbeitsablauf positiv zu beeinflussen wusste. Bald teilte man mir bei der Verteilung des Essens einen Schöpflöffel mehr Suppe zu als meinen unseligen Kollegen. Dann, aufgrund eines unglücklichen Zufalls, erhielt ich eine helle Uniform, die sich leicht erkennbar von der schmutzig-grauen Kluft der anderen Arbeiter unterschied. Jede

Gruppe wurde von einem sogenannten »Kapo« angeführt, der unmittelbarer Befehlsvermittler des jeweils zuständigen SS-Kommandanten war. Die Kapos waren meistens sogenannte Reichsdeutsche, Kriminelle und auch politische Gegner der Nazis. Unser Kapo, ein etwa 35-jährige Berliner, auf dessen Jacke ein rotes Dreieck genäht war, bestätigte uns, dass er kein Krimineller, sondern ein politischer Häftling sei. Er war ein ruhiger und seriöser Mann. Brutalität oder Aggressivität gegenüber den Häftlingen, die seinem Kommando unterstanden, lagen ihm fern. Die Häftlinge wussten das sehr zu schätzen; er wurde von allen respektiert und seine Anweisungen wurden problemlos befolgt. Doch wie oft erlebt, ließ die nächste Tragödie nicht lange auf sich warten. Es geschah eines Tages zur Mittagszeit. Der Kapo stand neben einem Gerüst, auf das Monteure hinaufgeklettert waren, um Kabel und Leitungen zu spannen. Wir anderen arbeiteten wie immer im unteren Teil des Stollens und konnten nicht sehen, was sich dort oben kurze Zeit später ereignete, aber wir mussten es hören: ein lauter Knall, gefolgt von einem fast unmenschlichen und durch Mark und Bein dringenden Schrei, hallte schmerzlich zu uns hinunter, gleichzeitig erlosch das Licht. Das Schreien ging in ein Jammern und Winseln über, übertönt von erregten Stimmen. Als das Licht wieder anging, wandten wir uns dem Gerüst zu, Entsetzen packte uns: der reglose, halbverkohlte Körper unseres Kapo wurde von einigen Leuten aufgenommen und heruntergetragen; unterhalb des schwarz verbrannten Fleisches quoll frisches Blut an die Oberfläche und bildete rote Rinnsale, von deren Ende dicke Tropfen zu Boden fielen. Es hieß, er sei mit einem nicht isolierten Starkstromkabel in Berührung gekommen. Ob das ein Unfall oder Selbstmord war, haben wir nie erfahren. Wenig später trat ein SS-Wachmann an mich heran und befahl mir, ihm zu folgen. Ich erstarrte vor Angst, traute mich aber nicht den Mund aufzumachen, weil ich gelernt hatte, dass es als Vergehen geahndet wurde, ungefragt einen SS-Mann anzusprechen. Also trottete ich stumm hinter ihm her bis zum Stolleneingang, wo sich ein provisorisches Büro befand.

Hier saß der zuständige Kommandant aller Häftlinge, ein SS-Offizier, Ende vierzig, mit starren Gesichtszügen und kleinen durchdringenden Augen. Hinter seinem Schreibtisch sitzend musterte er mich von oben bis unten, während ich langsam den Raum betrat und Haltung einnahm, so wie es uns beigebracht worden war. » Wie alt bist du?«, fragte er. »Zwanzig, Herr Obersturmbannführer«, antwortete ich. »Du bist derjenige, der hier übersetzt, bei den Russen und den Spaniern?« »Jawohl, Herr Obersturmbannführer, soweit es mir möglich ist.« »Nun gut«, sagte er bestimmt, und nahm von seinem Schreibtisch eine weiße Armbinde, auf der mit roter Farbe das Wort Kapo aufgemalt war. »Du weißt, dass euer Kapo verunglückt ist; ab jetzt bist du der neue Kapo. Ich hoffe, dass du deiner Aufgabe gewachsen sein wirst und dass wir unseren Entschluss nicht bedauern werden. Geh jetzt zurück zu deinen Leuten und sorge dafür, dass der Einmarsch zurück ins Lager vorbildlich und korrekt abläuft und dass wir uns nicht vor dem Lagerkommandanten blamieren!«

Wie unter Betäubung nahm ich die Armbinde entgegen, und ging zurück zu meinen Mithäftlingen. Unterwegs befestigte ich die Binde am rechten Ärmel. Ungläubige Blicke aus erstaunten Gesichtern erwarteten mich beim Eintreffen bei der Gruppe, als ob soeben ein Geist die Szene betreten hätte. Einige traten zu mir hin, umarmten und beglückwünschten mich, andere aber starrten mich feindselig und mit nicht zu übersehendem Neid an. Am Ende des Arbeitstages sammelten wir uns wie üblich, stellten uns in Fünferreihen auf und marschierten so zum Sammelplatz, an dem fast gleichzeitig aus allen Richtungen die anderen Gruppen eintrafen. Ich stellte mich an den Kopf meiner Gruppe, die Teil einer langen Kolonne war; und es ging los zum Bahnhof, um von dort die Fahrt zurück ins Lager anzutreten. Auf Befehl des SS-Wachmanns trugen vier Arbeiter die Leiche des verunglückten Kapo auf einer Trage ganz am Ende der Kolonne. Nach Ankunft am Zielbahnhof stellte ich meine Leute wieder in Fünferreihen auf, achtete diesmal darauf, die Reihen perfekt symmetrisch und ordentlich aussehen zu lassen. Der Einmarsch in das Lager erfolgte stets unter dem äußerst strengen Blick des Lagerkommandanten. Es war sehr wichtig, beim Vorbeimarschieren eine stramme Haltung einzunehmen und diese über die gesamte Zeit beizubehalten. Ich zitterte wie Espenlaub vor Aufregung, denn die sadistischen Züge des Kommandanten waren wie immer bedrohlich. Zu häufig kam es vor, dass er einen Häftling, der ihm aus irgendeinem Grund nicht passte, einfach niederschoss. Sobald wir das Eingangstor des Lagers erreichten, über dem eine große Metallplakette mit der Aufschrift ›Arbeit macht frei‹ hing, überprüfte ich nochmals die Reihen in der Kolonne. Dann stellte ich mich an die Spitze der Gruppe und wir marschierten ein. Direkt links vom Eingangstor stand der Teufel in Person, wie immer mit weißen Handschuhen, dessen rechtes Exemplar er umständlich mithilfe der linken Hand abstreifte, wenn er beabsichtigte, einen Häftling zu ohrfeigen. Ich riss meine gestreifte Häftlingsmütze vom Kopf, drehte diesen nach links und meldete mit lauter Stimme: »Häftling Nummer 855466 meldet gehorsam: Kommando ›Weiss & Freitag‹ mit zweihundert Häftlingen, ein Häftling tot!« Der Kommandant starrte mich lange an. Ein saures Schmunzeln huschte über seine Lippen, dann machte er ein gnädiges Handzeichen, was die Erlaubnis war, hinein zu marschieren. Wir langten am Appellplatz an, wo nochmals eine Zählung durchgeführt wurde, um die Anwesenheit aller Häftlinge zu kontrollieren. Auch der tote Kapo lag dort auf seiner Trage. Erst nach dem Appell durfte man ihn zum Krematorium hinübertragen, wo er verbrannt wurde. Schließlich gingen wir zu unserer Baracke. Ich meldete mich beim Blockältesten und erstattete Bericht über das, was geschehen war. Neben den Kapos, waren die Blockältesten die Herren über Sein oder Nichtsein der Häftlinge. Unser Blockältester war ein wegen vierfachen Mordes verurteilter Mörder. Es hieß, er habe seine ganze Familie mit einem Beil erschlagen. Kannte man ihn näher, hegte man nicht den geringsten Zweifel daran. Er war ein brutaler, sadistischer Typ, stets mit einer Peitsche in der Hand, die er bei jeder Gelegenheit einsetzte. Verglichen mit ihm waren manche SS-Männer, die ihre Taten nach dem Krieg oftmals mit erhaltenen Befehlen entschuldigten, wenn schon nicht harmlos, so doch eher der Kategorie »Wirtshausschläger« zuzuordnen. Abgesehen von seiner Vorliebe für brutale Schläge, hatte der Blockälteste auch noch die perverse Neigung, Kinder zu missbrauchen. Unter den Häftlingen waren zwölf- und dreizehnjährige Jungs, die ihm als Sklaven dienen mussten, und seinen tierischen Praktiken hilflos ausgeliefert waren. Der sadistische Kinderschänder hörte sich meinen Rapport an, nickte träge, bevor er sich wieder dem Inhalt einer großen Werkzeugkiste zuwandte. Die Ereignisse des Tages, verbunden mit meiner durchgehenden Angst, der neuen Aufgabe nicht genügend gewachsen zu sein, hatten meiner Seele und meinem Körper viel abverlangt. Je länger sich der Abend hinzog, desto unwohler fühlte ich mich. Es musste wohl gegen Mitternacht gewesen sein, als mir schwindlig wurde und meine Nieren höllisch zu schmerzen begannen. Kurze Zeit danach brach ich auf dem Fußboden vor meinem Bett zusammen. Einige Häftlinge trugen mich zum Kranken-Revier, das sich in der Nähe unserer Baracke befand. Der Arzthäftling, mit dem ich schon in Plaszow zusammen gewesen war und zu dem ich einen guten persönlichen Kontakt gehabt hatte, untersuchte mich. »Akute Nierenkolik« lautete die Diagnose. Er verordnete mir mehrere Tage Aufenthalt im Krankenhaus und gab den Wachsoldaten ein entsprechendes Attest, das diese dem Blockältesten übergeben sollten. Dieser müsse dann das Attest an die zuständige Kommandostelle meiner Gruppe weiterleiten. Ich war damals sehr unglücklich über den Zeitpunkt meiner Erkrankung. Da ich meine neue Aufgabe nicht mehr erfüllen konnte, befürchtete ich, dass bei meiner Rückkehr der Posten des Kapo mit einer anderen Person besetzt sein würde. Darüber sprach ich mit meinem Freund, dem Arzt. Der sah die Sache anders: »Weißt du, vielleicht meint es jemand da oben gut mit dir, vielleicht will er dich vor dem Schicksal eines Kapo bewahren. Sollten wir das alles hier überstehen, werden diejenigen, die als Helfershelfer der Nazis gedient haben, kein leichtes Leben mehr haben.«

Damals ahnte ich nicht, wie Recht er hatte. Nach der Befreiung wurde zuerst mit den Kapos und den Blockältesten abgerechnet. Nicht wenige von ihnen wurden gelyncht. Da sich die feigen SS-Schergen längst aus dem Staub gemacht hatten, lebten die Überlebenden ihre angestaute Wut und Frustration an deren Gehilfen aus. Es muss wohl Gottes schützende Hand gewesen sein, die mich davor bewahrte, das Schicksal der meisten Kapos zu teilen. Für einige Tage durfte ich im Krankenrevier bleiben, mich ausruhen und an besserer Verpflegung erfreuen.

Obwohl die Abteilungen der Männer und Frauen voneinander getrennt waren, trafen sich Patienten und Patientinnen regelmäßig während der Besuche beim Arzt oder bei Behandlungen. Das Krankenrevier war nicht sehr groß, und das Personal reichte nicht aus, um die befohlene Geschlechtertrennung lückenlos zu überwachen. So kam es bei einem Arztbesuch dazu, dass ich Sandra kennenlernte. Sie war eine junge Frau aus Ungarn, die trotz ihrer kurzgeschnittenen Haare und den sichtbaren Spuren langer Entbehrungen sehr hübsch aussah. Sie hatte wunderbare schwarze Augen, einen braunen Teint und sinnliche volle Lippen. Im Warteraum hatten wir Gelegenheit, uns über alles Mögliche zu unterhalten und ich erfuhr, dass sie hier war, weil sie sich bei ihrer Arbeit einen Unfall zugezogen hatte, ihre Hand steckte in einem Gipsverband. Ich weiß nicht mehr genau, wie es dazu kam, aber es muss wohl der Zauber und die Nähe dieses wunderbaren Geschöpfes gewesen sein, was mich vergessen ließ, wo ich war. Als ob diese Unterhaltung nicht in einem Konzentrationslager, sondern irgendwo in einem Pariser Straßencafé in Friedenszeiten stattgefunden hätte, fragte ich: »Wie können wir uns wiedersehen?« Abgesehen von diesem Raum, erkannte ich keine Möglichkeit für ein weiteres Treffen. Sandra schaute mich ruhig an, überlegte und meinte: »Wir dürfen nicht aus unseren Abteilungen heraus, aber nachts, wenn alle schlafen, gibt es keine Kontrollen. Auf dem Hof rund um die Baracke darf man sich nirgendwo zeigen, deshalb gibt es nur eine Möglichkeit: unter den Baracken.« Ich verstand zunächst nicht, was sie meinte, sie erklärte es mir: da die Spitalbaracke auf einem schrägen Hügel stand, hatte man sie auf Pfählen errichtet, die ungefähr einen Meter hoch aus dem Boden herausragten. Der Zwischenraum bot nicht genügend Platz zum Stehen, aber man konnte sich darunter kriechend fortbewegen. »Wollen wir es wagen, uns unter die Baracke zu verkriechen?« »Natürlich«, entgegnete ich begeistert. Wir verabredeten uns für elf Uhr nachts, wenn wir sicher sein konnten, dass alle um uns herum schliefen. Wie alle ohne jeglichen Besitz im Lager, konnten wir uns an keiner Uhr orientieren. Irgendwann nachts, als es ganz still wurde, nahm ich meine Decke, wickelte sie um meinen Körper, schlich leise zur Tür hinaus und rutschte eilig unter die Baracke. Auf dem Bauch liegend, wälzte ich mich mühsam einige Meter nach links vor, bis ich mich unter der Frauenabteilung befand. Längere Zeit wartete ich dort, frierend in angespannter Erwartung, und begann mich zu fragen, ob mich das Mädchen nicht zum Narren gehalten habe? Dann aber huschte ein Schatten seitlich an mir vorbei und ich hörte das Geräusch eines kriechenden Körpers. Aus Angst, aufgespürt zu werden, sprachen wir kein Wort. Ich breitete meine Decke aus, und sie legte sich sofort darauf. Sandra hatte außer einem kurzen Hemdchen und einem Höschen nichts an.

Mittlerweile sind seit dieser Nacht so viele Jahre vergangen, aber in meiner Erinnerung kehrt alles lebendig wieder, als hätte es sich erst gestern zugetragen. Wir küssten und liebten uns zeitlos, umarmten uns lange. Nach langer Zeit gewiss nicht selbst gewählter Enthaltsamkeit, gefangen im erniedrigenden und gefahrvollen Zustand der Sklaverei, begegneten wir einander in unserem Begehren so lange wir konnten. Nach und nach wurde es kälter, und wir mussten auseinander gehen. Drei unvergessliche Nächte mochten es gewesen sein; für mich, und wohl auch für Sandra ein Triumph des Lebens über die Barbarei, intensive Momente des Glücks, in denen das Morgen nicht zählte. Am vierten Tag wurde ich nach einer rüden Kontrolluntersuchung als gesund aus dem Kranken-Revier entlassen. Da Sandra zur gleichen Zeit im Wartesaal war, konnte ich mich noch von ihr verabschieden. Sie flüsterte mir den Namen des Ortes zu, wo ich sie nach Ende des Krieges finden könnte, Satmar.

Ich bin nie dort gewesen, aber Sandra und den Namen des Ortes mochte ich nie vergessen.

8
Aussenlager Ebensee

Im Dezember 1944 wurden alle Häftlinge vom Konzentrationslager Melk in das Außenlager von Mauthausen, nach Ebensee evakuiert. Grund dafür war die stetig näher rückende Kriegsfront. Die Deutschen waren überall auf dem Rückzug. Es war nicht zu übersehen, dass die Kriegsereignisse dem Lagerkommandanten und den Männern vom Wachpersonal erhebliche Sorgen bereiteten. Zum ersten Mal spürten sie etwas, das sie bisher nicht gekannt hatten, ein Gefühl, das während der letzten Jahre unser ständiger Begleiter gewesen war: Angst.

Das KZ lag am Fuß der Alpen, zwischen dem berühmten kaiserlichen Ferienort Bad Ischl und der Stadt Gmunden am Ebensee. Die Bedingungen im neuen Lager waren noch katastrophaler, als wir es im KZ Melk auszuhalten hatten. Die Winterkälte hatte bereits eingesetzt und unsere Bekleidung, die nur mehr aus leichter Drillichkleidung und hölzernen Clogs an den Füßen bestand, war für die frostigen Temperaturen absolut unzureichend. Trotz Kontrollen und Prügel haben die Häftlinge herumliegende, leere Papier-Zementsäcke gesammelt, um sie unter den Drillichjacken als Ersatz für Unterhemden zu tragen. Ausreichend Schutz gegen die Kälte boten diese Papierleibchen kaum, aber manch einer konnte sich einbilden, er würde nun etwas weniger frieren als zuvor. Im neuen Lager wurde ich zunächst dem Müllaufräumungskommando zugeteilt. Die damit verbundene Tätigkeit war körperlich nicht so anstrengend – es galt das Lager von Materialresten und sonstigem Abfall zu befreien – trotzdem machten mir Hunger und Kälte schwer zu schaffen. Eines Tages fand ich bei meiner

Arbeit einen alten Vorhangstoff, der wahrscheinlich aus den Unterkünften der Wachen stammte. Ich band mir den gefundenen Schatz unbemerkt um den Bauch und brachte ihn in unsere Baracke, um ihn Menachem zu zeigen. Mein Leidensgenosse war nicht nur von Beruf Schneider, sondern besaß auch Nadel und Faden. Nachts, als alle anderen schliefen, zauberte er aus dem mitgebrachten Stofffetzen zwei Bekleidungswunder, eine Mischung zwischen Pullover und Weste. Ab sofort trugen wir diese wegen der Kontrollen auf dem nackten Körper.

Einige Tage später wurden wir wie zuvor im Arbeitslager Melk der Firma ›Weiss & Freitag‹ zugeteilt. Sie war hier mit dem Ausbau der unterirdischen Stollen im Berg beauftragt, wo riesige, geheime, für feindliche Bomber unsichtbare Waffenfabriken entstehen sollten.

Die Verpflegung im Lager wurde von Tag zu Tag schlechter, niemals reichte sie aus, um daraus die Kräfte zu schöpfen, solch eine harte Stollenarbeit zu bewältigen. Es war fürchterlich, neben fortlaufend Sterbenden, die anstrengende Arbeit im Quarzgestein zu bewältigen. Begleitet von der mörderische Kälte mit Schnee und Eis, die in den Monaten Januar und Februar stetig zunahm. Die meisten von uns dachten, dass es im Lager Melk doch vergleichsweise besser gewesen war, zumindest was die Essensrationen betraf. Hier mussten wir mit 80 Gramm Brot und einem Liter wässriger Suppe täglich auskommen. Es war spürbar, dass sich alles, der Krieg, die Lager, die Gräuel dem Ende zuneigten, denn von der nahezu perfekten Organisation, bei der Ausbeutung menschlicher Arbeitskraft und dem effizienten Töten von Arbeitssklaven, wie es die Nazis in den vergangenen Jahren praktiziert hatten, war nicht mehr viel übrig. Überall herrschte Chaos. Das Sterben der kranken und vor Hunger geschwächten Menschen war unerbittlich. Viele Lager, die sich im Bereich der herannahenden Front befanden, wurden hierher evakuiert oder deren Häftlinge auf andere, mehr im Hinterland gelegene Konzentrationslager verteilt. Bald war die Aufnahmekapazität des Lagers für die vielen fremden Häftlinge dermaßen überlastet, dass sich zwei Mann eine Schlafkoje teilen mussten. Eines Morgens erwachte ich und merkte zu meinem Entsetzen, dass ich neben einem Toten lag. Andere machten ähnliche oder noch schlimmere Erfahrungen.

Die Menschen starben nochmals schneller dahin, es finden sich keine Worte, um zu sagen, wie sehr schlimm das war! Auf dem Platz vor dem Krematorium, wo die Leichen verbrannt werden sollten, lagen stets aufgestapelt Berge von Leichen, unbedeckt, erschreckend anzusehen. Sie verbreiteten einen beißenden Gestank, da sie tagelang liegen gelassen wurden, bevor sie in den Öfen der Krematorien verbrannt werden konnten. Die Kapazität war längst überlaufen, da anstatt ein paar hundert Häftlingen tausende in diese enge, mit Stacheldraht umspannte Zone hineingepfercht worden sind. Der Lagerkommandant, den man immer wieder wutschnaubend durch das Lager hasten sah, vermochte weder durch Schreien, noch durch Androhung von Strafen etwas an dieser Situation zu ändern. Es war der letzte Crescendo, bevor der Vorhang fiel. Und er wusste das.

Dennoch dauerte alles nochmals während trostlosen Wochen und Monaten so an, bis endlich der nahende Frühling Hoffnung durchschimmern ließ: immer wieder sind Meldungen zu uns durchgedrungen, wonach der Vormarsch der Alliierten im Westen und der Russen im Osten praktisch stündlich die Kapitulation Nazi-Deutschlands herbeiführen könnte. Am 2. Mai 1945 mussten die 12'000 noch verbliebenen, bis zum äußersten entkräfteten Häftlinge des Konzentrationslagers Ebensee zum Appell antreten. Der oberste SS-Kommandant des Lagers, Julius Ludolf, ein Mann mit stark ausgeprägten sadistischen Zügen, trat vor die Menge, räusperte sich, bevor er mit lauter, krächzender Stimme sprach: »Männer, ich habe zuverlässige Informationen, dass die amerikanischen Barbaren vorhaben, das gesamte Lager zu bombardieren, ungeachtet der daraus resultierenden hohen menschlichen Verluste. Es ist vorgesehen, dass ihr alle zu Tode kommt und das kann ich nicht zulassen. Als Kommandant des Lagers und als Mensch bin ich für eure Sicherheit verantwortlich und es ist mein tiefster Herzenswunsch, dass wir alle das Ende des Krieges erleben. Deshalb möchte ich euch bitten oder besser empfehlen, in den Stollen zu gehen und dort Schutz zu suchen.« Uns stockte der Atem! Dann, erst langsam, und dann immer stärker entstand eine nervöse Unruhe in der Menge. Es dauerte ein paar Sekunden, aber dann geschah etwas so Unbeschreibliches, dass es mir noch heute die Tränen in die Augen treibt. Zum ersten Mal nach all der Zeit in grausamer Gefangenschaft, nahmen wir, die dem Tode geweihten Untermenschen, tief Luft und schrien mit der letzten uns verbliebenen Kraft, ohne dies vorher verabredet zu haben, gleichzeitig: »Nein! Nein! Wir gehen da nicht hinein!« Wir wussten nämlich bereits von den zivilen Arbeitern, dass in den letzten Tagen tonnenweise Dynamit in die Stollen gebracht worden war. Jedem von uns war klar, zu welchem Zweck. Die Verbrecher wollten keine Zeugen für ihre Taten hinterlassen. Sie wollten die Stollen mitsamt den Häftlingen in die Luft sprengen. Der Kommandant und seine Wachmannschaft, die bisher an den unbedingten Gehorsam ihrer Sklaven gewöhnt gewesen waren, standen auf einmal ratlos da. Sie schauten sich gegenseitig an, und ich erkannte in ihren Gesichtern einen Anflug von Panik. Schließlich waren wir Tausende, sie dagegen, trotz der Waffen, nur ein kleiner Haufen.

Ein kurzer Moment gespannter Ruhe. Dann gab ein Offizier den Befehl, auseinanderzugehen und uns in die Baracken zurückzuziehen. Uns schien, dass wir diese kleine Schlacht gewonnen hatten. Aber würde es einen Gegenangriff geben? Anderntags erschien keiner, um uns zur Arbeit zu kommandieren. Wir lagen apathisch auf unseren Pritschen und warteten auf das Ende unseres Leidens. Mochte es ein gutes oder ein böses Ende mit uns nehmen, das war uns gleichgültig. Als wir am folgenden Tag erwachten, waren die Wachtürme am Grenzzaun des KZs nicht mehr bemannt. Es war auch kein einziger der SS-Leute zu sehen. War das ein Traum? Oder etwa eine Finte? Niemand traute sich, das große Eisentor zu öffnen, um aus dem Lager in die Freiheit zu gehen. Angst und erzwungene Disziplin hatten sich in all den Jahren tief in unsere Seelen eingebrannt, übermächtig und lähmend. Der ganze Tag, eine weitere Nacht ging vorbei. Wie in allen Jahren zuvor schwiegen alle, saßen und lagen apathisch da. Es gab keine Worte, es gab keine Gespräche. Der Kontakt zwischen den Menschen fehlte, sei es wegen der fehlenden Kraft dazu, weil absolut kein Gefühl mehr da war für seinen Nachbar, und weil die gesamte Konzentration darauf ausgerichtet war, noch irgendwo einen kleinen Bissen Essen zu ergattern, und von jeglicher physischer Brutalität allen Abstand einnehmen zu können. Am darauffolgenden Tag erschienen die ersten amerikanischen Panzer im Lager. Offiziere stiegen aus ihren Jeeps und blieben vor dem, was sich ihrem Anblick bot, wie versteinert stehen. Sie schauten auf die überall im Lager verteilten Leichenberge, auf die wandelnden Skelette in den dünnen, gestreiften und vor Schmutz triefenden Häftlingsanzügen … Nach und nach wagten es mehr und mehr von uns, die Baracken zu verlassen und sich ungläubig unseren Befreiern zu nähern. Mit der Zeit fuhren weitere hohe Offiziere und Soldaten der Befreiungstruppen heran, stiegen aus, und standen da wie vom Blitz getroffen. Keiner konnte seine Tränen zurückhalten. Es waren durchwegs abgehärtete, schwerst geprägte Frontsoldaten und Generäle, die die Schrecken dieser Kriegsjahre mit all seinen Grausamkeiten hautnah miterlebt hatten. Stumm und mit blassen Gesichtern mussten sie nun erkennen, dass dies hier an Unmenschlichkeit und Bestialität nicht zu überbieten war. Die kriegsgeprüften Soldaten und Offiziere konnten ihre Tränen nicht zurückhalten angesichts unser aller Erscheinung. Obwohl ich das Weinen längst verlernt hatte, vermochte auch ich ein tiefes, herzzerreißendes Schluchzen nicht zu unterdrücken. Zusammen mit anderen Häftlingen ging ich auf unsere Befreier zu, die uns ihre offenen Arme entgegenstreckten. Die Amerikaner begannen umgehend mit Rettungsmaßnahmen. Ungezählte Lastwagen mit Lebensmitteln und Medikamenten trafen ein, Militärärzte kümmerten sich um die schwersten Fälle, vor allem um erkrankte Häftlinge, die nicht mehr auf ihren eigenen Beinen stehen konnten. Diejenigen, die schon vom Tod gezeichnet waren und für die es kaum noch Hoffnung gab, wurden auf Bahren gelegt, in Krankenwagen verladen und in die nächstgelegenen Krankenhäuser gebracht. Es war so sehr schmerzvoll, mitansehen zu müssen, dass so viele Menschen die harten Jahre der Sklaverei mit allen Entbehrungen, dem Hunger, der Gewalt überstanden hatten, nun aber, kurz nach der Befreiung, die wiedergewonnene Freiheit nicht mehr genießen konnten. Ein Großteil der befreiten Häftlinge starb in den anschließenden Tagen und Wochen an den Folgen der Unterernährung, an Durchfall, und leider auch aufgrund zu schneller und unkontrollierter Essensaufnahme. Auch ich wurde vorsichtig untersucht. Mit 21 Jahren wog ich gerade mal 37 Kilo. Nach drei oder vier Tagen wurde ich zusammen mit etwa dreihundert anderen befreiten Häftlingen in ein Krankenhaus am Ort eingeliefert. Es war ein Schulgebäude, das eilig umfunktioniert worden war. Die Armee lieferte aus ihren Beständen Betten und große Teile der medizinischen Ausstattung, vor allem Apparate und Geräte, die schnell zu beschaffen waren. Für die 280 bettlägerigen Kranken gab es nur vier Ärzte, zwei von ihnen ehemalige Häftlinge. Aus einem nahegelegenen Kloster kamen acht katholische Nonnen, die als Krankenpflegerinnen ausgebildet waren und auch Tätigkeiten verrichten konnten, die unter normalen Verhältnissen in den Verantwortungsbereich der Ärzte gefallen wären.

Die Verpflegung im Krankenhaus wurde aus der Küche der amerikanischen Soldaten geliefert. Für uns ehemalige Häftlinge waren diese Speisen die reinsten Delikatessen. Es gab Fleisch, Gemüse und sogar Nachspeisen. Dabei achteten die Krankenschwestern darauf, dass wir nicht unkontrolliert zu große Mengen in uns aufnahmen, wie es zuvor den Tod vieler unserer Leidensgenossen verursacht hatte.

Zweiter Abschnitt
Trotzdem

9
Rekonvaleszenz, nicht ganz Alltägliches, Clementa

Ich erholte mich erstaunlich schnell. Nach wenigen Tagen konnte ich bereits aufstehen und im Garten des Krankenhauses spazieren gehen. An einem sonnigen Morgen nach der üblichen Routineuntersuchung empfahl mir der Arzt, den ich schon seit dem gemeinsamen Aufenthalt im Lager Plaszow kannte, ein wenig tätig zu werden; ich könnte eine Arbeit annehmen, als Mitglied seines Personalstabs. Da das Krankenhaus nicht genug Arbeitskräfte habe, wäre dies eine sehr sinnvolle Aufgabe für mich. Mit Freude stimmte ich zu. Ich zog um in ein kleines, eigenes Zimmer, trug von nun an einen weißen Ärztekittel, auf den ich sehr stolz war und hörte aufmerksam zu, wenn mir mein Vorgesetzter Grundlagen der medizinischen Versorgung erklärte. Ab sofort nahmen mich die Ärzte mit zu den morgendlichen Krankenvisiten. Ich schrieb die Verordnungen mit der für jeden Kranken notwendigen Medikation auf, die sich entsprechend dem Zustand der Patienten täglich änderte. Zu meinen Pflichten gehörte es auch, Nachtdienst im Ärztezimmer zu leisten und bei Notfällen eine der Krankenschwestern bzw. einen Arzt zu benachrichtigen. Wenige Tage nach meinem Arbeitsantritt besuchte der leitende amerikanische Militärarzt unser Krankenhaus. Alle Pfleger und Pflegerinnen wurden ihm vorgestellt, ich als ein ehemaliger KZ-Häftling, der jetzt die Funktion eines Arztassistenten ausübte. »Das ist sehr gut«, meinte er. »Ich hätte da für sie auch sofort eine sehr wichtige Aufgabe zu erledigen.« Er legte bedruckte Papierblätter auf den Schreibtisch, bei denen es sich um eine Verordnung der medizinischen Hauptverwaltung der US Armee handle. Es sollte ab sofort allen ehemaligen Häftlingen eine tägliche Versorgung mit 3000 Kalorien ermöglicht werden. »Sehen sie«, sagte er, »hier ist die Zusammenstellung der wichtigsten Produkte und Lebensmittel, die bei der täglichen Verpflegung der Leute berücksichtigt werden muss. Gemüse, Obst, Fleisch, Fett müssen proportional so verteilt werden, dass alle Lebensmittel in die Verpflegung einbezogen werden. Es dürfte, sagte er dabei lächelnd, ein Kranker nicht an einem Tag sechs Tafeln Schokolade zu 500 Kalorien bekommen, um seine 3000 Kalorien pro Tag zu erreichen. Und dieser junge Mann, dabei zeigte er auf mich, soll diesen Versorgungsplan täglich ausarbeiten. Alle schauten mich mitleidsvoll an und mein Freund der Arzt fragte: Glaubst du, dass das zu schaffen ist?« Ich antwortete etwas zögerlich: »Ja, ich sehe da kein Problem.« Nach einer schlaflosen Nacht und zwei Tagen, in denen ich zu einem kleinen mathematischen Genie heranreifte, legte ich den Ärzten die fertige Versorgungsplanung vor. Diese festgelegten und strikt einzuhaltenden Essensnormen galten einige Monate lang, weil sie dem Umstand Rechnung trugen, dass, mit dem verbesserten Gesundheitszustand der Leute, die aufzunehmende Kalorienmenge automatisch reduziert werden konnte. Meistens wurde ich von nun an für den Nachtdienst eingeteilt. Da es nicht genügend Ärzte gab, musste ich mit einer Krankenschwester praktisch alle sonst von Ärzten durchgeführten Behandlungen auf eigene Verantwortung übernehmen. Dabei ist mir ein Patient besonders eindrücklich in Erinnerung geblieben. Unter den überlebenden Kranken gab es den scheinbar hoffnungslosen Fall eines 18-jährigen Polen, einem kleinen und schmächtigen Jungen. Er war zum Skelett abgemagert und wog vielleicht zwanzig Kilo. Sein Anblick erschreckte, denn es schien, als bestünde er wirklich nur aus Haut und Knochen. Bewegen konnte er sich überhaupt nicht; und er musste künstlich ernährt werden. Die Amerikaner kamen irgendwann mit Fotografen und Reportern, um dieses Stück Elend von Mensch der ganzen Welt vorzuführen. Sowohl die amerikanischen Ärzte, als auch unsere Krankenhausärzte gaben dem armen Kerl keine Überlebenschancen. Durch den Mangel an jeglicher Muskulatur an seinem Körper, litt er an enormen Gelenkschmerzen, gegen die auch keine Schmerztabletten halfen. Während des Nachtdienstes war das Schreien und Weinen des Jungen für mich nur schwer zu ertragen. In einer besonders schlimmen Nacht, als sein Jammern und Schreien lauter als jemals zuvor durch die Korridore des Krankenhauses hallte, fiel mir ein, wie ich dem Jungen helfen könnte: »Der arme Junge braucht Wärme«, schoss es mir durch den Kopf. Ich glaubte mich zu erinnern, dass ich ähnliche, weniger krasse Fälle gesehen hatte, denen die Bestrahlung mit Wärme oftmals Linderung verschafft hatte. In der Gerätekammer fand ich eine elektrische Vorrichtung, die mir vorher nicht aufgefallen war. Es war eine ovale Holzhülse mit drei oberhalb angebrachten starken Elektrolampen, die zielgenau auf jegliche Stelle des menschlichen Körpers gerichtet werden konnten. Im Zimmer des Patienten schloss ich das Gerät ans Stromnetz an und richte es so aus, dass zuerst seine beiden Knie bestrahlt wurden. Ich blieb in seiner Nähe, um zu beobachten, ob eine Wirkung erkennbar sei. Kaum zu glauben, aber nach wenigen Minuten schien sich ein kleines Wunder zu ereignen. Der Junge öffnete die Augen und schaute mich dankbar an. Tränen rannen an seinen Wangen herunter. Von starkem Gefühl ergriffen, begann ich leise zu weinen, drehte mich aber vom Krankenbett weg. Während dieser Nacht habe ich abwechslungsweise mehrere Stellen am Körper des Jungen bestrahlt: die Handgelenke, Ellbogen, Beine und Hüfte. Die Wirkung schien sich mit jedem Mal zu verbessern. Gegen Morgen verließ ich das Zimmer und stellte das Gerät zurück an seinen ursprünglichen Ort. Ich wusste nicht, ob meine Behandlungsmethode medizinisch von den Ärzten gutgeheißen würde; also wollte ich erst einmal abwarten und die weitere Entwicklung beobachten. Einen ersten Erfolg ließ sich jedenfalls schon jetzt verbuchen: der Pole hatte erstmals an diesem Tag durchgeschlafen und war ruhig geblieben. Trotzdem meinte der Arzt bei einer Routine–Visite, dass das Ende des armen Teufels kurz bevorstünde. Am Abend, sobald die letzten Ärzte und das restliche Personal das Krankenhaus verlassen hatten, habe ich diese Spezialbehandlung wieder aufgenommen. Der Ablauf war derselbe wie in der Nacht zuvor. Wieder konnte ich die wohltuende Wirkung der Wärmebestrahlung am Patienten feststellen. Er schaute mich ruhig an, und seine Gesichtszüge entspannten sich, während er mit seinen kraftlosen Fingern meine Hand nahm, mich nicht mehr losließ. Mehrere Nächte lang unterzog ich den scheinbar Todgeweihten meiner heimlichen Therapie.

Dann schließlich konnte ich es selbst kaum glauben. Es war das reinste Wunder. Der kranke Junge begann zu sprechen, auch brauchte er nicht mehr künstlich ernährt zu werden. Er konnte sich bewegen und im Bett aufrecht sitzen. Die Ärzte und das Pflegepersonal konnten sich diese Wunderheilung nicht erklären. Die amerikanischen Ärzte, das Rote Kreuz kamen wieder mit Presseleuten und alle staunten und fragten sich, wie so etwas möglich sei.

Während alle um sein Bett herumstanden, überschütteten sie den zum Leben Zurückgekehrten mit endlosen Fragen. Jeder wollte Einzelheiten erfahren, wie er sich gefühlt habe, wann genau er gespürt habe, dass es mit ihm bergauf ginge, ob er Dankbarkeit empfände. Da zeigte der Junge mit einem Male auf mich. »Er allein hat mich gerettet«, sagte er und machte mir mit der Hand ein Zeichen, dass ich mich seinem Bett nähern sollte. Dann nahm er meine Hand und küsste sie vor allen Leuten, die mich mit weit aufgerissenen Augen anstarrten. Erst dann erzählte ich stolz, nicht ohne eine gehörige Portion kindlicher Naivität, wie ich dieses Wunder vollbracht hatte. Noch bevor ich meine Ausführungen beendete, konnte sich mein Arztfreund nicht mehr zurückhalten: »Du Idiot, du hättest ihn umbringen können! Weißt du nicht, dass die Wärme im Körper Wasser produziert, das seinen sicheren Tod bedeutet hätte, wenn es zum Herz vorgedrungen wäre?« Wahrscheinlich dachten die Leute, Wunder bräuchten keine Logik, denn trotz meiner Fehlbehandlung erntete ich allgemein Bewunderung und

Respekt. Und immer öfter wollten die Kranken lieber meinen Rat hören, als die Meinungen der Ärzte.

Mit dem Nachtdienst machte ich gleichsam weiter. Als diensthabende Krankenschwester wurde mir eine junge Novizin zugeteilt. Sie war die jüngste von acht Krankenschwestern, weshalb sie auch den schwierigen und wenig beliebten Nachtdienst leisten musste. Schwester Clementa, so ihr Name, war eine bildhübsche Frau in meinem Alter mit betörend grünen Augen. Unter ihrer traditionellen Nonnenhaube lugten goldblonde Haarsträhnen hervor, die sie bis zum Ende des Novziats behalten durfte. Wir fanden ins Gespräch, ich erfuhr ihre Lebensgeschichte, welche sie hierher geführt hatte; ihre Augen waren tränenfeucht, als sie erzählte. Sie stammte aus einer deutschen Adelsfamilie und hatte sich vor einem Jahr mit einem Mann von adeliger Gesellschaft verlobt, der als Soldat seinen Dienst bei der Wehrmacht leistete. Nach dem Krieg wollten sie heiraten. Dann, vor sechs Monaten, erhielt sie die Nachricht, dass ihr Verlobter an der Ostfront gefallen sei. Unglücklich und enttäuscht über ihr Schicksal hatte sie beschlossen, in ein Kloster einzutreten und Nonne zu werden. Diese intelligente und begabte Frau, die Medizin studieren wollte, wurde daraufhin im Kloster als Krankenschwester ausgebildet. Ihre Tätigkeit für andere leidende Menschen half ihr, den Schmerz zu betäuben und oftmals sogar den schmerzvollen Verlust ihres Verlobten zu vergessen. Während der langen Nächte im Krankenhaus haben wir uns gegenseitig viel und manche Einzelheiten aus unserem Leben erzählt. Clementa war sehr mitfühlend. Sie war zutiefst erschrocken, als ich ihr die traurige Lebensgeschichte meiner Familie erzählte, das Schicksal meiner geliebten Eltern, meiner Geschwister. Gar wenig hatte sie davon erfahren, was uns jüdischen Menschen angetan worden ist. Mit jeder Begegnung vertiefte sich unsere emotionale Verbindung, ich fühlte mich mit ihr als ganz besonderes Liebespaar. Tagsüber begegneten wir uns nie, weil sie in einer abgetrennten Abteilung des Krankenhauses wohnte, die ausschließlich für Nonnen reserviert war. Umso stärker fieberten wir dem Abend entgegen, an dem wir uns zum gemeinsamen Nachtdienst wiedersahen. Als ob sie eine Heilige wäre, begann ich ihre Hände und ihr Gesicht zu streicheln, wir ließen uns ein in eine traute Nähe, genossen Zärtlichkeit, und begannen auch über unsere Zukunft und über das Leben außerhalb des Krankenhauses zu sprechen. Jedes Mal, wenn ich versuchte, das Thema auf die schönen Dinge des Lebens zu lenken, merkte ich, wie ihr leichter ums Herz wurde, dann strahlte sie, und ihre Augen leuchteten. Sanft ihre Hand haltend, versuchte ich Clementa nahezubringen, dass sie nicht in ein Kloster gehöre und dass ich sie zu sehr begehre, um sie einfach in ein Kloster entschwinden sehen zu müssen. »Ich glaube, auf der ganzen Welt gibt es keinen Mann, der sich nicht auf Anhieb in dich verlieben kann, sieh, ich bin dein erstes Opfer! Wisse, ich bin gerne dein Opfer, ich genieße dich vollkommen!« Sie lachte herzlich auf und küsste mich lange auf den Mund. Die darauffolgenden Abende und Nächte waren für mich wie eine Wiedergeburt, ich schwebte wie auf Wolken, und mein Herz pochte so, wie es nur bei jemandem vermag, der das Schönste und Aufregendste des Lebens mit ganzer Hingabe auskostet. Nach allem Horror des Krieges, den erlittenen Torturen, dem Anblick des Todes, konnte ich nicht anders, als mir einzubilden, dass mir nun damit das Leben auf seine Weise das zurückgebe, was ich in den grausamen vergangenen Jahren nicht haben konnte und verloren hatte. Wie sehr ich mich geirrt hatte, erwies sich bald. Als ich eines Morgens in die Personalkantine trat, um mein Frühstück einzunehmen, fiel mir eine ungewohnte Unruhe und Nervosität zwischen meinen Kollegen auf; sie wichen verschämt und unsicher meinen Blicken aus und flüsterten untereinander. Die ansonsten freundlichen Nonnen liefen um mich herum ohne zu grüßen, und diejenigen, die mich ansahen, taten dies mit einem Anflug von Ekel. Ich entschied, nicht länger zu warten und der Sache auf den Grund zu gehen. Draußen auf dem Korridor stellte ich eine der Nonnen zur Rede. Schwester Clementa sei seit gestern Abend verschwunden und nirgendwo aufzufinden. Offenbar hatte sie sich vor ihrem Weggang einer befreundeten Nonne anvertraut und ihr über unsere romantische Beziehung erzählt. Später, nach ihrem Verschwinden, habe die Nonne ihr Wissen weitergegeben, und somit der Welt einen schlüssigen Grund für Clementas Handeln geliefert. Die feindseligen Blicke der Oberin waren mir nicht entgangen. Sie musste mich verständlicherweise als Verursacher dieser Tatsache betrachten. Ich konnte mit keinem darüber sprechen, zudem war ich erschüttert und unglücklich, weil Clementa nicht mehr da war. Unendlich schwere, traurige Tage verflossen; die Nonnen verrichteten den normalen Krankendienst, sprachen in meiner Gegenwart nur über Dienstliches, und ließen sich auf keine Diskussion über Clementa ein. Am dritten Tag nach dem Vorfall fuhr eine schwarze Limousine vor den Eingang des Krankenhauses. Neben dem Fahrer saß ein hochrangiger Geistlicher, der Bischof, den wir von früheren Besuchen bei den Nonnen kannten. Er wandte sich an jemand auf dem Rücksitz des Wagens, dann wurde die eine Hintertür geöffnet, und eine ältere Nonne entstieg der Limousine, bevor ihr Clementa folgte. Uns alle traf der Schlag. Es war nicht die uns bekannte Nonne Clementa, sondern eine junge Frau in zivilen Kleidern und einem Barett auf dem Kopf, unter dem sie versuchte, ihre blonden Locken zu verbergen. Sie schritt von der Nonne begleitet, mit gesenktem Kopf und ohne nach links oder rechts zu schauen, in Richtung Haupteingang. Beide verschwanden im Trakt der Unterkünfte der Nonnen, während ich mich mechanisch wieder an meine Arbeit machte. Eine halbe Stunde später sahen wir beide herauskommen, Clementa trug zwei Gepäckstücke, in denen sie wohl ihre Privatsachen abholte. Umgehend setzten sich beide wieder ins Auto und waren mit Chauffeur und Bischof innerhalb Kürze unseren Blicken entschwunden. Eine einzige spärliche Nachricht nach vielen Jahren ließ mich wissen, dass Clementa damals ins Ausland gebracht worden ist, in ein von der Außenwelt isoliertes, fernes Kloster. Ob ich dafür verantwortlich war, dass Clementa von einem Tag auf den andern verschwinden musste, ob es war, weil der Bischof dies bestimmt hatte, und viele andere drängende Fragen haben nie eine Antwort gefunden. Am schlimmsten war, dass ich unendlich darunter gelitten habe, sie zu verlieren; Clementa war für mich die Inkarnation eines Engels auf Erden gewesen.

Vermutlich als Folge dieser Ereignisse, haben die Nonnen zwei Wochen später das Krankenhaus verlassen. An ihre Stelle wurden zivile Krankenpfleger eingesetzt, sowohl Männer als auch Frauen.

Für mich war nach dem Weggang von Clementa eine Welt zusammengebrochen. Ich konnte im Krankenhaus keine Ruhe mehr finden. Nichts war mehr wie zuvor, alles schien mir farblos und öde. So fing ich an, in jeder freien Minute meine Arbeit zu verlassen, um spazieren zu gehen, und ich lernte die Umgebung kennen. Nahe beim Krankenhaus befand sich die Talstation der Seilbahn, die zum Gipfel des berühmten 1600 m hohen Berg Feuerkogel führte. Ich beschloss, mir das kleine Abenteuer zu gönnen, und fuhr zum ersten Mal in meinem Leben in einer Seilbahn-Gondel nach oben. Der Ausblick vom Gipfel aus war atemberaubend. Ich ging über die Alm spazieren und genoss die herrliche Bergluft. Am Nachmittag gesellte ich mich zu den anderen Gästen auf der Terrasse des reizvollen Feuerkogel-Hotels, wo ich im Restaurant Spezialitäten aus der Region bestellte. War die monotone Krankenhaus-Verpflegung bereits das Paradies auf Erden, nachdem wir die Kriegsjahre durchlitten hatten, so war ich nun doch sehr froh, auf dieser beeindruckenden Bergterrasse eine sehr schmackhafte Abwechslung serviert zu bekommen. Später begab ich mich zur Rezeption des Hotels, wo ich mich über die Zimmerpreise informierte und bat darum, auch gleich ein Zimmer besichtigen zu können. Mir verschlug es die Sprache, als ich es betrat. Nicht nur war das Zimmer äußerst geschmackvoll mit vielen Holzschnitzereien und bunten Möbeln eingerichtet, sondern da befand sich auch eine Verbindungstür zur Terrasse, die das Hotel ringförmig umschloss. Der ältere Herr, der mir das Zimmer und das Haus zeigte, war neugierig zu erfahren, woher ich käme und ob ich schon lange in dieser Gegend wohnte. »Oh«, meinte ich, »ich wohne und arbeite hier seit einem halben Jahr, und sehen Sie, da unten rechts, wo der Kamin des Krematoriums in die Höhe ragt, darin wohnte ich vorher.« Der Mann wurde weiß im Gesicht. »Sie waren ... Sie waren im KZ?«, stotterte er. »Ja, insgesamt viereinhalb Jahre«, sagte ich. »Ich bitte um Verzeihung«, sagte er, »ich konnte es nicht wissen. Kommen Sie bitte, ich möchte mit Ihnen reden, Ihnen zuhören, wenn Sie nichts dagegen haben.« So lud er mich ein zu einer Flasche guten Weins, die uns in einer Ecke des Restaurants serviert wurde. Viele Fragen hat er gestellt, alles wollte er erzählt bekommen von mir; ich berichtete ihm viel von meinem Leben davor; es war so ernst, die Stimmung so erfüllt von Betroffenheit, Schwere. Zugleich verhalf jeder Satz zu einer kleinen Befreiung, es wirkte erlösend, von einem älteren, fremden Mann so viel Aufmerksamkeit geschenkt zu erhalten. Er fragte nach, wie es meinen vielen Leidensgenossen ergangen sei, wie es mir nun erginge? Eine besondere Art von Freundschaft begann, wir prosteten einander zu. Ich setzte fort, meinem Freund zu erzählen, dass ich nun in Ebensee im neuen Krankenhaus arbeite, und nicht immer Zeit hätte, um Ausflüge zu machen; dass ich aber nach dem heutigen Tag sehr gerne wiederkommen würde. Das rührte mein Gegenüber zu Tränen. »Ich möchte ihnen einen Vorschlag machen«, sagte er. »Verstehen sie mich nicht falsch, aber ich will etwas tun für einen Menschen, der so viel gelitten hat wie sie, und ihnen eine kleine Freude machen. Bitte, hiermit lade ich sie ein, in meinem Hotel, wann immer Sie wollen, zu wohnen. Es steht ihnen jederzeit ein Zimmer frei, kostenlos natürlich.« Ich schaute ihn verwundert an und sagte, dass ich nicht wüsste, ob ich solch ein tolles Angebot annehmen könne. »Doch«, antwortete er. »Sie würden mir damit eine große Freude bereiten.« So verabschiedeten wir uns, und ich gondelte nach einer langen, berührenden Begegnung talwärts. Meine von Liebeskummer verdunkelte Stimmung hatte sich deutlich aufgehellt.

Inzwischen nahm die Zahl der Kranken langsam ab, einige wurden gesund entlassen, andere waren zumindest soweit genesen, dass sie keiner stationären Behandlung mehr bedurften. Leider gab es aber auch immer noch Menschen, die den wochenlangen Todeskampf nicht überstanden, leidende Menschen, denen kein Arzt und keine Medizin mehr zu helfen vermochte.

Neues Pflegepersonal ist eingestellt worden, man brauchte mich nicht mehr zur direkten Krankenpflege, und vor allem musste ich keinen Nachtdienst mehr leisten. Oft nutzte ich meine freie Zeit für Ausflüge, um die wunderbare Landschaft ringsum und auf dem Feuerkogel auszukosten.

Eines Nachmittags kam mir auf dem Weg zur Seilbahnstation eine junge Frau entgegen. Wie ich auf dem ersten Blick erkennen konnte, stammte sie nicht aus dieser Gegend. Sie dürfte Anfang dreißig gewesen sein und war für die damaligen Zeit- und Ortsverhältnisse sehr elegant gekleidet. Sie trug einen Koffer. In gebrochenem Deutsch fragte sie mich: »Bitte entschuldigen sie, wo ist hier Hotel?« Der slawische Akzent in ihren Worten war mir nicht entgangen. Pani zPolski? – »Kommen sie aus Polen?«, fragte ich zurück. »Ja«, antwortete sie strahlend. »Woher wissen sie das?« »Ich kann polnisch, und ihre Aussprache lässt das erraten. Warum suchen sie hier ein Hotel?« Sie begann zu erzählen. Ihr Mann, ein Universitätsprofessor, war vor zwei Jahren von den Nazis verschleppt worden, und erst nach langen Recherchen, hatte sie von den Amerikanern in Erfahrung bringen können, dass er zum Schluss nach Mauthausen und schließlich nach Ebensee gebracht worden war. Nun sei sie hier, gerade eben erst angekommen, ohne Unterkunft und unsicher, ob sie wegen ihrer schlechten Deutschkenntnisse überhaupt mit den Menschen Kontakt aufnehmen könne. »Es ist gut, dass sie mich angesprochen haben«, meinte ich, »sehen sie, da oben auf der Bergspitze gibt es ein sehr gutes Hotel. Ich bin mit dem Eigentümer befreundet.« »Und wie kommen wir da hinauf?« »Nicht zu Fuß«, erwiderte ich lachend. Ich ergriff ihren Koffer und wir gingen zur Seilbahnstation. Dann löste ich zwei Fahrkarten, und wir fuhren nach oben.

Sie genoss den Ausblick aus der Kabine, was mir immer wieder Gelegenheit gab, sie anzuschauen, ohne dass sie es bemerkte. Mir fiel auf, wie sich ihre Gesichtszüge entspannt hatten, jegliche Besorgnis schien aus ihr gewichen. Oben angelangt, führte ich sie zum Hotel.

Da mein Freund, der Inhaber, momentan nicht auffindbar war, begaben wir uns auf die Terrasse, nahmen dort Platz und genossen erst einmal eine ausgiebige Mahlzeit. Sophie, so ihr Vorname, erzählte mir über die Zustände in ihrer Heimat nach Ende des Krieges. Man habe nun zwar keine Angst mehr, in ein Lager verschleppt oder umgebracht zu werden, aber die Kommunisten, welche nun an der Macht seien, bringen auch Unglück über das polnische Volk. Es würde weiterhin ein Terrorregime gegen all ihre Gegner betrieben. Zuhörend nickte ich, während ich gleichzeitig auf ihre vollen Lippen sah. Sie nahm einen tiefen Schluck aus dem Weinglas, dann schaute sie mich bittend an. »Bleiben Sie auch hier, heute Nacht? Ich fühle mich so allein und habe schreckliche Angst.« »Sie brauchen keine Angst zu haben«, suchte ich sie zu beruhigen, »ich beschütze sie.« »Tatsächlich?« fragte sie lächelnd, »heißt das, dass sie jetzt bei mir bleiben?« »Das würde ich liebend gerne, aber ich habe noch im Krankenhaus zu tun. Sie können jedoch sicher sein, dass ich später am Abend wiederkomme.« »Ich werde doch auf ihre Gesellschaft nicht verzichten«, sagte ich mit einem betont charmanten Unterton, der ihr zu gefallen schien. »Das glaube ich ihnen gerne, dass sie darauf nicht verzichten wollen.« Ihre Stimme war tief und seidig warm. Ich verstand das als eindeutige Aufforderung und befleißigte mich, für Sophie ein Zimmer zu reservieren. Dann verabschiedete ich mich von ihr. Je eher ich von hier wegkäme, desto schneller könnte ich zurück sein, dachte ich. Eilig lief ich zur Seilbahn, in die gerade eben die letzten Passagiere einstiegen. Während der Talfahrt blickte ich hinauf zum Hotel und zum Gipfel, der immer kleiner wurde. Ich würde mich beeilen, das nahm ich mir fest vor.

Im Krankenhaus angekommen, widmete ich mich schneller als sonst meinen gewohnten Aufgaben. Die Ausarbeitung des täglichen Kalorien-Versorgungsplans war eine zeitraubende Tätigkeit, die zudem sehr genau erledigt werden musste, bevor der Plan an die Küche übergeben werden konnte. Und immer wieder war da diese Schreibarbeit. Für drei Rekonvaleszenten, die am nächsten Tag entlassen werden sollten, galt es alle entsprechenden Unterlagen vorzubereiten. Schließlich gab es da noch ein paar kleinere Probleme mit dem Nachtdienstpersonal. Eine Person fiel unerwartet aus, und ich war genötigt, umgehend geeigneten Ersatz zu finden. So war es, ehe ich es bemerkte, plötzlich kurz vor sieben Uhr, dem Abfahrtstermin der letzten Seilbahn. Es blieb mir nunmehr sehr wenig Zeit, um rechtzeitig zur Station zu gelangen. Die Bahn fuhr immer pünktlich ab, sodass es keinen zeitlichen Spielraum gab. Ich verzichtete auf das Duschen und verließ so wie ich war, das Krankenhaus, in Arbeitskleidung, die aus weißem Hemd und Hose und weißen Krankenhaus-Halbschuhen bestand, und machte mich unverzüglich auf den Weg, hatte noch in letzter Sekunde das Päckchen mit den verschiedenen Kuchen geschnappt, welches ich Stunden zuvor bei meiner Rückkehr unterwegs gekauft hatte.

Ich verließ fluchtartig das Krankenhaus und raste zu meinem Zielort, der Seilbahnstation. Der große Uhrzeiger rückte der Zwölf bereits bedrohlich näher, ich lief und lief. Es war Punkt sieben Uhr, als ich am Eingang der Station eintraf – zu spät! Ein Schauer des Entsetzens durchfuhr meinen Körper, ich wollte es nicht glauben. Die maschinenbetriebene Kurbel hatte sich in Gang gesetzt und die Kabine wurde langsam nach oben gezogen – ohne mich! Wegen ein paar Sekunden, ein paar verdammte Sekunden, dachte ich. Außer mir vor Wut und Aufregung rannte ich zum Maschinenraum, wo der Betriebsleiter gerade dabei war, seine Sachen zusammenzupacken, und die Station abzuschließen. »Bitte, können sie mir helfen? Ich bin zu spät, aber ich muss heute noch dringendst nach oben. Ich gebe ihnen Geld, ich gebe ihnen alles, was sie haben wollen. Holen sie die Bahn zurück!« Mit wilden Gesten flehte ich ihn verzweifelt an. Er aber blieb die Ruhe selbst. »Mein Herr«, sagte er gelassen, »und wenn sie der Präsident der Republik wären, kann ich die Seilbahn nicht zurückholen, und dann nochmals in Betrieb nehmen. Die Stromzufuhr wird nämlich auf sämtlichen Leitungen unmittelbar nach Ankunft der letzten Kabine automatisch abgeschaltet.« »Aber ich muss nach oben, es ist lebenswichtig!«, schrie ich ihn an. Keine Reaktion. Dann schaute er mich ernst an und sprach: »Es tut mir leid, dass ich ihnen nur einen einzigen Rat geben kann. Wenn es für sie wirklich so lebenswichtig ist, nach oben zu kommen, dann gehen sie zu Fuß. Sehen sie die Seile?« Er wies mit dem Finger aus dem Fenster in Richtung eines senkrecht ansteigenden Hanges. »Diese müssen sie die ganze Zeit über im Auge behalten; dann werden sie in etwa drei Stunden oben ankommen. Früher in meiner Jugend, als es noch keine Seilbahn gab, haben wir das öfter getan. Es ist machbar.« Sofort begann ich zu rechnen. Wenn es wirklich nur drei Stunden dauerte, dachte ich, dann kann ich gegen halb elf Uhr im Hotel sein. Die arme Frau würde sich zwar wegen der Verspätung wundern, aber wenigstens nicht allzu sehr enttäuscht sein. Hoffentlich. Der Betriebsleiter wies mir nochmals die Richtung, die ich einzuschlagen hatte, um den Bergweg zu erreichen, ich bedankte mich, und marschierte los. Nach etwa einer halben Stunde Weges nahm die Steigung zu, bis ich auf einmal mitten im Wald war. Die Abenddämmerung hatte längst eingesetzt, und die hohen Bäume rings um mich herum schirmten die letzten Reste des Tageslichts ab. Jene Seile, die mir als Orientierungshilfe und Wegweiser hätten dienen sollen, waren nicht mehr zu erkennen. Ich marschierte und kletterte, ohne zu wissen wohin, einfach gerade hinauf durch den Wald. Am oberen Waldrand angelangt, baute sich vor mir eine steile Felswand auf, deren Höhe wegen der Dunkelheit nicht abzuschätzen war. Hätte es einen passenden Moment gegeben zum Umkehren, dann wäre es dieser gewesen. Doch Aufgeben kam nicht in Frage, ich würde noch heute dort oben im Hotel ankommen, kostete es, was es wolle – das schwor ich mir. Wie ein Affe kletterte ich, mehr blind als sehend, mich vorwärts tastend über Felsen und Geröll, stolperte, suchte Halt, rutschte aus, fand kleine Felszacken für meine Füße, und bewegte mich langsam, aber immer zielstrebig nach oben. Mein Päckchen mit den Kuchen für den geplanten romantischen Abend zu zweit, hatte ich längst weggeworfen; zum Festhalten beim Klettern brauchte ich beide Hände, und selbst so war ein Höchstmaß an akrobatischem Geschick nötig. Mit der Zeit wurde es noch schwieriger für mich, Halt zu finden, mit einem Male rutschte ich aus, und glitt auf dem Bauch einige Meter hinunter, ich musste eine Verschnaufpause einlegen. Dann sammelte ich meine noch verbliebene Kraft und wagte den letzten Teil des Aufstiegs erneut, mich mühsam von Fels zu Fels hochziehend. Um mich herum konnte man das Gejaule und Geschrei von Tieren vernehmen, von denen hin und wieder eines dicht an meinem Gesicht vorbeihuschte und mich erschreckte. Ich verfluchte den Kerl von der Seilbahnstation, der mich zu diesem verrückten Abenteuer überredet hatte, und verfluchte mich selbst dafür, ihm vertraut zu haben. Es vergingen Stunden, ehe ich merkte, dass sich die Gummisohlen von meinen Schuhen gelöst hatten, und dass die ehemals weiße, nun grau-braun verschmierte Arzthose in Fetzen an meinen Beinen hing. Erst nach Mitternacht erblickte ich eine Alm vor mir. Es konnte nur jene sein, die ich von meinen Spaziergängen her kannte; ja, in der Ferne erkannte ich tatsächlich die Lichter des Hotels. Leider aber in jener Richtung, aus der ich gekommen war. Das bedeutete, umzukehren und ein langes Stück zurückzuwandern. Endlich, nach einer weiteren Stunde erreichte ich die Umzäunung der Hotelanlage. Das Tor, durch das ich zum Haupteingang des Hotels hätte gelangen können, war verschlossen. Als ich durch den Zaun spähte, erblickte ich einen großen Schäferhund, er lief direkt auf mich zu. Dass er bellte, wollte ich vermeiden, drehte mich also schnell um und schlich dem Zaun entlang zum hinteren Teil des Gebäudes. Dort kletterte ich auf einen Baum, wartete den passenden Moment ab, sprang über den Zaun und landete auf der Terrasse. Von dort hatte ich Zugang zu allen Zimmern. Erst jetzt realisierte ich, dass ich gar nicht wusste, in welchem Zimmer meine ersehnte Verabredung auf mich wartete. Mir war aber bekannt, dass sich derzeit nur wenige Gäste im Hotel aufhielten und dass in solchen Fällen nur Zimmer in der ersten Etage vermietet wurden. Auf ›gut Glück‹ und mit einer ordentlichen Portion Dreistigkeit klopfte ich an die erstbeste Tür. Eine heisere Männerstimme antwortete. Ich entschuldigte mich, und ging zur nächsten, und dann zur übernächsten Tür. Beide Male nichts. Stattdessen riss ich schlafende Gäste aus dem Bett. Schließlich war Zimmer Nummer Vier an der Reihe. Sofia öffnete umgehend. Im Nachthemd stand sie vor mir, auf ihrem Gesicht ein Ausdruck der Verwunderung und des Schreckens. Sie starrte auf meine verschlissenen Kleider und meinen völlig zerzausten Kopf. »Was ist mit Ihnen geschehen?«, wunderte sie sich. »Darf ich erst reinkommen?« »Aber natürlich«, stotterte sie. Ich betrat das Zimmer, schloss hinter mir die Tür und schilderte ihr, wie es zu meiner abenteuerlichen Klettertour gekommen war. Sofias Miene drückte tiefes Mitleid aus. »Sie sind tatsächlich wegen mir zu Fuß den Berg heraufgekommen, das ist wirklich wahr?« »Natürlich«, antwortete ich, nicht ohne Stolz in der Stimme. »Ich habe ihnen doch versprochen, mit ihnen zusammen zu sein und sie zu beschützen. So jemand wie sie darf man nicht versetzen!« Sie streichelte mein Gesicht und meinte: »Sie sind bestimmt todmüde nach einer solchen Strapaze. Sie müssen jetzt schlafen gehen.« »Wie könnte ich angesichts ihrer Schönheit müde sein«, widersprach ich, und küsste sie auf den Mund. Sie erwiderte die Küsse leidenschaftlich. »Ich bitte sie nur um etwas zum Trinken«, fiel mir noch ein. Sie holte aus dem Kühlschrank eine Flasche Mineralwasser, die ich in einem Zug austrank. »Ich habe auch etwas besonderes zum Trinken dabei«, meinte sie, und holte eine halbe Flasche Wodka aus der Bar. »Die habe ich aus Polen mitgebracht, ist bester polnischer Wodka«, strahlte sie und stellte ihn neben zwei Gläsern auf den Tisch. Dann schenkte sie großzügig ein. Wir tranken auf unsere Gesundheit, auf unsere Freundschaft, und duzten uns von nun an. Eine Nacht der

Liebe ließ uns Zeit und Raum vergessen, irgend einmal ist es heller geworden, Zeit zum Aufstehen. Gegen acht Uhr verließ ich in meinen zerfetzten Hosen und schmutzigem Hemd das Zimmer und klopfte an die Tür des Hoteldirektors. Der öffnete und staunte, starrte mich in meiner elenden Aufmachung an, dann begann er loszubrüllen vor Lachen: »Wo kommst denn du her?« In wenigen Sätzen erzählte ich ihm von meinem Abenteuer, das ihn sichtlich amüsierte. »Da war dann wohl nichts mit Amore nach einem solchen Ausflug, was?«, meinte er grinsend. »Im Gegenteil«, protestierte ich, aber mir schien, mehr wollte er weder hören noch glauben, sein Blick verriet Skepsis. Mehr machte er sich Sorgen um mein Äußeres. »So kannst du nicht in die Stadt hinunterfahren, du brauchst etwas Vernünftiges zum Anziehen.« Umgehend fischte er ein Paar Bergsteigerschuhe aus einem Schrank, die viel zu groß für mich waren, sowie ein Paar alte Jeanshosen. »Nimm das, du kannst mir alles später zurückbringen.« Nach dem Frühstück im Hotel fuhr ich mit Sophie ins Tal hinunter und begleitete sie zur amerikanischen Kommandantur; anschließend kehrte ich zur Arbeit ins Krankenhaus zurück. Meine sonderbare Bekleidung löste bei meinen Kollegen schallendes Gelächter aus. Manche glaubten, es handle sich um eine Karnevalsverkleidung. Mir war das völlig gleichgültig. Die Nacht mit Sophie ist mir nach all den Jahren unvergesslich geblieben. Nie wieder habe ich diese wunderbare Frau getroffen und auch nicht erfahren, wie ihr weiteres Schicksal war.

10
Liebe auf dem Feuerkogl

An einen strahlenden Sonntag nahm ich einen meiner Arbeitskollegen mit, der noch nie auf dem Berg oben gewesen war. Nachdem ich ihm so viel über den Zauber der Natur und alles Wunderbare erzählt hatte, wollte er diese Landschaft auch selber begehen. Wir fuhren hinauf, und wirklich, er war überwältigt von diesen herrlichen Alpen, dieser üppigen, unendlich ausgedehnten Natur. Zuerst spazierten wir über die Alm und genossen die frische Bergluft, kreuzten viele andere Berggäste, die ebenfalls ihren freien Arbeitstag hier oben verbrachten. Auf den leicht abfallenden Wiesen hatten es sich viele auf Decken und Liegen gemütlich gemacht, manche taten sich an Speisen und Getränken gütlich, die sie im Rucksack mitgebracht hatten. In einem abseits gelegenen Winkel entdeckten wir zwei auf einer Wolldecke liegende Frauen, welche sich an der Sonne räkelten; sie trugen nur Badeanzüge. Wir näherten uns den beiden Liegenden, weil wir sie gerne kennengelernt hätten, sie schienen in unserem Alter zu sein. Als wir herankamen, lächelten sie uns zu und begrüßten uns fröhlich. Bereitwillig machten sie Platz auf ihrer Decke und luden uns ein, uns dazuzusetzen. Wir plauderten miteinander, ließen uns erzählen, wie sie durch das Salzkammergut hierhergekommen waren, und morgen, nach dem heutigen krönenden Tag auf dem Feuerkogel wieder nach Wien zurückfahren würden.

Dann waren wir mit unserer Kriegsgeschichte dran. Mit ungläubigen Gesichtern hörten die beiden jungen Frauen lange zu, wo und wie wir die Kriegsjahre durchgestanden haben, Tränen standen in ihren Augen. Ich bedauerte, die anfangs so fröhliche Stimmung kaputt gemacht zu haben.

Neben mir saß Marie; sie nahm meine Hand, und streichelte sie, strich über mein Gesicht. Ich ertrug das wenig gut und rief: »Lassen wir das, genug von Trauer, mir ist lieber, den Tag mit euch noch genießen zu können, lasst uns vergessen, was war! Kommt, Ich bin hier sozusagen zuhause in diesem Hotel, wir laden euch zum Essen ein!« »Wir müssen aber mit der letzten Seilbahn ins Tal hinunter!«

»Warum müsste ihr denn heute zurück?«,fragte ich. »Ihr könnt morgen früh mit der ersten Bahn fahren.« Marie guckte zu ihrer Freundin. »Lasst uns paar Minuten allein, wir wollen es uns überlegen.« Mein Freund und ich traten zu Seite. »Glaubst du, sie werden bleiben?« fragte er. »Mensch, das wäre ja ein Geschenk Gottes, ich war noch mit keinem Mädchen zusammen seit der Befreiung.« »Auch ich nicht«, schummelte ich, ohne ihn näher aufzuklären. Die Mädchen kamen auf uns zu. »Wir bleiben«, sagte Marie, »aber bekommen wir auch ein Zimmer?« »Überlasst das mir, ich bin mit dem Patron befreundet, habt keine Sorge.« Da wurde aber erst mal eine große Blamage draus, denn das Hotel war voll belegt. Glücklicherweise bin ich allein zum Hausherrn fragen gegangen und es gelang mir, wenigstens die Zusage für ein Doppelbettzimmer mit zwei separaten Betten zu erhalten.

Geflissentlich verschwieg ich dies meinen Freunden vorerst und schlug ihnen vor, bis das Zimmer zu beziehen sei, im Restaurant eine Mahlzeit zu uns zu nehmen. Das fand begeisterten Anklang und das köstliche Essen, der delikate Wein taten das ihre dazu. Bei uns wie bei ihnen zuhause waren die Lebensmittel noch immer nur rationiert erhältlich und auf dem schwarzen Markt meist unerschwinglich. Unsere Stimmung wurde zusehends ausgelassener und als wir am späteren Abend aufbrachen und ich meine Gäste zum einzigen zugewiesenen Zimmer führte, waren die beiden gar nicht so schrecklich überrascht, dass wir alle in einem Zimmer zu schlafen hatten. Die Mädchen gingen ins Bad, wir hörten Lachen und Wasser planschen. Endlich erschienen sie aus dem Bad, nur angezogen mit leichter Unterwäsche. »Wie schlafen wir?«, fragte Marie. »Du schläfst hier im Bett links

Gruppenbild Familie Murlakow mit Oskar Schindler

mit mir, und deine Freundin in dem Bett rechts mit Albert, seid ihr einverstanden?« Das Licht wurde ausgemacht, wir streiften die Kleider ab und krochen ins Bett. Wärme und Zartheit fand sich zusammen, unsere Lippen fanden sich und ich freute mich, dass Marie auch ihr Negligé beiseite gelegt hatte. Ohne Worte zu verlieren, trafen sich unsere Körper, unsere Sehnsucht, wir sanken ab in eine Zeitlosigkeit, welche alles um uns herum vergessen ließ; mochte es nie enden!

Am nächsten Morgen mussten wir früh aufstehen und nach dem Frühstück mit der Seilbahn ins Tal hinunter fahren. Schweren Herzens verabschiedeten wir uns von unseren beiden von Himmel gesandten Engeln. Auf dem Rückweg ins Krankenhaus, befragte ich meinen Freund, wie es ihm ergangen sei. »Nicht so gut wie dir«, meinte er. »Stell dir vor, meine Erika hatte ihre Zeit, du weißt schon, und ich konnte nur zählen, wie oft du es mit der Marie getrieben hast.« »Wirklich, du hast gezählt?«, lachte ich. »Halte jetzt aber den Mund, und reden wir nicht darüber bei der Arbeit!« Aber er hat nicht Mund gehalten, am Nachmittag wusste jeder im Krankenhaus über meine Geschichte Bescheid, alle Kollegen und Ärzte wussten davon. Wie betäubt durchwandelte ich diesen Tag, träumte von der vergangenen Nacht, von Marie, und darüber, dass ich sie leider nie mehr wieder sehen würde.

Nicht ahnen konnte ich damals, dass wir uns einander dennoch und gar nicht so viel später in einer außergewöhnlichen Situation wieder treffen würden.

11
Anstatt Rom: Wir Übriggebliebenen

Im selben Monat fuhr wieder einmal der mir bereits bekannte amerikanische Offizier in unserem Zentrum vor. Er vertrat die Delegation des Amerikanischen Roten Kreuzes, und dieses Mal war er eigens wegen mir gekommen: er brachte mir eine Nachricht, die mich höchst erfreute und mir für eine Weile das Gefühl schenkte, zu fliegen: ich hätte die Zulassung erhalten, mit ihm nach Rom zu fahren und dank einem Stipendium des Vatikans die einmalige Chance, dort das Medizinstudium anzutreten. Mittags um zwei Uhr sollte ich mich mit allen meinen persönlichen Sachen bereithalten, ein Chauffeur würde mich abholen. Was für eine großartige Nachricht! Ich hätte die ganze Welt umarmen können, aus Glück und Dankbarkeit für dieses grandiose Geschenk des Himmels! Eilig suchte ich meinen obersten Vorgesetzten im Krankenhaus auf und unterrichtete ihn begeistert über meine bevorstehende Abfahrt. Ich bat ihn aufgeregt, mir die betreffenden Unterlagen vorzubereiten, und stürmte in meine Kammer, um meine wenigen Habseligkeiten so gut wie möglich einzupacken.

Noch war nicht Mittagessenszeit, als mir wiederum ein Bote mitteilte, es würde ein anderer Herr auf mich warten, ich möge herunterkommen zur Rezeption. So ließ ich das vom Packen durcheinander geratene Zimmer zurück, eilte hinunter, und ... blieb am unteren Treppenabsatz wie angewurzelt stehen! Dann rannte ich auf ihn los, auf den, der dort wartete. Mein älterer Bruder Josef stand vor mir! Mein jahrelang verschollen geglaubter, lieber Bruder stand leibhaftig da, oh, welch ein unvergesslicher, einzigartiger Moment! Wir fielen uns weinenden Auges in die Arme und umarmten uns ewig lange, sinnlose Worte stammelnd, einander bestaunend, bewundernd, ungehindert aller Leute, die stehen geblieben waren und uns ebenfalls bestaunten. Wir brauchten zeitlose Zeit, um uns wieder voneinander zu lösen und brennendste Fragen auszutauschen. Wie geht es dir, wo ist Vater, wo sind die andern, was machst du, wie hast du es geschafft, wo warst du, wie hast du mich gefunden?

Mein Bruder berichtete mir, er habe sich beim Internationalen Roten Kreuz nach mir und allen anderen Verwandten erkundigt, und dadurch von meinem Überleben und zugleich meinen Aufenthaltsort erfahren. Auch dass unser lieber Vater im Lager von Oscar Schindler überlebt habe, durfte ich glücklich vernehmen! Unser siebenjähriger Neffe Richard hatte überlebt; oh, war das ein Wunder! Und außerdem wusste mein Bruder, dass seine zweite Ehefrau Helen ebenfalls den Krieg überstanden hatte.

Alle würden sich in der Tschechoslowakei befinden, wo sie befreit wurden, und alle würden mich dort sehnsüchtig erwarten! Ein dunkler Schatten blieb hängen: seine erste Frau ist 1942 von den Nazis ermordet worden.

Dann jedoch – mit einem Schlag – überfiel mich eiskalte Ernüchterung: die heutige, gerade vor zwei Stunden angesagte Fahrt nach Rom, das gerade erst erhaltene Stipendium, mit dem sich mir mein größter Berufswunsch erfüllen durfte. Wie ließ sich dies nun vereinen, das Wiedersehen mit meinem Bruder zu feiern und zugleich mein Studium in Rom anzutreten? Wann würde ich Vater und meine andern Familienmitglieder wiedersehen?

Als ich meinem Bruder erzählte, dass ich ab sofort Student sein und meinen ersehnten Beruf erlernen könnte, in Rom, wo man mir das Studium finanzieren würde – wie einmalig diese Chance wäre – fragte er: »Du willst also verzichten, den Rest deiner dir verbliebenen Familie wiederzusehen, willst nicht erst deinem Vater wieder begegnen?« Ungläubig schaute er mich an, und es zerriss mir das Herz vor Verzweiflung. »Höre mal, ich gehe hinüber zum Café und werde eine kleine Mahlzeit nehmen. Lasse dir genügend Zeit, dich zurechtzufinden und dich zu entscheiden. Ich warte auf dich, und wir reden, wenn du darüber sprechen kannst.« Mit diesen Worten entfernte er sich von mir, und ich war froh, mich in meine Kammer verkriechen und in mir diesen Wirbelsturm von Ereignissen ordnen zu können. Mir schien, ich stünde in der größten Verzweiflung meines kurzen Daseins. Nie zuvor hatte ich mich dermaßen zerrissen gefühlt darüber, was nun die richtige Entscheidung wäre!

Tief in mir begriff ich zur selben Stunde, dass wenn nicht heute nie mehr ein Studium für mich in Frage käme, nie mehr! Aber wie konnte ich, nach diesen unbeschreiblich traumatischen Jahren, ein schnellstmögliches Wiedersehen mit meinem Vater ausschlagen, nicht wirklich wissend, wie ich ihn antreffen würde? Das könnte für mich eine ewige Seelenqual, bis ans Ende meiner Tage bedeuten.

Bekümmert lag ich auf meinem Bett und rang um eine Entscheidung. Da fiel mir endlich Rachel wieder ein, meine erst vor kurzem so lieb gewordene Rachel. Kennengelernt hatte ich sie dank einem entlassenen Patienten, der mir erzählt hatte von einem naheliegenden Frauenlager. Ich bin daraufhin einmal mit dem Fahrrad dorthin gefahren und daraus sind viele wiederholte Fahrten geworden, immer, um mit Rachel zusammenzukommen. Von Anfang an hatte ich mich mit ihr sehr verbunden gefühlt. Was würde mit uns sein, wenn ich nach Rom ginge, oder wenn ich mit meinem Bruder wegfahren würde?

Gerade erst war mir klar geworden, wie gern ich mit ihr mein Leben teilen würde; noch war es nicht zu Worten gereift, so dass wir uns darüber ausgetauscht hätten. Und nun heute morgen fand ich mich dermaßen und freudig überrumpelt, dass sie mir als letzte eingefallen war; das ging nicht an, ich wollte meine liebe Freundin nicht verlieren! Ich schämte mich, dass ich in meiner Euphorie der bevorstehenden Abreise nicht an meine geliebte Rachel gedacht hatte; aber dies half mir nun zu erkennen, welchen Weg ich zu wählen hatte. Mit erneuerter Klarheit kehrte ich zu meinen Bruder zurück, der noch immer im Café unweit des Krankenhauses wartete. Befreiten Herzens setzte ich mich zu ihm und vertraute ihm meine Entscheidungen an. Ich würde sehr gerne mit ihm in die Tschechoslowakei mitfahren, aber da sei allerdings noch ›etwas‹, wofür ich noch ein paar Tage Zeit brauchte: Rachel! Meinem Bruder wurde leicht ums Herz, er atmete auf und er freute sich sehr, auch darüber, dass ich von Rachel erzählte. Mit der Rückfahrt zwei, drei Tage zu warten und mir Zeit einzuräumen, mit ihr zu reden, war für ihn selbstverständlich.

Zuversichtlich besprachen wir nun die anstehenden Einzelheiten, und dann marschierte ich los, um meine Angelegenheiten voranzubringen.

Vorerst und sehr schwierig war für mich, meinen Entschluss dem amerikanischen Captain mitzuteilen. Er hatte sich so sehr für mich eingesetzt, war bereits beglückt über meine Zusage von jenem Morgen und nun: mein Verzicht auf die Abreise nach Rom, auf das Studium. Das war, wie ich befürchtet hatte, auch für ihn sehr schwierig. Zwar zeigte er Verständnis für den Grund meiner Absage, mir jedoch eine solch einmalige Chance entgehen zu lassen, das ging einfach nicht an. Eindringlich wollte er mich davon überzeugen, meine Familie im Verlauf des ersten Studien-Semesters zu besuchen und nun erst mal in Rom die Einschreibung vorzunehmen. Aber von meiner Entscheidung war ich nicht mehr abzubringen.* So hatte ich eine Erklärung zu unterschreiben, die meinen freiwilligen Verzicht auf das angebotene Papst-Stipendium bestätigte. Es bekümmerte mich sehr, dass ich ihn so sehr enttäuscht hatte, aber meine Prioritäten hatten mir einen anderen Weg vorgegeben.

Nun stieg ich aufs Fahrrad und fuhr zu Rachel. Sie wunderte sich, mich zu eher ungewöhnlicher Zeit zu empfangen, doch ich war in Eile, begann

---

* Studien-Plätze vom Vatikan: Papst Pius XII ist 1939 gewählt worden. Man schätzt, dass seine Haltung des Schweigens insgesamt 2 Millionen Juden und andern Minderheiten das Leben gerettet hat. Nach Kriegsende wurden 12 jüdischen Studenten ein Studium in Rom finanziert. Weitere Beiträge dazu im Internet, Wikipedia etc.

mich auch gleich ausführlich zu erklären und zu erzählen, wie sich bis dahin mein Tag ereignet hatte.

Sie hörte staunend und betroffen zugleich zu und mochte vielleicht ein wenig überrumpelt sein. Viel Zeit ließ ich ihr nicht, zu reden, ich wollte ja insbesondere eine Frage an sie richten. Ich schaute sie an, suchte ihre Augen und fragte sie ohne weitere Umschweife: »Rachel, bist du bereit, mit mir mitzufahren?« Und fortfahrend: »Möchtest du mit mir das Leben verbringen?« Errötend und erstaunt, fragend schaute sie mich an und schwieg. Es dauerte sehr lange, bis sie endlich die Worte fand. »Du bist aber schnell, das kann ich dir nicht auf Anhieb einfach so sagen, welch eine wichtige Frage! Wir kennen uns kaum, und außerdem, du weißt ... « – Ja, ich wusste, dass es da noch jemand gab, dem Rachel auch gefiel.

»Lasse mich eine Nacht darüber schlafen und bringe morgen deinen Bruder mit, damit ich ihn kennenlerne. Ich glaube, dann kann ich dir antworten.«

Hoffnungsfroh stimmte ich ihrem Vorschlag zu, verabschiedete mich von Rachel und verbrachte dann den Abend, bis zur Schlafstunde, mit meinem Bruder. Welch eine Nacht das war. Wie sehr ist mir in jenen Stunden bewusst geworden, dass ich niemals auf Rachel verzichten wollte, wie würde sie sich entscheiden?

Als ich anderntags mit meinem Bruder zu Rachel ging, öffnete sie lächelnd die Türe. Sie hatte sich entschieden, mit uns mitzufahren. Überglücklich schloss ich meine geliebte Rachel in meine Arme und drückte sie heftig an mich. Nochmals begann eine neue Welt für mich ...

Fröhlich frühstückten wir zusammen und machten uns daran, die weiteren Angelegenheiten zu ordnen. Zwei Tage später, nach Erhalt spezieller Passierscheine bei der örtlichen amerikanischen Kommandantur, fuhren wir mit dem Zug nach Wien und von dort mit umständlichen Bahnverbindungen, via Prag, weiter nach der Stadt Kosice/Kaschau, wo sich meine Verwandten seit Kriegsende aufhielten.

Das Wiedersehen mit meinen Familienangehörigen war herzerweichend und erschütternd, wir bestaunten uns, umarmten uns, weinten viele Tränen. Die Gedanken an unsere fehlenden Geschwister, welche nicht das Glück hatten, diesen Moment zu erleben, beschwerten uns unsäglich. Wir wussten nichts von ihnen, keiner hatte etwas vernommen, nicht einmal, wo sich ihre Gräber befanden. In späteren Jahren mussten wir dann erfahren, dass unser wunderbarer Bruder Ely bei einer Razzia in Borislav mitgenommen worden war, und entweder in Maidanek oder Treblinka umgebracht worden war. Unsere jüngste Schwester Klara hatte sich zusammen mit Josef in einer Gruppe im Wald versteckt, bis dann ... eben, eine Hetzjagd der Nazis sie zu Tode gebracht hat. Josef hat sich retten können, er hat überlebt. Wie oft er in letzter Sekunde am Tod vorbeigekommen ist, das mochte ihm nicht über die Lippen kommen. Unser glücklicher Vater, er ist bei der Selektion, die ich damals an jener kleinen Bahnstation miterlebt hatte, von Schindler ausgewählt worden, um in seiner böhmischen Fabrik als Maschinenfachmann zu arbeiten. So hat er die ganze Zeit über genügend zu essen erhalten und konnte, angesichts der so unwürdigen Lage von uns allen, ein bestmögliches Leben erleben. (Sein Name befindet sich zusammen mit den 1200 anderen Schindler-Juden auf der bekannten Liste.)

Wir gedachten unserer lieben Mutter und waren trotz allen Unwissens über ihren wirklichen Tod im Spital erleichtert: am ersten Kriegstag verstorben, hat sie nichts von all diesem aller scheußlichsten Leiden ertragen müssen.

Wir hörten Rachel zu, meiner lieben Rachel. Von keinem ihrer Familienmitglieder hat sie Nachricht erhalten. Ihr Leben wurde gerettet, weil man sie nach Böhmen in eine Nähfabrik gesteckt hatte, wo sie bis zum Kriegsende Uniformen für die Soldaten hat nähen müssen. Danach brachte man sie nach Ebensee, wo sie sich erholen durfte, und nun bis zu unserer Abfahrt bereits wieder arbeiten konnte.

Nach Tagen intensiver Beratungen beschlossen wir, nach Österreich zurückzukehren, wir wollten uns vorläufig in der amerikanisch verwalteten Zone niederlassen. Mit wenig Gepäck verließen wir die Tschechoslowakei, per Eisenbahn in Richtung Wien. Dort kamen wir nachts im Wiener Südbahnhof an. Der Bahnhof war sehr spärlich beleuchtet, wir beschlossen, bis zum Morgen in Zug zu bleiben. Ohnehin waren keine Hotels mehr vorhanden und niemand hat den Reisenden verwehrt, die Waggons als Übernachtungsstätte zu benutzen. Spät nachts wurde der Zug auf ein Abstellgleis gerollt und man teilte uns mit, dass diese Waggons über Nacht nicht von der Stelle gerückt werden würden. In unserem Abteil steckte kein Glas im Fenster, so dass im unbeheizten Zug bittere Kälte herrschte. Ich befestigte meinen Mantel am Fenster, um uns wenigstens vor dem beißenden Wind zu schützen. Das war nicht so eine gute Idee; nicht lange dauerte es und der Mantel wurde von außen weggeschnappt! Gerade noch konnte ich einen russischen Soldaten mit seiner Beute unter dem Arm davonlaufen sehen. So blieben wir diese Nacht und ich den ganzen kalten Herbst über ohne Mantel. Endlich war dann die grausam kalte Nacht vorbei und wir mussten uns überlegen, wo in diesem ausgebombten Wien eine Unterkunft zu finden wäre. Erst jetzt fiel mir ein, dass ich ja jemand gekannt hatte, ja die Marie, die ich auf dem Feuerkogel angetroffen hatte. Sie musste doch hier zu finden sein!

Ob sie noch an der Praterstrasse 33 wohnte, ob sie uns eine Unterkunft vermitteln könnte?

Vorerst musste ich meinen Verwandten erklären, zu wem ich sie nun hinführen würde. Auch sorgte ich dafür, dass Rachel nicht als meine Verlobte vorgestellt werde. Dies würde vielleicht verhindern, von Marie Unterstützung zu erhalten; denn dass ich sie kannte, verdankte ich ja dem Umstand, mit ihr eine Liebesnacht verbracht zu haben. Wir beschlossen, Rachel als die Schwester meiner Schwägerin vorzustellen und dass sie sich ihr angeschlossen habe, nach Österreich mitzukommen, weil sie alle ihre Verwandten verloren habe.

Mit einem altmodischen Fiaker ließen wir uns in die Praterstrasse kutschieren. Wir fanden das mehrstöckige Wohnhaus, das unversehrt den Krieg überstanden hatte. Einer der Klingelknöpfe war mit Maries Familiennamen angeschrieben. Ich hieß meine Verwandten beim Treppenabsatz warten und klingelte. Die Türe wurde von einer etwas über vierzig Jahre alten, blonden Frau geöffnet. Ihre Gesichtszüge verrieten mir, dass es sich um Maries Mutter handeln könnte. »Guten Tag, Ich bitte um Verzeihung für die Störung«, sagte ich kleinlaut. »Ich habe Marie in Ebensee kennengelernt und sie gab mir diese Anschrift. Ich bin mit meiner Familie aus Tschechien unterwegs in die amerikanische Zone. Wir kennen leider niemanden in Wien, der uns ein wenig Unterstützung und Auskünfte erteilen könnte, um dorthin zu gelangen. Könnten sie uns bitte behilflich sein?«
»Ach, ja« rief sie. »Marie hat mir über ihr schreckliches Schicksal erzählt, bitte kommen sie herein, bringen sie Ihre Familie mit herein! Ruhen sie sich erst mal aus, dann finden wir heraus, was zu machen ist; Sie müssen nicht auf der Straße bleiben!«

Froh über diesen ermunternden Empfang winkte ich meine Verwandten und Rachel herauf, und wir betraten alle die Wohnung, welche im zweiten Stock lag. Wie ich ins Wohnzimmer trat, stürzte sich Marie auf mich und umarmte mich heftig.

Wir wurden eingeladen, uns im Wohnzimmer hinzusetzen und daraus ergab sich bald eine Vorstellungsrunde, in der wir uns gegenseitig ein wenig bekannt machten. Ich stellte zuerst meinen Vater vor, danach alle weiteren unserer Seite. Marie ihrerseits stellte uns ihre Mutter vor, die uns, wie richtig vermutet, die Tür geöffnet hatte. Aus einem Nebenzimmer nebenan trat eine grauhaarige, ältere Frau hinzu, wie sich herausstellte, Maries Großmutter. Es wurde uns großzügig Gastfreundschaft angeboten und dass wir im Verlaufe des Tages gewiss miteinander herausfinden würden, wie man alles organisieren kann. Die geschmackvoll eingerichtete Wohnung wurde uns gezeigt, auch ein Klavier stand in der Ecke, und wir wurden bald herzlich zu Tisch gebeten. Unsere Gastgeberinnen ließen keine Entschuldigung für unser Hereinplatzen zu, denn für sie gab es nichts Wichtigeres, als einen bescheidenen Beitrag leisten zu können für Menschen, welche während so vieler Jahre ein solch furchtbares, entbehrungsreiches Leben hatten überleben müssen. Herzlich wurden wir mit Kaffee und Kuchen willkommen geheißen und mussten sogar ihr Bedauern anhören, dass sie uns nichts Besseres anzubieten haben, weil die Lebensmittel-Versorgung so knapp bemessen sei. Wir bedankten uns für die freundliche Gastfreundschaft und sagten, dass wir es als sehr großzügig empfinden, wie sie uns empfangen haben und das wenige sogar an uns verschenkt haben. Unsere Gastgeber wollten, dass wir nun erzählten, wie wir überlebt hätten, von jedem einzelnen wollten sie es erfahren und zuhören, bevor man dann das weitere besprechen würde. So saßen wir viele Stunden beisammen und hörten einander zu. Sie waren sehr schockiert und betroffen von unseren Berichten, aber auch wir saßen wieder und weinten an diesen schlimmen Erzählungen, welche jeder von uns mit sich trug.

Schließlich ertrug ich die entstandene, traurige Stimmung nicht mehr, wollte sie beenden und sagte: »Lasst uns jetzt über die Zukunft sprechen, gucken wir lieber vorwärts, das wird uns hoffentlich besser bekommen! Seht, wir haben vor, in die amerikanische Zone hinüberzukommen. Von dort aus können wir weiterreisen, vielleicht sogar nach Amerika. Zur Vorbereitung brauchen wir ein paar Tage in Wien, bis wir die notwendigen Dokumente für die Weiterfahrt beschafft haben. Wir sollten uns jetzt um eine Unterkunft bemühen. Könntet ihr uns ein geeignetes Hotel oder eine Pension nennen?« »In Wien gibt es keine Hotels mehr«, klagte die Mutter. »Was nicht ausgebombt ist, haben die alliierten Militärs besetzt.« »Kommen sie, ich mache ihnen ein Vorschlag: unsere Wohnung hat vier Zimmer. Bleiben sie diese paar Tage hier bei uns, wir werden uns bestens arrangieren. Bleibt einfach, wir schaffen das.« »Oh, das können wir nicht annehmen«, sträubte sich mein Vater, »wie könnten wir Ihnen solch eine Last zumuten?« » So, ich will keine Widerrede«, lächelte sie. »Bleiben sie einfach hier, und basta.« »Unter einer Bedingung«, schaltete sich mein Bruder ein, »wir bezahlen für unsere Unterkunft wie in einem Hotel.« »Nein, sie bezahlen nichts. Ich mache Ihnen aber einen Vorschlag, wie sie etwas beitragen könnten: wir brauchen Lebensmittel. Es wäre großartig, wenn sie diese auf dem Markt besorgen könnten, damit wäre uns allen viel geholfen.«

Und damit ging man über zur Zimmerzuweisung, die beiden Frauen erhielten ein Zimmer und Vater, Bruder, Neffe und ich bekamen ein zweites Zimmer, für das zwei zusätzliche Betten herbeigeführt wurden. Mein Bruder begab sich dann auf die Suche nach Esswaren. Spät am Nachmittag kehrte er zurück, beladen mit mehreren Körben und Taschen. Wir machten große Augen, als er anfing, das Mitgebrachte auszupacken. Da waren Produkte dabei, welche für die Gastgeber, aber auch für uns, schon sehr lange nicht mehr auf dem Tisch des Hauses gelegen haben: Würste, Speck, Eier, Gemüse, Butter und das, was nur noch als Sehnsucht in unserem Gedächtnis geblieben war, echter Bohnenkaffee. Fleißige Hände haben nun eine königliche Mahlzeit bereitet, wir alle haben uns begeistert hingesetzt und genüsslich verzehrt, was zubereitet worden war.

Abends saßen wir alle beieinander und die Dame des Hauses unterhielt uns am Klavier mit wunderschönen Melodien aus alten Operetten und Opern. Am nächsten Tag ging mein Bruder wieder auf Essenssuche und bescherte uns wieder ein Abendmahl, das köstlich war. Auch das gemütliche Beisammensein danach wiederholte sich. Wie hat das wohl getan!

Jeden Tag ist mein Vater mit der Dame des Hauses spazieren gegangen. Sie hat ihm die Stadt gezeigt. Beide sind sie immer bestens gelaunt zurückgekehrt. An den Abenden saßen sie auf der Couch und unterhielten sich vergnügt. So vergingen ein paar Tage, ich freute mich von ganzem Herzen, als ich sah, dass die Mutter von Marie und mein Vater nur füreinander Augen hatten. Die übrige Welt schien die beiden nicht zu interessieren, man sprach schon gar nicht mehr von einer Abreise, bis eines Tages mein Bruder mit der Nachricht heimkam, dass er mittlerweile erkundet hatte, wie wir von Wien aus weiterkommen: »Wir müssen morgen Passierscheine bei der amerikanischen Kommandozentrale beantragen.« Wie ein Blitz aus heiterem Himmel folgten die Worte von meinem Vater: »Aber auch für Rosa, Maries Mutter, sie kommt mit uns. Wir wollen nämlich heiraten!« Erstaunt guckten wir auf die beiden, und dann brachen wir in Begeisterung aus, umarmten einander, gratulierten, lachten und weinten zugleich. Die Großmutter und Marie teilten verständlicherweise unsere Freudenausbrüche nicht, denn das hieß zugleich, dass sie beide nun alleine zurückbleiben würden. So suchte Rosa ihre Tochter und ihre Mutter zu trösten und versprach, den beide, sie nach der Eingewöhnung in ihre neue Umgebung zu sich zu holen.

Noch wenige weitere Tage mussten wir warten, um alle notwendigen Dokumente zu erhalten, und dann folgte der sehr traurige Abschied von Marie und von der Großmutter. Die Zugfahrt hätte uns nach Linz fahren sollen, doch am Ende der Demarkationslinie zum sowjetischen Sektor hieß man alle Passagiere aussteigen, und wir mussten einen langen Fußmarsch bis über die grüne Grenze hinaus zurücklegen. Das war insbesondere für die Frauen sehr anstrengend. Im amerikanischen Sektor angelangt, nahm uns ein Militär-Lastwagen mit bis nach Linz an der Donau. Von der Militärbehörde in Wien erhielten wir die Adresse eines DP Lagers.* Dieses Lager befand sich in Linz im Ortsteil Bindermichel. Da standen ehemalige Kasernen, welche man für einige tausend aus den KZ-Lagern entlassene Gefangene, eingerichtet hatte. Die Verwaltung dieser Einrichtung stand unter der internationale Institution UNRRA.*

---

* DP = Displaced Persons, oder Flüchtlinge

* UNRRA = United Nations Relief and Rehabilitation Administration – Quelle: Internet, »Wikipedia« Die Nothilfe- und Wiederaufbauverwaltung der Vereinten Nationen oder kurz UNRRA von engl. United Nations Relief and Rehabilitation Administration war eine Hilfsorganisation, die bereits während des Zweiten Weltkrieges am 9. November 1943 auf Initiative der USA, der Sowje-

Wir meldeten uns beim amerikanischen Oberst, der zuständig war für die Neuankommenden. Nach dem Ausfüllen verschiedener Formulare, wo auch Auskünfte über Verwendungsmöglichkeiten jedes Einzelnen erfragt wurden, wies man uns drei Wohnungen zu. Danach, als mein Vater erklärt hatte, dass seine Heirat mit Rosa in Kürze stattfinden werde, erhielt auch sie den Berechtigungsausweis. Mich hat man nach meinen Fähigkeiten befragt, um herauszufinden, ob ich für eine Tätigkeit eingesetzt werden könnte.Wiederum half mir meine Mehrsprachigkeit, und so erhielt ich einen Büro-Job, in den ich demnächst eingearbeitet werden sollte.

tunion, Großbritanniens und Chinas gegründet wurde. Nach Kriegsende wurde sie von der UNO übernommen. In Europa war sie bis 31. Dezember 1946 tätig, dann wurde sie durch die International Refugee Organization ersetzt. In Afrika, im Nahen Osten und China arbeitete sie bis zum 30. Juni 1947. Hauptaufgabe der UNRRA war die Unterstützung der Militäradministration bei der Repatriierung der sogenannten Displaced Persons (DP). Der UNRRA kam dabei die Aufgabe zu, die DP-Lager in den befreiten Gebieten zu betreuen. Für jedes Lager war ein UNRRA-Team zuständig, das der örtlichen Militärkommandantur unterstellt war. Die UNRRA ihrerseits war in den Lagern den nichtmilitärischen Hilfsorganisationen gegenüber, wie dem Roten Kreuz oder dem Joint Distribution Committee weisungsberechtigt. Obwohl die überwiegende Mehrzahl der Betroffenen repatriiert werden konnte, wurde der UNRRA von mehreren Seiten Erfolglosigkeit vorgeworfen. Unmittelbar nach dem Krieg wurden vorerst nur Flüchtlinge oder KZ-Opfer aus anderen Ländern versorgt. Österreich beispielsweise erhielt erst nach dem Antrag des alliierten Kontrollrates, während der Zeit vom 8. Februar 1946 bis 30. Juni 1947 Lebensmittel und Bekleidung aus dieser Hilfsaktion. Dies sicherte insbesondere während des harten Winters 1946/47 vielen Menschen das Überleben. Auch Saatgut, wie Weizen aus den USA oder Roggen aus der UdSSR wurde verteilt. Ihre Nachfolgeorganisation IRO verfolgte das Ziel die nicht repatriierten DPs in anderen Ländern, wie z. B. Australien, Kanada oder Palästina, anzusiedeln oder in die deutsche Gesellschaft zu integrieren. Dieser Ansatz wurde als Resettlement bezeichnet. Später lösten die Organisationen ERP und CARE die erste Initiative ab.

12
Arbeitswelt

Über die folgenden Monate hatte sich unser tägliches Leben langsam in einen normalen Rhythmus eingefunden. Ich war froh, eine regelmäßige Arbeit leisten und zugleich damit unzähligen Menschen helfen zu können. Auf beeindruckende Weise erlebte ich mit, wie die ehemaligen Häftlinge langsam zu Normalbürgern wurden, wie ihnen ihre alltäglichen Probleme so wichtig wurden, dass sie ihre grauenhaften Erfahrungen in den Hintergrund schieben und sich an die Arbeitswelt zu gewöhnen vermochten. Die Mehrheit der Menschen schien sich in einer Arbeitstätigkeit einzugliedern, Firmen, größere und kleinere Unternehmen wurden gegründet, oder man vermittelte ihnen eine Anstellung in einem Betrieb, dem es gelang, sich wieder aufzubauen. Man nutzte die Zeichen der Zeit. Großer Bedarf war da an allem, was unser menschliches Leben betraf. Obwohl ein nicht zu übersehendes Misstrauen und oft Antipathie bei der einheimischen Bevölkerung herrschte, ließ die respektheischende Anwesenheit der Besatzungsbehörde keine Feindseligkeiten zwischen den Bürgern Österreichs und all den zugewanderten Bevölkerungsgruppen aufkommen. Jede auffällige Regung wurde im Keim erstickt.

Da für den größten Teil der Überlebenden keine Rückkehr in die alte Heimat in Betracht kam, suchten die Besatzungsbehörden der Alliierten in allen Staaten nach Möglichkeiten, einen Teil der DPs aufzunehmen. Zugleich sollte auch den einzelnen Betroffenen ein Ort vorgeschlagen werden, an dem sie sich ein zukünftiges Leben vorstellen konnten und das ihre neue Heimat werden konnte. Der Wunsch der meisten Emigranten war, weit fort, in das verheißungsvolle Amerika reisen zu können. Leider nur für wenige konnte dies realisiert werden, da bei den Millionen von Vertriebenen eine Nationalitäten-Quote eingeführt wurde, nach der die Mehrheit in Europa bleiben sollte. Für Hunderttausende bedeutete dies, nun eine mehrjährige Wartezeit auszuhalten und sich vorerst mit einem improvisierten Leben auf Zeit, an bestmöglichem Ort niederzulassen.

Viele Vertriebene versuchten, auf eigene Faust einen Emigrationsort zu finden.

Sämtliche Botschaften und Konsulate wurden mit Anträgen überschüttet, um eventuell doch noch eine willige Behörde zu finden. Die Staaten von Süd-Amerika, vorab Argentinien, danach Australien und Kanada, haben sehr vielen Europäern die Immigration genehmigt. Im Erfüllen unserer alltäglichen Aufgaben, insbesondere der Lebensmittelbeschaffung, hat unsere Familie keine weiteren Anstrengungen unternommen, in ein neues Land auszuwandern. Uns fehlte die Kraft dazu, so überließen wir dem Schicksal die weitere Entwicklung.

Wie grenzenlos war unsere Freude, als mir, nach etwa eineinhalb Jahren meiner Tätigkeit, eines Tages mein Chef mitteilte, dass er von der New-Yorker UNRRA-Zentrale die Genehmigung erhalten habe, einige Angestellte der Organisation zu weiterer Tätigkeit in Amerika zu engagieren. Er erklärte, dass er mit meinen bisherigen Leistungen sehr zufrieden war und mich auch menschlich sehr schätze und deshalb wurde ich von ihm als echter Kandidat für diese Aufgabe auserwählt. Dann kam die Frage, ob ich einverstanden wäre. Zu Tränen gerührt bedankte ich mich für dieses unverhoffte Glück, machte dabei aber ein ziemlich verwirrtes Gesicht, sodass er mich anschaute und fragte: »Du hast noch etwas auf dem Herzen?« Ja, das hatte ich, eine sehr belastende Frage: was wird aus meiner Familie? »Sie wissen, dass von unserer ganzen Familie nur mein Vater und ein einziger Bruder verblieben sind und nach den Grauen, welches wir erlebt haben, möchte ich mich auf keinen Fall von ihnen trennen.«

Er schaute mich treuherzig an: »Du weißt nicht, dass wir Amerikaner stolz sind darauf, nie Familien voneinander zu trennen und natürlich darf deine Familie mit dir mitkommen. Die werden dort in ihrem Berufen weiterarbeiten, aber du bleibst für uns der Kopf der Familie, weil du UNRRA-Angestellter bist.«

Ich wurde aufgefordert, von allen Familienmitgliedern sämtliche Dokumente ins Amt zu bringen; von hier aus würden die Papiere an die USA-Behörde für Einwanderung weitergereicht, von dort aus würden innerhalb einiger Wochen unsere Einreisebewilligungen zu uns gelangen.

Im Oktober 1947 war es so weit: wir erhielten vom amerikanischen Generalkonsulat unsere Affidavits, die eidesstattliche Erklärung, welche uns erlaubt, in die Vereinigten Staaten von Amerika aus- beziehungsweise einzuwandern. Mir persönlich wurde zudem zugesprochen, mit meiner Ankunft in Amerika den Status eines UNRRA-Angestellten zu erhalten, was einer festen, vertraglichen Anstellung bei der UNRRA gleich kam.

Binnen zwei Wochen sollten wir uns in München einfinden. Die Zeit war knapp, um den mittlerweile umfangreicher gewordenen Haushalt aufzulösen. Gar manches verschenkten wir an unsere neuen Bekannten und Freunde in Wien. Dennoch blieb uns eine Menge von Gegenständen, von denen wir uns nicht trennen mochten und die wir dann nach München mitschleppten. Erst aber hatten wir Abschied zu nehmen von unseren neu gewonnenen Freunden und Arbeitskollegen; das fiel uns recht schwer, viele Tränen flossen. Auch die letzte Stunde bei meinem Chef, dem Oberst, dem wir das alles zu verdanken hatten, war sehr berührend. Er gab mir manche wertvolle Hinweise und Ratschläge mit auf den Reiseweg, die mir in der Neuen Welt dienlich sein würden. Wieder ein Abschied aus einem Verhältnis, das so gut gewesen war …

In München erwartete uns eine von UNRRA umfunktionierte Unterkunft; eine einstige Militär-Funk-Kaserne, in der nun hunderte Auswanderer mit Hab und Gut ihre letzten Tage in Europa verbrachten. Wie alle hatten wir eine Gesundheitsprüfung über uns ergehen zu lassen und danach das medizinische Gutachten und den Erhalt der Einreise-Visa abzuwarten. Bald war es uns unerträglich, mit allen diesen leidenden, klagenden Menschen Tag und Nacht, jede Mahlzeit zu verbringen, Erzählungen anhören zu müssen, von denen auch wir selber so viele, als dunkelste Erlebnisse und Erinnerungen, in uns trugen. Nachdem wir erfahren hatten, dass es noch Monate dauern könnte, bis uns ein Platz auf dem Schiff vermittelt werde – damals die einzige Reisemöglichkeit in die Vereinigten Staaten von Amerika -, beschloss unsere Familie, aus dieser belasteten und belastenden Lager-Atmosphäre auszubrechen und eine private Unterkunft in der Stadt München zu suchen. Wir hinterließen bei der Verwaltung des Lagers unsere Adressen und Telefonverbindung, um stets erreichbar zu sein, und versicherten, bei Anfragen des amerikanischen Konsulats umgehend herzukommen.

Kaum hatten wir uns wieder ein wenig wohnlich eingerichtet, erhielten wir für alle den ärztlichen Befund: wir mochten alle zufrieden sein und durften uns freuen auf die bevorstehende Schiffsreise. Alle bis auf Helen, die Frau meines Bruders: sie war im fünften Monat schwanger und durfte erst nach der Geburt ihres Kindes eine solch strapaziöse Schifffahrt unternehmen. Wir wurden zum Konsulat geladen um die Entwicklung der Sachlage zu besprechen. Der Konsul war auf keinen Fall bereit, eine Ausnahmegenehmigung zu erteilen, er durfte nicht gegen bestehende Vorschriften verstoßen. Er schlug vor, mir und meiner geliebten Rachel, wie auch meinem Vater und seiner Rosa sofort das Einreisevisa zu übergeben, damit wir fahren konnten und dass mein Bruder mit seiner Familie nach der Geburt des Kindes umgehend nachkommen würde.

Es half nicht, unsere Verzweiflung darzulegen, und dass wir eine nochmalige Trennung über lange Zeit nicht ertragen würden; zu schwer hatten wir in den Kriegsjahren gelitten. Zu sehr litten wir daran, so manche unserer lieben Geschwister verloren zu haben. Wieder steckten wir in einer verzweifelten Situation. Einerseits das Glück, endlich nach Amerika mit allen von mir zu erwartenden Vorteilen abreisen zu dürfen, andererseits den einzigen Bruder, der die Hölle mitgemacht hatte, Sohn und meines Bruders Ehefrau, in Europa zu lassen, war für mich ein unvorstellbarer Albtraum. Ich kämpfte mit mir, welchen Weg ich wählen sollte und immer mehr war ich überzeugt, egal, zu welcher Lösung ich fand, ich werde es immer bedauern. Obwohl wir dem Konsulat keine Antwort erteilten, erhielten wir vier nach einer Woche die Einreisedokumente. Wir hatten uns aber immer noch nicht in die Warteliste eines Schiffes eingetragen.

Und wieder schlug das Schicksal zu: die ganze Welt schrieb plötzlich die Welt-Ordnung um und im November 1947 beschloss die UNO die Gründung des Staates Israel: am 15. Mai 1948 soll die Proklamation des neuen Staates Israel stattfinden.

Wie ich schon einmal das Stipendium des Vatikans ausgeschlagen hatte, habe ich nun nochmals verzichtet, und meine Chance, amerikanischer Staatsbürger zu werden und als UNRRA-Beamter Kariere zu machen mit allen damit verbundenen einmaligen Vorteilen, ziehen lassen. Letztes Mal hatte ich zugunsten meiner Verwandten verzichtet, dieses Mal war es eine persönliche Herzensentscheidung: hätte ich glücklich werden können in Amerika, während ich verpasste, bei der Gründung des Staates Israel, an vorderster Front, dabei zu sein? Unmöglich!

Meine Entscheidung löste furchtbare Auseinandersetzungen mit meiner Familie aus. Sie beschuldigten mich, sie alle ins Unglück zu stürzen wegen meinem sogenannten Starrsinn, nach Israel fahren zu müssen, ich wurde zum eiskalten Egoisten abgestempelt. Alle bedrängten mich, mich doch noch für die im April 1948 bereits zur Verfügung stehenden Schiffs-

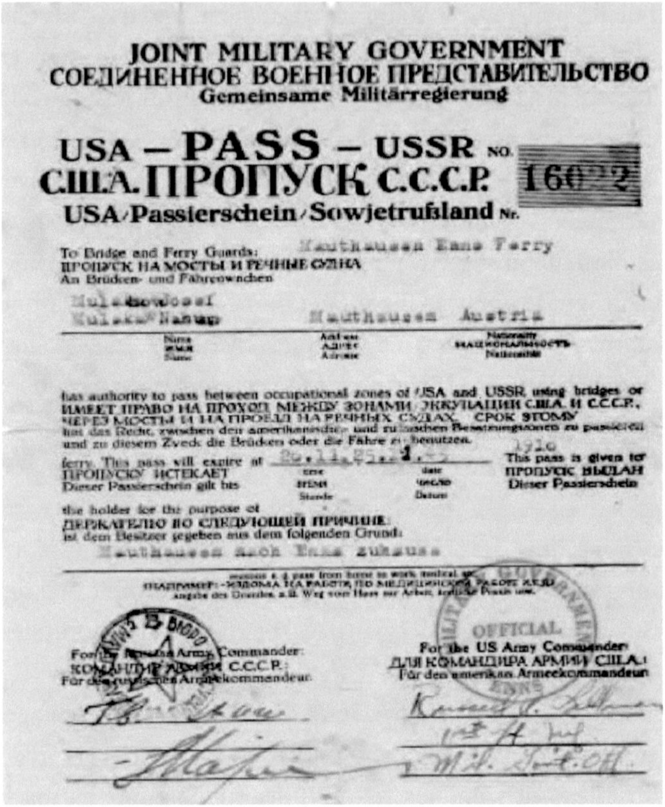

JOINT MILITARY GOVERNMENT
СОЕДИНЕННОЕ ВОЕННОЕ ПРЕДСТАВИТЕЛЬСТВО
Gemeinsame Militärregierung

USA – PASS – USSR No.
США. ПРОПУСК С.С.С.Р.
USA/Passierschein/Sowjetrußland Nr.

To Bridge and Ferry Guards: Mauthausen Enns Ferry
ПРОПУСК НА МОСТЫ И РЕЧНЫЕ СУДНА
An Brücken- und Fährenwachen

Mauthausen Austria

has authority to pass between occupational zones of USA and USSR using bridges or
ИМЕЕТ ПРАВО НА ПРОХОД МЕЖДУ ЗОНАМИ ОККУПАЦИИ США И С.С.С.Р.,
ЧЕРЕЗ МОСТЫ И НА ПРОЕЗД НА РЕЧНЫХ СУДАХ. СРОК ЭТОМУ
und zu diesem Zweck die Brücken oder die Fähre zu benutzen.

ferry. This pass will expire at
ПРОПУСКУ ИСТЕКАЕТ
Dieser Passierschein gilt bis

This pass is given to
ПРОПУСК ВЫДАН
Dieser Passierschein

the holder for the purpose of
ДЕРЖАТЕЛЮ ПО СЛЕДУЮЩЕЙ ПРИЧИНЕ:
ist dem Besitzer gegeben aus dem folgenden Grund:

OFFICIAL

Commander:
С.С.С.Р.

For the US Army Commander:
ДЛЯ КОМАНДИРА АРМИИ США.
Für den amerikan. Armeekommandeur

1945, Passierschein von USA und UdSSR gemeinsam ausgestell

karten nach Amerika zu entscheiden. Meine Gedanken kreisten nur noch um die täglich neu eintreffenden Nachrichten über die baldige Entstehung eines Jüdischen Staates. Das große bevorstehende historische Ereignis elektrisierte mich, wie war das großartig, bei der Entstehung eines – unseres – jüdischen Staates dabei zu sein. Auf demselben Boden, wo die Könige Salomon und David lebten, wo unser Volk schon einst und für Jahrtausende Geschichte schrieb ... ! Ich blickte auch zurück auf meine vergangenen Jahre im Krieg, die unbeschreiblich grauenhaften Aufenthalte in den Arbeits-

und KZ-Lagern, Borislav, Popiele, Stryj, Plaszow, an Auschwitz vorbei nach Mauthausen, Melk, Ebensee ... ich gedachte meiner Geschwister und wie sie wohl entscheiden würden, wenn sie hier mit mir wären. Ich fragte mich immer wieder, ob ich in Amerika glücklich werden und zufrieden leben könnte, während ich wüsste, dass es einen neuen jüdischen Staat gibt, in dem ich von Anfang an hätte mitwirken können? Da wird keine Diskriminierung mehr vorkommen, kein Antisemitismus, niemals wird es da so etwas wie KZ-Lager geben.

13
Mit Rachel in das Neue Land

Sie würde sich freuen, in Israel ihre Schwester wieder sehen zu können, sie stand hinter mir. So teilte ich meiner Familie mit, dass ich endgültig beschlossen habe, nicht nach Amerika, sondern nach Israel auszuwandern. Ich argumentierte, dass die Verzögerung der Ausreise wegen Helens Schwangerschaft bereits ein Zeichen für mich gewesen sei und nun durch die täglichen Nachrichten zu Israels Staatsgründung meine Gefühle für diesen Staat viel gewichtiger seinen, als eine Karriere in den USA anzustreben. Ich fühlte mich im neuen Land gebraucht und mochte mit Rachel dorthin fahren. Mein Vater reagierte recht unglücklich, Josef wehrte sich äußerst gegen unsere Entscheidung, aber da war nichts mehr zu ändern. Sie sind zurückgeblieben. Durch die jüdische Organisation in München bekam ich Auskünfte zu unseren Ausreisemöglichkeiten, und ich konnte zwei Plätze auf einem der nächsten Schiffe ergattern. Gleichzeitig musste ich mich bereits hier verpflichten, umgehend nach Ankunft in die »Hagana«, in den Militärdienst einzutreten.

Nach wenigen Tagen erhielten wir einen Anruf, dass ich und meine Frau uns in der Halle eines zentral gelegenen Gebäudes einzufinden haben, jeder dürfe nur einen Rucksack tragen, der nicht mehr als fünfzehn Kilo Gewicht habe. Etwa fünfzig Menschen jeden Alters waren wir, wurden aufgefordert, uns in einem amerikanischen Militärlastwagen einzuordnen, und dann fuhren wir los. Die Reise dauerte zwei Tage, zu Essenszeiten wurde angehalten, wir erhielten bescheidene Brotmahlzeiten, eine Suppe, und wir konnten uns die Füße vertreten. Ziel war der Hafen, in Nähe der Stadt Toulouse, in Südfrankreich. Hier wurden wir in einer Militär-Kaserne untergebracht. Die Männer der Gruppe mussten früh morgens nach dem Frühstück antreten; man hat uns Militärbekleidung ausgehändigt, und dann ging es ab in den nahen Wald, wo wir den ganzen Tag trainierten, Kampfübungen durchführten. Am dritten Tag erhielten wir Gewehre und lernten damit schießen. Erstmals hielt ich damals ein Gewehr in Händen, welch eine ergreifende Erfahrung wieder!

Dieser Militärdrill dauerte drei Wochen, die Frauen mussten sich anderweitig eingliedern und hatten Arbeit in und außerhalb der Kaserne zu leisten. Mit Abschluss dieses Trainingslagers wurde unsere ganze Gruppe zum Hafen und zu einem größeren, motorisierten Fischerboot gebracht. Dort trafen wir mit weiteren Gruppen zusammen, die offensichtlich an anderen Orten eine ähnliche Schulung erfahren hatten. Zusammen waren wir vielleicht sechshundert Frauen und Männer, welche ins Heilige Land reisen wollten, und die Mannschaft vom Schiff. Im Unterdeck des Schiffes, wo normalerweise die erlegten Fische lagerten, wurden dreistöckige Pritschen aufgestellt, auf denen wir alle, Frauen und Männer gemischt den ganzen Tag liegen bleiben mussten. Keiner durfte tagsüber an Deck gehen, wegen ägyptischer Patrouillenschiffe, die das Mittelmeer kontrollierten, um die Einreise von Juden nach Palästina zu verhindern. Unser Schiff fuhr unter griechischer Flagge, und die Besatzung bestand auch aus Griechen. Die Zustände unter Deck waren katastrophal, es herrschte eine unmenschliche Hitze, wir zusammengepferchten Menschen trugen kaum Kleider am Leib; aber dennoch: wir waren glücklich, die Zeit der KZs war vorbei! Auch dass die Wasserrationen kaum reichten für den Durst, dass es nur einmal am Tag eine Suppenmahlzeit mit etwas Brot gab, vermochte unsere Stimmung wenig zu trüben. Ein Gang zur Toilette blieb zwar verbunden mit unmenschlichen Anstrengungen; wer konnte, wartete damit bis zum Einbruch der Nacht, als man endlich auf Deck durfte und sich endlich mit reichlich frischer Luft erfrischen konnte. Die meisten blieben die ganze Nacht über auf Deck, legten sich einfach hin, wo sie gerade gestanden hatten. Vor Morgendämmerung mussten sich dann alle wieder unter Deck verkriechen, es wäre eine zu große Gefährdung für alle gewesen, oben, und somit von weit her für alle, insbesondere für Meer-Patrouillen und Piraten sichtbar zu bleiben.

Der Schiffskommandant und seine Matrosen waren ehemalige jüdische Offiziere der Britischen Armee, sie hatten viele Erfahrungen gesammelt im Zweiten Weltkrieg gegen die Deutschen.

Die Lotsen und Offiziere wiesen den Kapitän an, wie er das Schiff zu steuern hatte, um den Ägyptern auszuweichen, und ab und zu wurden von den Offizieren eine Art Nebelbomben über Bord geworfen, um einen künstlichen Dunst zu erzeugen, der unsere Fahrt vertuschte. Unter normalen Umständen hätte diese Reise bloß vier Tage gedauert. Die makabre Situation, als Shoah-Überlebende in ein unbekanntes, besetztes und dennoch als Heimat empfundenes Gebiet zu fahren, ließ uns Zeit und übelste Umstände vergessen – wir hatten nur das Ziel vor Augen. Schließlich, nach vierzehn Tagen landeten wir in Haifa; es war der 6. Juni 1948.

Wir zählten zu den ersten Freiwilligen, welche nach der Proklamation des Staates Israel, das war am 15. Mai 1948, in Israel ankamen; in einem mit Menschen überströmten Hafen wurden wir mit lautesten Willkommensgrüßen herzlichst von den bereits bestehenden Behörden und einem begeisterten Publikum begrüßt. Meine Frau Rachel wurde von ihrer Schwester Lola im Hafen erwartet, kaum mochten wir uns voneinander verabschieden, waren wir voneinander getrennt. Sie reisten zu Lolas Wohnung in Tel-Aviv, ich wurde mit den andern Männern auf Militärfahrzeuge befohlen, die uns in verschiedene Militär-Camps gefahren haben. Innerhalb weniger Wochen hat sich für mich und Rachel aus dem amerikanischen Lebenstraum, ein unkalkulierbares, hartes Kriegsdasein entwickelt. Innerhalb der folgenden Monate haben sich alle Zurückgebliebenen unserer Familie entschieden, mir und Rachel zu folgen. Nach der Überfahrt haben sie sich eingeordnet, unweit von unserer Ortschaft, in Holon, nahe am Meer.

14
Als Pioniere in Israel

Mit der Ankunft unseres Fluchtschiffes wurde mir klar, dass wir im eigenen Land angekommen waren! Welch einen unbarmherzigen Krieg führte dieser, erst vor wenigen Tagen gegründete, Staat Israel! Flächen- und zahlenmäßig, wie auch durch ein kaum nennenswertes Waffenarsenal, waren wir den angreifenden fünf arabischen Ländern um ein Vielfaches unterlegen; wir waren uns dessen bewusst, und wir wussten, was es zu tun galt. Es war nicht anders möglich, als die neu Ankommenden ohne weitere Vorbereitungen sofort, vom Schiff aus, mit Lastwagen an die verschiedenen Militär-Camps zu verteilen. Wie war ich froh, dass meine liebe Rachel von ihrer bereits im Lande lebende Schwester empfangen und mit ihr in eine gemeinsame Wohnung, mit fünf anderen Frauen, mitgenommen wurde. So wusste ich sie geschützt und konnte vertrauen, dass ihr in diesen ersten Wochen im neuen Land liebevoll geholfen würde.

Gleich früh am nächsten Morgen mussten wir Männer, kaum erholt von der langen, beschwerlichen Schifffahrt, an der Registrierstelle der ›Hagana‹ antreten. Nach Bedarf des Militärs und aufgrund persönlicher, eingebrachter Fähigkeiten unsererseits wurden wir in die militärischen Departements verteilt. Dank meiner Sprachkenntnisse hatte ich das Glück, ins Team der Waffen-Abteilung zu gelangen. Hier befanden sich das Lager und die Verwaltung von Waffen und Militärfahrzeugen sowie deren Ersatzteile. Dies bedeute einerseits, den Waffenbestand instand zu halten, neu hereinkommende Lieferungen zu sortieren, zu reinigen und reparieren und sie zu registrieren. Andererseits hatten wir die Verteilung an die Divisionen zu organisieren. Die Aufgabe war anspruchsvoll, denn die ›Hagana‹ besaß keinen einheitlichen Waffenbestand, sondern ein zusammengewürfeltes Lager an Munition, Pistolen, Gewehren, Kanonen, hin bis zu Panzern, welche vorwiegend illegal hergebracht oder von verschiedenen Kampf-Situationen errungen und für unser Heer herangeschleppt worden waren. Unerlässlich und obligatorisch war außerdem für jeden, an täglichen Kampfübungen teilzunehmen und sich im Wachdienst einzusetzen.

Durch viele Opfer und unseren Glauben an Gotteshilfe ist Israel zu dem geworden, was es heute ist. Ich persönlich habe nichts mehr bedauert als den Verzicht auf Amerika, welches mir viele Vorteile erbracht hätte, zugunsten meines Entscheids für Israel, welchen ich 1948 gefällt habe.

Mein Büro im Kibuz Galuyot

Nach Beendigung des Militärdienstes ließ ich mich verpflichten, bei der Kolonisierung des Landes mit Neueinwanderern mitzuwirken; ich wurde Verwalter in Nord-Galiläa für eine neue zu gründende Siedlung von 150 Familien. Diese Siedlung wurde zu einem Modell, wie Neueinwanderer aus diversen Ländern zusammenzubringen sind in einer Siedlung, so genannter Kibbuz ›Galuyot‹. Erstmals wurden Einwanderer aus verschiedenen Ländern gemeinsam untergebracht und nicht, wie bisher, zusammengeführt aufgrund ihrer gemeinsamen Herkunft.

Dieser Versuch begann nicht gerade sehr erfreulich: nicht nur die fehlende gemeinsame Sprache und unterschiedliche Traditionen trennten die verschiedenen, ethnischen Gruppen, auch eine Ziege eines Jemeniten, die sich verlaufen hat im Garten eines Irakers und seine Tomaten raubte, ließ die Situation schon mal zu einem Krieg zwischen den Familien ausarten. Gar schnell griffen die Leute zu Stöcken und stürzten sich aufeinander! Mein persönlicher Einsatz durch autoritäres Dazwischentreten musste öfter eine blutige Auseinandersetzung verhindern.

Außerdem galt es auch andere Schwierigkeiten zu lösen: nach langen Bitten bei der zuständigen Verwaltung erhielten wir endlich die Erlaubnis, einen Kindergarten einzurichten. Kaum war er eröffnet worden, wurde ich von der Kindergärtnerin gerufen mit der Nachricht, die Stühle und Tische des Gartens seien verschwunden. Wir machten einen Rundgang von Haus zu Haus und gaben den Leuten eine Stunde Zeit, um die Kindermöbel zurückzubringen oder die Diebe würden der Polizei übergeben. Danach wurden keine Sachen mehr geklaut. Die behördliche Verwaltung, welche zuständig war für die Einrichtung von Geräten, Wasserkanalisation und Zulieferung von Haustieren, hat ohne jegliche Verantwortung ihre Misswirtschaft getrieben: anstelle versprochener Milchkühe wurden zuerst Hühner angeliefert, die zugesicherten Wasserrohre, für die lebenswichtige Wasserversorgung, wurden zwar geliefert, bevor sie aber verlegt werden konnten, sind sie von Mitgliedern eines nahen Kibbuz abtransportiert worden. Am schlimmsten von allem war die medizinische Versorgung: für ein Dorf von mehreren hundert Bewohnern mit vielen, kleinen Kindern fuhr jeweils nur einmal pro Woche eine einzige Ambulanz vor, welche die Kranken versorgte. Natürlich hat ein Unglück nicht lange auf sich warten lassen. An einem Freitagabend ist ein kleines Kind einer irakischen Familie schwer krank geworden. Es hatte hohes Fieber, keine ärztliche Hilfe; Ende Shabbat war das Kind tot. Natürlich war die Trauer und die Wut der Eltern groß und als erstes hat sich alles gegen mich, als Vertreter der Behörde, gewandt. Nun war das Fass voll für mich: am Sonntag organisierte ich einen Lastwagen, nahm die trauernden Eltern und noch mehrere mir bekannte aggressive Schreier auf dem Wagen mit. Diese hatten sich mit Stöcken, Mistgabeln und anderem bewaffnet und so fuhren wir zur Zentrale der Verwaltung nach Tiberias. Wir parkten den Wagen vor der Einfahrt und ich bestimmte, dass meinen Begleiter so lange da warten sollten, bis sie gerufen würden. Im Vorzimmer des Direktors versuchte mich der Sekretär aufzuhalten, wurde aber von mir weggeschoben und ich trat ins Direktorium, wo der große Chef mit andern dabei war, sich bei geselliger Stimmung und echtem Kaffee zu amüsieren. »Was soll das, wie erlauben sie sich, hier hereinzudrängen?«, fauchte der Chef. »Mein Eindringen ist nur ein Vorspiel, Herr Direktor, die anderen kommen bald nach. Gehen sie doch ans Fenster!« Röte stieg in sein Gesicht, als er die Leute auf der Straße sah. »Was soll das heißen?« Ich legte dar, was passiert war, und was bis dahin alles versprochen und nicht eingehalten worden war von seiner Behörde und dass wir nicht mehr bereit wären, so weiterzumachen.

Wie zu erwarten war, wollte der Vorsitzende andere für diese Missstände beschuldigen, da ihm selbst nur sehr begrenzte finanzielle Mittel zur Verfügung stünden. Aber für diese Leute da wolle er sofort alles Machbare unternehmen, um sie zu unterstützen und so etwas dürfe nie mehr vorkommen! »Bitte sprechen sie mit ihren Leuten; sie können sich auf mich verlassen, dass ich Wort halte!« »Das müssen sie den Leuten schon selbst erklären, ich bringe drei Leute hinauf, und versuchen sie das Beste daraus zu machen!«, parierte ich. Trotz sichtlichen Unbehagens mussten dies die Beamten akzeptieren. Ich suchte die ruhigsten der noch immer Protestierenden aus und forderte sie auf, ohne ihre improvisierten Waffen, nach oben zu kommen. Hier wurde uns Kaffee und Gebäck vorgesetzt. Ich hielt mich zurück, erlaubte mir bloß am Ende der Begegnung zu fragen, bis wann die genannten erforderlichen Änderungen durchgeführt würden. Es wurde eine Zusage binnen vierzehn Tagen genannt.

Am selben Tag reichte ich meine Kündigung an die Verwaltung ein.

15
Besuch bei einem Scheich in der Wüste

Ich muss zugeben, dass mir die Kündigung nicht leicht fiel.

Über ein Jahr habe ich mich mit größter Hingabe und Hoffnung engagiert zum Aufbau einer neuen Lebensgemeinschaft. Ich hatte geglaubt, es würde mir gelingen, für die vielen Menschen, die einander anfangs alle fremd gewesen sind, ein wirkliches Kollektiv zu schaffen. Aber die Unterstützung, welche ich gebraucht hätte, ist mir zu lange, zu erbärmlich verwehrt geblieben. Trotzdem hatte mich jeder noch so kleine Erfolg, der mir gelungen war, immer wieder mit Stolz und Hoffnung erfüllt. Die Menschen hatten sich mit der Zeit an mich gewöhnt und mich mit Respekt und Sympathie behandelt. Kein Wunder, dass am Wochenende nach meiner Kündigung vier Vertreter von Kibbuz Galuyot vor unserer Wohnungstüre in Tel Aviv standen.

Nach einer gegenseitig sehr herzlichen Begrüßung und nachdem wir die unerwarteten Gäste zum Kaffee in die Stube eingeladen hatten, brachten sie den Grund ihrer weiten Reise aus dem Galil zu uns zur Sprache. Sie sind von der Gemeinschaft des Kibbuz delegiert worden, um mich zur Rückkehr in die Siedlung zu bewegen. Die Leute meinten, keiner könne sich vorstellen, dass die Siedlung ohne mich eine Chance hätte, weiter voranzukommen. Natürlich waren meine Frau und ich sehr gerührt über so viel Vertrauen, welches mir von diesen guten Menschen entgegengebracht wurde. Ich erklärte den Besuchern, dass ich diese Verbindung niemals vergessen würde. Dann aber legte ich ihnen einen Plan vor, den ich bereits während der vergangenen Wochen entworfen hatte und welchen ich vorhatte, konkret umzusetzen. Wie diese Siedlung bis dahin unterstützt worden sei, könne man dieses Land nicht weiter aufbauen: Zuerst müsse mal eine Struktur her, die nicht nur bei der obersten Führung, sondern bis ins Kleinste, denjenigen helfe, welche den Staat überhaupt erst bewohnbar machen, also die Städte und die Siedlungen.

Damit machte ich den vier Delegierten einen Vorschlag: »Geht zurück in die Siedlung. Ruft alle Einwohner der Siedlung zusammen zu einer Versammlung. Wählt ein Verwaltungsgremium aus Vertretern aller Gruppen, am besten nicht mehr als fünf oder sechs Personen, weil bei zu vielen Beteiligten immer wieder Streit entstehen würde. Dieses Gremium kümmert sich ab sofort um die internen, sozialen Angelegenheiten der Gemeinde, gemeint sind damit der Kindergarten, die Schule, Sport- und Freizeitgestaltung sowie die Unterhaltung für Kinder und Erwachsene. Im weiteren gehört die Ordnung in der Siedlung dazu, zum Beispiel die gerechte Zuteilung der Nachtwachen und so fort. Für die Außenangelegenheiten, wie Besorgung und Lieferung verschiedener Geräte, Produkte, Arbeitsverteilung etc. und insbesondere für jegliche Kontakte mit den Behörden, sollte ein Siedlungs-Leiter und ein gewählter Rat zuständig sein. Natürlich müssen beide Parteien, einerseits die Ortsverwaltung mit der Behörde und Vertreter der Siedlung Hand in Hand zusammenarbeiten, und nicht gegeneinander. Meine Gäste waren sehr begeistert von meinem Vorschlag für ein organisiertes Arbeitssystem. Das wichtigste war für sie, Mitspracherecht in der Verwaltung zu erhalten.«

Ich ging nochmals auf ihre Bitte ein, in die Siedlung zurückzukehren und wies auf meine Frau, welche im sechsten Monat schwanger war. »Seht«, sagte ich, »da ist noch ein Grund, warum ich jetzt nicht zurückkommen kann, lange genug hat sie hier nun ohne mich leben müssen.« Als wir uns verabschiedeten, versicherte ich nochmals mit Bestimmtheit, dass ich sie aufsuchen werde. Und so wurde diese Angelegenheit vorläufig beendet.

Mein neuer Job führte mich wieder in neu gegründete Siedlungen, sowohl im Süden wie im Norden des Landes. Es waren mehr als vierzig Siedlungen, welche ich oft alleine oder mit einem erfahrenen Agronom besucht habe, um die bestehenden spezifischen Probleme aller Art zu erfahren und sie den zuständigen Verwaltungen mitzuteilen. Diese waren somit aufgefordert, sich um deren Lösung zu kümmern. Aus diesen Reisen im Süden des Negev erinnere ich mich an eine interessante Episode. Mit den Militärkommandanten des südlichen Negev und mit mehreren hohen Offizieren besuchten wir eines Tages die hier als Nomaden in Zelten lebenden Beduinen. Ihre schwarzen Zelte fanden sich locker gruppiert an Hängen, verteilt in einem Umkreis von mehreren Dutzend Kilometer. Oberste Führungsperson dieser vielleicht 800 Stammesmitglieder war der berühmter Scheich Suliman. Angeblich besaß er vierzig Frauen. Das hinderte ihn nicht, der Witwe des amerikanischen Präsidenten, Theodor Roosevelt, Leonora Roosevelt, auch einen Heiratsantrag zu machen. Dass sie ablehnte, obwohl er sie zur Chefin aller anderen vierzig Frauen machen wollte, habe ihn sehr erstaunt.

So lebten diese Nomaden, im Verhältnis zu vielen anderen verbliebenen arabischen Bewohnern Israels, unter ziemlich guten Bedingungen.

Zu dieser Zeit wurden, wegen der herrschender Knappheit der Produkte, im ganzen Staat Israel Lebensmittel rationiert, und nur mit speziellen Lebensmittelkarten war eine begrenzte Menge bestimmter Produkte erhältlich. Auch die hier angesiedelten Beduinen erhielten ihren Anteil. Zu diesem Zweck reiste der Scheich mit seinen Söhnen zu jedem Wochenanfang in die Stadt Beer-Sheva, wo sich die zuständige Behörde für die Wüstenbewohner befand.

Hier aber wickelten sich keine menschenfreundlichen Geschäfte ab. Der Scheich, der für einige hundert Mitglieder seines Stammes eine Große Menge an Lebensmitteln erhielt, verkaufte einen großen Teil der Rationen, welche für seine Stämme vorgesehen waren, an die am Stadtrand wartenden jüdischen Händler. Seine in der Wüste verbliebenen Leidensgenossen erhielten nur die zum Überleben wichtigsten Vorräte an Mehl, Salz und Öl, sowie die für die Kinder wichtigen Nahrungsmittel. Wo der Rest des Geldes für die unlauter verkauften Produkte verblieben ist, da konnte höchstwahrscheinlich nur Allah Auskunft erteilen. Aber wer fragte schon bei Allah an, über solche Kleinigkeiten?

Wir hier zur Visite Anwesenden wollten voranbringen, dass der Bezirkskommandant die hierzu eingegangenen Beschwerden über den Scheich bereinigte. Dazu mussten wir uns beim Scheich zu einem Essen einladen, weil erst nach einer rituellen Mahlzeit im Zelt, die Möglichkeit zu einem Gespräch unter vier Augen möglich sein würde. So befanden wir uns nachmittags bald im Schatten eines hohen, offenen Zeltes, rund um ein Feuer verteilt, auf welchem ein 500-Liter-Kessel stand. Die beliebte orientalische Speise, bestehend aus Lammfleisch und Reis, mit verschiedenen Gewürzen, Öl sowie weiteren, uns unbekannten Zutaten, befand sich bereits seit Stunden am Kochen und wir wussten, dass uns viel Zeit blieb, bis wir den Ort wieder verlassen würden. Wir sind willkommen geheißen worden, haben es uns den Zeltwänden entlang, auf riesigen, bunt gewobenen und bestickten Sitzkissen bequem gemacht, da begab sich der Scheich zum kohlegeschwärzten Kessel. Er legte seinen Burnus ab, krempelte die Hemdsärmel hoch und tauchte seine Finger mit schrecklich langen Nägeln in den dampfenden, heißen Kessel.

Hier suchte er ein Großes Stück Lammfleisch aus, welches er in eine riesen Kugel aus Kus-Kus* drückte, das ihm zur Seite in einer Messingschale gereicht wurde. Damit schritt er zum Kommandanten, der bereits seinen Mund breit aufgemacht hatte, und steckte ihm die kochend heiße Kugel in den Mund. Der Kommandant, der bereits mit dieser Zeremonie vertraut war, bedankte sich den Kopf neigend und schluckte den Bissen runter, ohne eine Miene zu verziehen. Inzwischen drückte der Scheich die

* Kus-Kus: Weizengrieß, orientalisch zubereitet.

nächste Kugel für den Offizier zweiten Ranges und ich sah schaudernd dem Moment entgegen, dass auch ich mich für diese Fütterung bereit halten sollte. Ich sagte zu meinen Nachbarn: »Ich glaube, wenn er mir diese Kugel in den Mund stecken wird, spucke ich ihm diese aus.« »Sei nicht verrückt«, flüsterte er mir leise zu, »so schnell wie du dann ein Messer zwischen die Rippen bekommst, kannst du gar nicht spucken – das ist für Beduinen die größte Beleidigung, ein so angebotenes Ritual zu verschmähen!«

Was blieb mir anderes, als brav die Kugel hinunterzuschlingen ... und die war dann gar nicht so schlecht, ich war überrascht! Auf einmal machte es auch mir Spaß, und ich wartete bereits ungeduldig auf die nächste Ration.

Danach, als wir endlich alle genug hatten, haben unsere arabischen Gastgeber selber zu essen angefangen und sie fischten alle im heißen Kessel mit ihren Fingern, suchten ihre Bissen Fleisch. Nach einiger Zeit wurde das Essen beendet und der Kessel vom Feuer weggetragen.

Mein Nachbar meinte, mit dem Rest vom Essen werden jetzt die Hunde und die Frauen gefüttert, in der Reihenfolge wie ich es gesagt habe: zuerst die Hunde. Danach erschienen einige Beduinen mit diversen Musikinstrumenten, die aus Naturmaterial gebaut waren und ähnlich wie Pauken und Tamburins aussahen. Sie begannen einen andauernden, monotonen Rhythmus auf die Trommel zu schlagen. Einige anderen brachten eine Große Teekanne mit einem starken, dunkeln Tee. Er wurde in niedliche, kleine Gläser gefüllt und jedem wurde eines davon gereicht. Der Tee war so süß, dass die Zunge dran festzukleben schien, da schien noch ein unbekanntes Gewürz drin zu sein; das Getränk gefiel mir sehr! Der Tee war mit zwei Schluck ausgetrunken, aber der Beduine, welcher hinter mir stand, füllte das Glas immer wieder umgehend aufs neue. Ziemlich lange dauerte es, bis ich merkte, dass ich das Teeglas nicht so schnell hätte leeren und mich immer wieder zum weiter Trinken hätte anregen lassen sollen; aber nach diesem würzigen Essen bin ich so durstig gewesen ... ! Wie ich merkte, dass mein Kopf dieses süffisante Getränk nicht mehr erträgt, habe ich aufgehört zu trinken; ich war wie betrunken, vermutete, dass die Leute dem Tee eine Art Opium beifügen, um uns wohlmeinend zu machen. Inzwischen merkte ich, dass sich der Kommandant nun mit dem Scheich aus unserer Gruppe entfernt hatte und sie abseits ziemlich heftig diskutierten. Wir verließen gegen Mitternacht das Beduinen-Lager und nahmen ein unvergessliches Erlebnis mit nach Hause. Es ist mir auch als eine hinterlistige Erinnerung geblieben.

16
Irgun Brit Pikuach le Cooperatia Chaklait

Der neue Auftrag, den ich für die fortlaufend entstehenden Siedlungen übernahm, war sehr interessant, verbunden mit vielen Fahrten quer durch ganz Israel. Je nach Bedarf verbrachte ich eine Woche im heißen Süden des Negev, anschließend ein paar Tage danach hatte ich in den Norden zu wechseln, in die Hochlandschaft des Galil oder an den See Kinneret*. Die Aufgabe mit welcher wir betraut waren, enthielt die Kontrolle der Bedingungen der Lebensverhältnisse der Siedler sowie die Berichterstattung an die Verwaltungsbehörden, um unkorrekte Zustände zu verändern und zu vermeiden. Und wie nebenbei ermöglichte mir diese Arbeit, meine neue Heimat kennenzulernen, ihre herrlichen Landschaften zu genießen. Ich vertiefte meine bisherigen Erfahrungen und lernte viel Neues dazu. Manchmal machte mir die südliche Hitze zu schaffen, und ich erinnerte mich, wie kalt die Winter in Europa gewesen sind.

Meistens fuhr ich mit öffentlichen Verkehrsmitteln von Tel-Aviv nach Tiberias, um von hier aus mit zur Verfügung stehenden Transportmitteln an diverse Orte zu gelangen. Weil oft alle dienstlichen Fahrzeuge bereits unterwegs waren, mussten wir ungezählte Male auf öffentliche Busse ausweichen. An einem Wochenanfang war ich wiederum morgens früh mit einem Verkehrsbus von Tel Aviv nach Tiberias unterwegs. Einen halbwegs vernünftigen Sitzplatz fand ich im Bus, in der ersten Reihe, neben einer Dame um die fünfundvierzig Jahre. Während der gesamten Fahrt, die immerhin drei Stunden dauerte, unterbrach sie ihr Schwatzen einzig, um sich am mitge-

* Kinneret, hebr. See Genezareth

brachten Kuchen zu vergnügen. Auch mir wurde aufgedrängt, davon zu kosten. Unter anderem erfuhr ich, dass diese lebenstüchtige Frau aus der ehemaligen Sowjetunion stammte. Ihr Mann war im Bürgerkrieg zur Zeit des Britischen Mandats 1948 gefallen, seither lebte sie mit ihrer alten Mutter in derselben Wohnung und arbeitete in der Verwaltung einer Fabrik nahe am See. Jetzt kehrte sie aus Tel-Aviv zurück, wo sie ihre Schwester besucht hatte.

Der ununterbrochene Monolog hatte mich ermüdet. Ab und zu hat mich ein Seitenstoß der Lady erschreckt mit ihrer begleitenden Frage: »Sie schlafen doch nicht ein?« »Nein, nein, auf keinen Fall, ich genieße ihre Erzählungen sehr!« Schließlich kam die Erlösung heran, wir waren in Tiberias angelangt. Kurz auch vor dem Ende meiner Fahrt, verabschiedete sich die Dame und sagte: »Hier steige ich aus, sehen sie, bei diesem großen Fabrikschornstein, dort um die Ecke wohnen wir.« Ich bedankte mich für die tolle Unterhaltung und den leckeren Kuchen, schloss dann für einige Minuten meine müden Augen. Leider musste ich an der nächsten Haltestelle aussteigen. Nie im Leben hätte ich geglaubt, dass diese Episode ein Nachspiel haben würde!

17
Tiberias

In der Stadt Tiberias erteilte man mir jeweils genaue Order, welche Siedlungen zu besuchen sind und was vor Ort abzuklären und zu erledigen sei. So musste ich für einige Wochen dorthin fahren und verbrachte auftragsgemäß mehrere Arbeitstage in einer fernen Siedlung im Galil. Um einige komplizierte Probleme lösen zu können, habe ich länger bleiben müssen als vorgesehen und konnte erst Freitagmittag die Heimfahrt antreten. Dabei hatte ich übersehen, dass, wegen beginnendem Shabbat, am Nachmittag kein Bus mehr nach Tel Aviv fahren würde. Ich schien im Norden vom Galil stecken zu bleiben. Dennoch marschierte ich hoffnungsfroh zur Hauptverkehrsstraße, um doch noch ein Transportmittel zu erwischen. Leider fuhr kein einziges Vehikel mehr an mir vorbei. Ich stand da im kurzärmligen Hemd, mit Sonnenhut und meiner Aktentasche, fühlte mich wie auf einem anderen Planeten und wartete auf ein Wunder.

Schließlich erschien tatsächlich ein solches: es schritt langsam daher, wankte in Gestalt einer Kamelkolonne von fünf oder sechs Kamelen näher. Vorne auf dem ersten Tier saß ein älterer Araber mit langem, grauem Bart und auf dem letzten Tier ritt ein junger Araber. Der Alte hielt sein Tier vor mir an und zeigte auf das hinter ihm angebundene Kamel, fragte dazu: »Erfa?« Ich verstand, dass er fragte, ob ich aufsitzen wolle, bejahte erfreut. Als nächstes : »Chamsin Piaster.« Ich verstand, dass der Preis dieser Luxusreise 50 Piaster koste. Erleichtert stimmte ich zu, bezahlte ihm aus Erleichterung das Doppelte. Der Araber befahl dem Kamel hinter ihm, niederzuknien, somit konnte ich auf dessen Rücken klettern. Das Kamel erhob sich mit mir, und die für mich sehr wackelige Reise im Passschritt begann. Es war wie beim besten Meeressturm und ich bereitete mich vor, gewiss bald seekrank zu werden. Wahrscheinlich bot ich einen lächerlichen Anblick, ein Passagier mit Hut und Aktentasche unter dem Arm auf einem Kamel reitend. Mehr aber sorgte mich der hinter mir folgende Araber, ob er nicht einen Dolch in der Hand halte, um mich zu erstechen und somit an meine Geldbörse zu gelangen.Wir kamen jedoch ohne weitere Ereignisse in die Sichtweite von Tiberias, bis an eine Kreuzung, die sich vielleicht vier bis fünf Kilometer von der am Berg hängenden Stadt über dem See entfernt, befand. Die Karawane hielt an, und der Alte zeigte mir, dass ich nach rechts in die Berge weitergehen müsse, oder nach links, um Tiberias zu erreichen. Wir verabschiedeten uns, und ich stand wieder am Straßenrand. Diesmal hielt nach kurzer Zeit ein Lastwagen, der mich kurz darauf in der Stadt absetzte.

Es befanden sich nur noch vereinzelte Menschen auf der Straße, kein Taxi oder ein anderes Fahrzeug war noch auffindbar, das mich nach Tel Aviv mitgenommen hätte. Nach drei Anfragen in Hotels gab ich auf, noch ein Zimmer zu finden, wegen der Hochsaison war alles ausgebucht. Mir graute vor der letzten verbliebenen Möglichkeit, auf einer leeren Parkbank übernachten zu müssen! So setzte ich mich erst einmal auf eine im Schatten einer Platane montierte, ausgetrocknete Holzbank. Mit Blick auf den im nachmittäglichen Licht glänzenden See, dachte ich in aller Ruhe nochmals an meine unbehagliche Lage für die kommende Nacht. Warm genug würde es ja sein, bloß ... die Gegend schien mir unsicher. Da erinnerte ich mich an die Dame, die ich während der letzten Busfahrt vor vier Wochen kennengelernt hatte. Aber wo, verflixt nochmal, in einer fremden Stadt sollte ich jemanden finden, ohne ihren Namen, oder wenigstens ihre Anschrift zu kennen?

Einzig fiel mir ein, dass sie mir einen hohen Schornstein gezeigt hatte, mit den Worten, dass sie hier um die Ecke wohne, zusammen mit ihrer alten Mutter in einem kleinen Häuschen. So lenkte ich meine Schritte in

Richtung des fernab stehenden Schornsteins, den ich schließlich noch vor Sonnenuntergang erreichte. Der Fabrikanlage entlang befanden sich in der Tat kleine Wohnhäuschen und vor einigen Türen hatten es sich ihre Bewohner bequem gemacht, genossen den herankommenden Sabbat-Abend.

Vom einen zum nächsten fragte ich mich durch, nach einer Frau mittleren Alters, bis mir endlich jemand behilflich sein konnte.

Eine ältere Frau sprang auf vom Stuhl und meinte, es handle sich bestimmt um Kati, die wohne mit ihrer Mutter im selben Haus und stamme aus Russland. »Biegen sie in die nächste kleine Straße ein, wo solche kleine Häuser stehen, ich glaube, die Nr. 10 ist richtig!« Dankbar und mit zunehmendem Herzklopfen schlug ich diese Richtung ein. Vor dem Haus war keiner und die Türe schien bereits von innen verschlossen zu sein. Ich klopfte, die Türe wurde bald ein wenig geöffnet, und ich erkannte das Gesicht meiner gesuchten Lady. »Was wollen sie?«, fragte sie. »Wer sind sie?« »Shalom, erkennen sie mich nicht?«, antwortete ich. »Wir sind kürzlich aus Tel Aviv zusammen im selben Bus gefahren.« »Ach ja, und was soll dieser Besuch um dieser Zeit?« Ich erklärte mein Problem. »Kommen sie erst mal rein.« Ich betrat die ziemlich kleine Stube, noch eine andere, mir unbekannte Frau saß da am Tisch. »Das ist meine jüngere Schwester aus Tel Aviv. Damals habe ich sie besucht und heute zum Wochenende besucht sie mich und die Mama.« Die jüngere Schwester streckte mir die Hand hin zur Begrüßung und forderte mich freundlich auf Platz zunehmen. Ich erzählte von meinem Pech vom verpassten Bus und dass mir nichts anderes übrig bleiben würde, als mich zum Schlafen für eine Parkbank zu entscheiden. Die Dame des Hauses hatte inzwischen in der Küche eine Kanne Tee und belegte Brote vorbereitet, die ich mit großem Appetit verschlungen habe. »Tja, wir wissen nicht, wie wir ihnen helfen können, zu dieser Ferienzeit gibt es wirklich meistens keine freien Hotelzimmer in Tiberias. Ich möchte sie nicht auf die Straße setzen, aber ich schlafe hier im Doppelbett mit meiner Schwester, und im anderen Zimmer schläft die Mutter.« »Kati, wir können doch den Mann nicht auf die Straße setzen!«, warf die Schwester ein. »Er könnte neben uns in deinem Großen Bett die Nacht überstehen!« »Und wenn Mama nachts ins Bad geht, und einen Mann mit uns im Bett sieht, was glaubst du, was passiert?«

»Dann soll er sich in die Mitte zwischen uns beide legen, so wird ihn die Mutter nicht erkennen.« Damit wechselten die beiden Frauen in die russische Sprache, bis die Ältere meinte: »Gut, aber morgen müssen sie vor sechs aus dem Haus. Das ist die Zeit, wo Mama bereits wach ist. Gehen sie jetzt gleich ins Bad, und legen sie sich bereits in die Mitte des Betts.« Gerne erfrischte ich mich im Bad, schlüpfte aufatmend in Unterwäsche ins Bett, nachdem ich meine wenigen Sachen unsichtbar für die Mutter unter das große Bett geschoben hatte.

Gleich war ich eingeschlafen. Nur noch Mondlicht schimmerte durch die Vorhänge und eine der Schwestern hatte sich an mich angekuschelt. Es war die jüngere und ihre Hand auf meinem Schenkel sprach eine unverkennbare Sprache. So drehte ich mich zu ihr um, drückte und umarmte sie. Als sich Katis Hand an meiner Schulter bemerkbar machte, wandte ich mich auch ihr zu, wollte auch sie umarmen, dachte an meine liebe Rachel, wie sie vielleicht bangte, was geschehen sei.

Ich drehte mich auf den Bauch, und fiel sogleich in Tiefschlaf. Katis Flüstern an meinem Ohr weckte mich, viel zu früh musste ich aufstehen, aber die Zeit war um, jederzeit könnte die Mutter ins Zimmer treten. Eiligst zog ich meine Sachen an und ging zur Tür. Nickend bedankte ich mich, eine letzte Umarmung, und ein neuer Tag, Shabbat, hatte angefangen. Ein langer, müßiger Tag lag nun vor mir, den ich wartend am Ufer des Innere verbrachte, auch mal schwimmen ging, um dann nach Sonnenuntergang endlich die Fahrt mit dem ersten Bus nach Tel Aviv antreten zu können.

18
Wiedergutmachung

Im Sommer 1957 bin ich für zwei Wochen im Auftrag von Irgun Nechej Shoah nach Koblenz am Rhein gereist in die Zentralkartei für Wiedergutmachung. Hier wollte ich die Sache unserer Verwandtschaft regeln: die Entschädigung für die KZ-Haft, den verbundenen Schaden an Körper und Gesundheit einfordern, wie es uns offiziell, längst gut gesprochen war. Fraglos wollte ich die Gelegenheit auch für andere Menschen nutzen, welche ebenso seit Jahren auf ihre Wiedergutmachung warteten. Im Empfangsbüro schien es vorerst nicht weiterzugehen. Der Beamte wollte mich auf später vertrösten und meinte schnippisch: »Wenn sie an die Reihe kommen, werden sie es erfahren! Das kann aber noch Jahre dauern, sehen sie nicht diese Wände hier?« Und wies auf die von unten bis oben gestapelten Aktenordner. Mich packte die Wut, ich holte aus, und fegte mit lauten Worten alles vom Pult, was da ausgebreitet lag: »Wollen sie mich mit leeren Händen wieder nach Israel zurückschicken?«, schrie ich. »Haben wir nicht lange genug gewartet, um wenigstens das Geld für unseren verlorenen Besitz zurückzuerhalten?!« Mein Armschwung wischte alle Stapel vom Pult, es gab Tumult, der Chef eilte herbei und wollte mich beruhigen. Ich wiederholte meine Forderung, bis er schließlich zu Wort kam und klagte: zwei Drittel aller Anträge seien Fälschungen und absolut unrechtmäßig! Das Herausfiltern der berechtigten Anträge sei grenzenlos zeitaufwändig! Und: ich sei der erste leibhaftige Überlebende, dem er begegne; er sei überzeugt, dass meine Akte echt sei. Das mochte ich kaum glauben und wurde stumm. Er ergänzte, dass er aufgrund dieser Unterlagen in Kürze die Entschädigung überweisen könne, ich möge ihm die Bank sowie Kontonummer angeben, wohin der Betrag zu überweisen sei. Und tatsächlich, nach einem knappen Monat wurden an die Sparkasse Köln 35,000 DM überwiesen. Auf die Entschädigung für das verlorene Vermögen aber haben wir noch viele Jahre warten müssen.

Mir wurde vorgeschlagen, mich an die amerikanische Verwaltung zu wenden, welche nun die Kontrolle über die Region Borislav ausübe, von dort aus würde man mir gewiss weiterhelfen. Umgehend habe ich mich mit einem diesbezüglichen Schreiben dorthin gewandt.

19
1954–59 – ICI Kiryat Ono

In den drei ersten Jahren harter Pionierarbeit für und in den neu gegründeten Siedlungen, hatte ich wertvolle Erfahrungen gesammelt, mir sozusagen im Tätig sein eine berufliche Kompetenz angeeignet, die mir in dieser neu beginnenden Phase umfangreich dienlich war.

Immer mit eingeflossen ist gewiss auch eine mir seit Jugendzeit vertraute Fähigkeit, verantwortungsvolle Arbeiten verrichten zu können. Vermutlich war es auch das, was mir in den schlimmsten vergangenen Lebensjahren schon einmal sehr geholfen, ja geradezu mein Überleben ermöglicht hatte. Nun fühlte ich mich reich als Berufsmann, als glücklicher Familienvater, eine süße Tochter war geboren, und meine liebe Rachel war wieder schwanger. Ich war noch immer zielbewusst und freudig dran, mich zu engagieren für die Entwicklung des jüdischen Staates. Er sollte uns zukünftig um jeden Preis davor bewahren, eine Wiederholung der abscheulichen Nazi-Zeit ertragen zu müssen. Unser Blick war hoffnungsfroh, kraftvoll in die Zukunft gerichtet. Wir, ja die Mehrheit der Israeli, sahen in Golda Meir und David Ben Gurion zwei Führungspersönlichkeiten, welche die Zügel wirksam in Händen hielten und unseren, erst elf Jahre alten Staat zu einem modernen, in der Welt bestehenden Israel erstarken lassen würden. Dennoch übersahen ich und manche meiner Freunde und Bekannten die vielen Mängel bei der Entstehung und Urbanisierung Israels nicht. Gerade diese hatten mich ja gezwungen, die Siedlungsarbeit zu verlassen und ein Engagement zu finden, wo fruchtbarere Fortschritte erzielt würden. Mir war klar, dass ich bald politisch aktiv sein würde. Vorerst aber trat ich meine

Arbeit in den internationalen Chemie- Konzern ICI* an. Dank meinem Hintergrund der ersten Jahre als Einwanderer hat man mich sehr positiv empfangen, und ich war auch sehr zufrieden mit meinen Aufgaben. Für alle Mitarbeitenden war es eine große Ehre, in diesem Konzern angestellt zu sein. Keine dort angestellte Person kündigte jemals ihre Arbeit, obwohl die Anforderungen an jeden Einzelnen überdurchschnittlich streng waren.

Wie alle anderen Angestellten genoss ich übliche englische Fair-play-Verhältnisse, wozu Arbeitsschluss bereits um 15 Uhr und ein vergleichsweise großzügiges Gehalt gehörten. Da ich nun viel Freizeit am Nachmittag hatte, übernahm ich für einige private Unternehmen die Führung der Buchhaltung zuhanden der Steuerbehörden und schuf mir einen guten Ruf, durch erzielte Erfolge bei der Verhandlung mit den Finanzämtern.

Zusammen mit diesem Nebeneinkommen bin ich gut situiert geworden und es kam die Zeit, an ein eigenes Heim zu denken. Es gelang uns, meiner Frau und mir, in der Ortschaft Kiryat Ono ein Haus mit einem größerem Stück Land zu erwerben. Während wir unser Haus mit allem Lebensnotwendigen einrichteten, fanden wir neue Freundschaften und Kontakte. Wir begannen uns auch für die gesellschaftlichen Probleme des Ortes aktiv zu interessieren. In manchen Gesprächen mit drei anderen hier lebenden Geschäftsleuten kam ich überein, dass es wichtig wäre, für den Ort eine Sportanlage zu errichten. Wir begannen zu skizzieren und detaillierte Pläne zu zeichnen und ließen das Projekt so weit gedeihen, dass wir es den zuständigen staatlichen Behörden vorlegen konnten. Nach langen Verhandlungen mit den zuständigen Grundeigentümern, KKLI Keren Kajemet L'Israel, erhielt unsere nunmehr amtlich bestehende Gesellschaft ein Grundstück von einigen tausend Quadratmetern, auf einer wunderbaren Anhöhe gelegen, die von regelmäßig gepflanzten Palmen umgrenzt war. Als gewähl-

---

* ICI = Imperial Chemical Industries, ehemaliges britisches Chemieunternehmen mit Sitz in London

tes Vorstandsmitglied bin ich zusammen mit dem Ortsbürgermeister nach Jerusalem gefahren, um dort mit dem damaligen Tourismusminister, Teddy Kollek, späterer Bürgermeister von Jerusalem, die finanzielle Seite zu klären. Wir mussten sehr insistieren, ihn stark unter Druck setzen, bis unser Projekt einen Obolus von 20'000 USD zugesprochen erhielt. Dies brauchten wir, um nun in die erste Bauphase treten zu können. Unsere Aktiengesellschaft musste aufgestockt werden, alle Beteiligten hatten ihren Anteil zu bezahlen, und für die dritte Etappe hatten wir viele weitere Aktienanteile bei den Einwohnern Kiryat Onos in Umlauf gebracht.

Nach weniger als anderthalb Jahren durften wir uns einer wunderbaren Anlage, mit einen Großen Olympia-Bassin, mit Garderoben, eines kleinen Kinder-Bassins mit Spielplätzen und nahem Kaffee erfreuen. Der Sportplatz fasste 3000 Menschen. Am Wochenende spielte eine Kapelle für das am Pool tanzende Publikum. Menschen kamen aus naheliegenden Quartieren und entfernteren Gegenden. Natürlich waren auch die Einnahmen entsprechend.

Hiermit erhielt ich wieder mehr Freiraum, um politisch aktiv zu werden, das war mir sehr wichtig: im Hinblick auf die bereits damals harten Kämpfe zwischen dem konservativen Lager mit den Linken und den religiösen Parteien, war mir unverständlich, wie die Parteien miteinander umgingen! Mit meiner nicht in Vergessenheit geratenen Holocaust-Vergangenheit – und zählte ich damit nicht zu einer Großen Mehrheit aller in Israel lebenden Menschen? – konnte ich die egoistische und selbstherrliche Einstellung der politischen Machthaber nicht verstehen! Sie schienen nicht zu erkennen, dass das wichtigste gemeinsame Ziel gewesen wäre, sich für unseren eigenen Staat einzusetzen, die von außen drohende Gefahr durch Feinde abzuwehren; nein, sie zerstritten sich in einem internen Kampf um Macht und Ideologien!

Es war klar, dass ich mit Leib und Seele dabei war, als mit vielen Gleichgesinnten die »Partei Ehemaliger Naziverfolgter PEN« gegründet wurde. Somit konnten wir einen Kandidaten stellen für die Knesset-Wahlen von 1959, als man mich vorgeschlagen hatte, stimmte ich zu. Zwölf Minuten Sendezeit – im ›Radio Jerusalem‹ zur Verfügung gestellt, um für unsere Partei zu werben – reichten nicht, und wir hatten weder Geld wie andere Parteien noch hatten wir Zugriff auf andere größere Werbe-Möglichkeiten. Und so erhielten wir leider die erforderlichen fünf Prozent der Stimmen nicht.

Meine Enttäuschung war sehr groß, als mir hierdurch klar wurde, dass ich nichts verändern könne in dem System, welchem ich treuherzig elf Jahre lang gedient hatte. Meine Gedanken an Amerika kehrten wieder, mein damaliger Verzicht, und ich dachte mir, wenn ich damals gewusst hätte, welche politischen und sozialen Umstände in Israel eines Tages entstehen würden, hätte ich damals vermutlich anders gehandelt. Hinzu folgte ein privates Unglück. Mein Vater ist am Jahresende, 1959, verstorben.

Auf einmal fühlte ich mich nicht mehr wohl in meiner hiesigen Welt. Ich sagte meiner Frau Rachel, dass ich für einige Zeit nach Europa möchte, um Abstand vom Geschehenen zu finden.

Zusätzlich wollte ich unsere Anrechte auf das Vorkriegsvermögen unserer Familie schneller zum Abschluss bringen. Ich versprach ihr, entweder so bald wie möglich zurückzukehren oder sie mit unseren beiden Kindern nach Deutschland zu holen.

Natürlich würde ich dafür sorgen, unsere Familie finanziell abzusichern, es bestanden keine Probleme in dieser Hinsicht. Meine Frau war nicht leicht zu dieser Zustimmung zu bewegen. Sie hatte sich hier gut etabliert, fühlte sich mit uns allen zuhause in Ort und Land. Aber sie mochte auch verstehen, wie sehr es mich nach Europa drängte, und dass ich dort wirklich noch etwas zu erledigen hatte. Sehr froh war ich, als sie schließlich einwilligte und mich fahren ließen.

Meine Kündigung bei der ICI wurde mit großer Bestürzung aufgenommen. Der oberste Chef beredete mich, ob ich meinen Entscheid nicht doch nochmals ändern wolle. Er sagte zu mir, ich wäre der erste Angestellte, der freiwillig aus seiner Firma ausscheide.

Und dann flog ich nach Deutschland, folgte wiederum meinem Herzensruf.

20
Anfang in Deutschland

Anfang 1960 kam ich nach Deutschland mit einem Startkapital von eintausend US Dollar. In Köln richtete ich mich als erstes in einem preiswerten, kleinen Hotel ein, in dem ich mich für eine gewisse Zeit aufhalten konnte. Innerhalb weniger Tage konnte ich bei dem Anwalt vorsprechen, durch den ich seit drei Jahren beim Lastenausgleichsamt angemeldet war. Vom ihm erwartete ich längst die Auszahlung unserer Vermögensansprüche der Vorkriegszeit. Es handelte sich um die Entschädigung für die Firma meines Vaters und unseren familiären Privatbesitz im Wert von 150'000 DM, von welcher ich durch die amerikanischen Ämter bloß den Hinweis erhalten hatte, ich soll mich an die Ukrainische Verwaltung wenden, die aber damals absolut nicht funktionierte! »Hoffnungslos«, meinte er jedoch stirnrunzelnd, »diese Reise hätten Sie sich sparen können, wenn sie bloß deswegen gekommen sind, tut es mir leid.« Begründet hat er seine unangenehme Antwort damit, dass eine unübersehbar riesige Anzahl von Forderungen auf der Warteliste jener Anwälte stünde, welche sich mit diesen Aufträgen befassten. Das Lastenausgleichsamt sei mit zehntausenden von Anträgen konfrontiert und wöchentlich würden noch immer unzählige hinzukommen. Er könne keinesfalls voraussagen, wann die Sache unserer Familie behandelt würde, ob es nur noch Wochen oder noch viele Jahre dauern werde. Bedrückt durch diese enttäuschende Mitteilung schloss ich die Türe des Anwaltsbüros. Mein Gesicht hat vermutlich ziemlich traurig und belastet ausgesehen, denn die Sekretärin im Vorzimmer, eine junge Frau, sprach mich an und fragte: »Sind die Probleme so groß? Sie wirken so niedergeschlagen ... « »Leider Gottes, ja! Mein Hauptgrund eigens aus Israel herzukommen war, unsere Rückzahlungsforderung zu einem Abschluss zu bringen. Ich hatte Pläne, die ich zu gerne noch in diesem Leben verwirklicht hätte! ... Und ihr Chef meinte, ich hätte mir diese Reise ersparen können!« Sie schaute mich treuherzig an: »Hören sie, in einigen Minuten habe ich meine Mittagspause, wenn sie gegenüber im Café auf mich warten wollen, könnten wir vielleicht in Ruhe ein paar Worte dazu austauschen?« Bei so viel Anteilnahme wurde mir warm ums Herz, ich stimmte gerne zu, und bedanke mich für ihren guten Willen.

Selber erst wenige Minuten im Café eingetroffen, erschien die junge, großgewachsene Sekretärin tatsächlich und setzte sich an meinen Tisch, stellte sich vor: »Ich heiße Ingrid H., arbeite nun in diesem Amt hier seit bald drei Jahren. Ihren Namen kenne ich aus den Akten, um ihre Lage ein wenig verstehen zu können, habe ich gleich vorhin noch einen Blick hineingeworfen. Jetzt weiß ich, dass sie sehr viel durchgestanden haben, und dass Ungeheuerliches hinter ihnen liegt – in so jungen Jahren! Wie sehr bedaure ich, dass man so mit ihnen, und überhaupt mit den Überlebenden dieses Horrors so bürokratisch umgeht!«

Von mir wollte sie alles erzählt bekommen über das Leben, das ich nun, seit Ende des zweiten Weltkrieges in Israel geführt hatte. Mehr Zeit, als ihr ein paar Fotos von meiner Frau und den Kindern zu zeigen, verblieb nicht, zu kurz war ihre Mittagspause, um auf weiteres einzugehen. Aber sie schlug vor, sich abends wieder zu treffen, sie würde sich gerne mehr Zeit nehmen, um zuzuhören und über meine Situation ausführlich reden zu können. Mit Begeisterung stimmte ich zu, gab ihr Name und Adresse meines Hotels an, wo sie mich mit ihren Wagen abholen wollte.

Es ist ein interessanter Abend gewesen, ich habe sehr viel berichtet, aber ich erfuhr auch manches aus Ingrids Leben und vieles von ihrer Familie. Sie, ihre Eltern und ihre drei jüngeren Geschwister, wohnten gemeinsam in einem Vorort von Köln, in einem Eigenheim mit kleinem Garten. Ihr Vater hat als Soldat im ersten Weltkrieg einen Arm verloren, seither kümmerte er sich nur noch um die Familie, machte sich nützlich, wo er mit anpacken konnte. Einen festen Freund hatte Ingrid trotz ihrer 27 Jahre noch nicht, es habe sich noch nicht der Richtige gefunden, erklärte sie schmunzelnd.

Ich erzählte viel von meinen bisherigen Nachkriegserlebnissen, was sie mit sehr großem Interesse anhörte. Meine Familie interessierte sie, das Land Israel selbst, die neue hebräische Sprache, aber auch meine Arbeit und meine politische Aktivität, in der ich bis zuletzt engagiert gewesen war. Erst gegen Mitternacht fuhr sie mich zu meiner Hotelunterkunft zurück. Mit einem Wangenkuss verabschiedeten wir uns, mit der Absicht, in zwei Tagen wieder zusammenzukommen.

Beim nächsten Wiedersehen fühlte ich mich in der Nähe von Ingrid so, als wären wir schon seit Jahren befreundet. Wir aßen zusammen, ich genoss so manches, was ich in den vergangenen Jahren nie auf dem Teller gesehen hatte. Im Verlauf des Abends meinte sie: »Ich habe eine angenehme Überraschung für sie, ich habe meiner Familie von Ihnen und Ihrer Frau und Ihren Kindern erzählt und daraufhin haben meine Eltern sie für Samstag zum Mittagessen zu uns eingeladen.« »Das kann ich doch nicht machen«, meinte ich überrascht, »ich bin doch nur ein Wildfremder für euch!« »Nein«, meinte sie lachend, »nicht mehr, nachdem ich stundenlang über sie erzählt habe! Samstag um 11 Uhr, ich hole sie hier ab, und basta!« Dann also samstags, angezogen mit meinen besten Sachen und ein wenig nervös, mit einem Blumenstrauß für die Dame des Hauses, stand ich vor dem wunderschönen Einfamilienhaus der H. Das Haus, versehen mit einem Garten voll Blumen und Gemüse, lag nahe am Waldrand, in einer wunderschönen Gegend. Die Tür wurde geöffnet, und beide Eltern Ingrids kamen uns entgegen, die Mutter etwas dicklich, mit einem offenen, freundlichen Gesicht, der Vater schlank, grauhaarig und wachen Blickes. Sie begrüßten mich sehr herzlich, und führten mich in den großen Speisesalon. Hier hielten sich die drei anderen Geschwister Ingrids auf, das sechzehn Jahre alte Mädchen und die sechsjährigen Zwillinge, eines davon der leider behinderte Junge.

Die Familie H. hat mir zu Ehren ein Festmahl bereitet; wie lange her hatte ich nie mehr solche Spezialitäten gekostet! Nach dem Essen wechselte man auf die Terrasse, wo die Gastgeberin köstlichen Kaffee aufgetischt hat, während sich die ältere Schwester mit den kleinen Geschwistern zum Spielen in den Garten zurückgezogen hat. Von mir wollten die Eltern Ingrids noch mehr erzählt bekommen. Sie befragten mich zu meinen Kriegserlebnissen und über meine Geschwister, welche umgekommen waren und ich erzählte, mir schien, endlos. Der Vater zeigte sehr viel Mitleid, aber auch starkes Interesse am Gebaren der Deutschen, während und auch nun nach dem Friedensschluss. Er grollte über das bürokratische, unmenschliche Verhalten der Behörden, welche die Wiedergutmachungs-Prozedur hinauszögern, wie ihre Tochter berichtet habe. Er wies auf seinen fehlenden Arm und sagte: »Ich weiß, was Kriegsleiden bedeutet. Und wie schwer es einem gemacht wird, zu seinem Recht zu kommen! Und deshalb werde ich persönlich alles tun, um solchen Menschen wie Sie sind, zu helfen. Was haben Sie vor, hier zu machen, wenn Sie zu Geld kommen?« »Ich weiß es noch nicht, solange ich nur über Geld träumen kann, spüre ich zu wenig Boden unter den Füßen. Alles, was ich plane, bleibt Schaum!«

»Wissen Sie was, finden Sie etwas, ein Projekt, entwickeln Sie etwas, das Ihren Fähigkeiten entspricht und dann kommen Sie zu mir. Wir sehen dann, was zu tun ist.«

Damals habe ich dieses Gespräch als nett empfunden und einen liebenswürdigen Trost in meiner Lage. Mit überschwänglichem Dank habe ich mich verabschiedet und bin gedankenvoll ins Hotel zurück spaziert. Nach einigen Tagen zeigte mir der Hotelinhaber eine Zeitungs-Annonce, in dem ein Rentnerpaar in Köln aus Altersgründen einen Nachfolger suchte für ein kleines Hotel mit Gaststätte in Köln, auf Rentenbasis. »Hier ist sogar die Anschrift, gehen Sie mal dorthin, und sprechen Sie mit den Leuten!«

Das ausgeschriebene Hotel namens ›Thüringer Hof‹ befand sich in einer kleinen Nebenstraße. Es hatte nur zwölf Gästezimmer und zwei Gaststätten-Räume mit einem Thekenausschank. Die Wirtsleute waren in der Tat etwas älter und gebrechlich, die Frau noch etwas kräftiger und vitaler. Ich bat sie, mir zu erklären, wie sie sich diesen Kaufvertrag auf Rentenbasis vorgestellt hätten. »Also, wir sind seit nahezu 30 Jahren hier, wir haben ein gute, beständige Kundschaft. Aber langsam sind wir zu alt, uns fehlt die Kraft, um das Hotel noch lange führen zu können. Wir brauchen, solange einer von uns lebt, 1000 DM monatlich als Rente. Außerdem und zuerst muss noch bei der Düsseldorfer Brauerei ein Kreditdarlehen von uns in Höhe von 50'000 DM abgelöst werden. Können Sie sich das leisten, junger Mann?«, fragte sie skeptisch. »Ich überlege es mir«, sagte ich und bedankte mich fürs erste.

An diesem abendlichen Treffen mit Ingrid erzählte ich ihr von diesem Angebot, und meinte, die monatliche Zahlungen wären nicht das Schlimmste, aber die Schulden bei der Brauerei sei für mich ein Phantasiebetrag! Am nächsten Tag rief mich Ingrid an: »Ich hole dich nach der Arbeit ab, mein Vater möchte mit Dir wegen dieses Hotel-Angebots sprechen. Bringe alle Unterlagen mit, welche du von den Wirtsleuten erhalten hast!« Aufgewühlt von dieser unmissverständlichen Aufforderung ließ ich mich von Ingrid abholen und fuhr mit ihr zum Haus ihrer Familie. Nach kurzer Kaffeepause mit Kuchen setzten wir uns wieder auf die Terrasse und der Vater wollte genauestens erklärt bekommen, wie die Bedingungen der Übernahme des Objektes und die vorliegenden Zahlen der Einkünfte aussehen, welche ich von den Wirtsleuten bekommen hatte. »Das sieht wirklich sehr gut aus«, meinte der Vater, »und dieses Haus ist in Köln wirklich wohl bekannt, als renommierte Gaststätte. Wir treffen uns morgen gegen zehn Uhr in der ›Sparkasse der Stadt Köln‹ und rechnen dort diese Sache nochmals mit dem Bankberater durch. Wenn man uns dort finanziell überzeugt, können wir das Hotel nehmen.« Die Mutter, welche bis jetzt nur zugehört hatte, wurde blass im Gesicht. »Was willst du machen?!« »Ich werde eine Hypothek auf unser Haus aufnehmen und gegenüber der Brauerei für die Schuld haften.« »Bist du verrückt geworden ?«, fing die Mutter an zu schreien. »Willst du, dass wir eines Tages auf der Straße stehen, wenn uns das Haus weggenommen wird, weil die Schuld nicht zurückgezahlt wird?« »Ich will diesem Menschen helfen, ein neues Leben aufzubauen, nach alledem, was die Deutschen ihm und seinen Leuten angetan haben. Die Behörden stecken den Kopf in den Sand, aber ich tue es nicht. Schau dir diesen Menschen an, ist das einer, der zulassen wird, dass man uns für unser menschliches Handeln aus dem Haus rausschmeißen wird? Ich bin sicher, dass so etwas mit ihm nicht geschehen wird.« Auch ich bemühte mich, ihn von seinem Plan zurückzuhalten. Gleichzeitig stand Ingrid auf und ging zu ihrer Mutter, umarmte sie und meinte: »Der Plan von Vater ist bestimmt eine große Wohltat und so, wie wir unseren Freund jetzt bereits kennen, brauchen wir uns keine Sorgen zu machen über sein anständiges Vorgehen.«

Am nächsten Morgen trafen wir uns, auch Ingrid kam mit in die ›Sparkasse der Stadt Köln‹. Die Bankprüfung fiel gut aus, Ingrids Vater überschrieb zu Gunsten der ›Düsseldorfer Brauerei‹ die Hypothek in Höhe von 50'000 DM. Ich umarmte den edelsten aller Menschen, welchen ich bis jetzt in meinen Leben getroffen hatte und weinte vor Rührung lange, wie ein kleines Kind für so viel Menschlichkeit. Ein Rentner, Behinderter, der seine Familie zu ernähren hat, trifft einen wildfremden Menschen, ohne Bedingung für jegliches Entgegenkommen. Da er wusste, dass ich verheiratet bin, und somit keine seiner Töchter heiraten werde, nimmt er das Risiko auf sich, seine ganze Habe zu verlieren, um an einem Menschen Buße zu leisten, anstelle von den anderen, welche längst zu solcher Buße verpflichtet gewesen wären.

21
Mein erster eigener Betrieb

Und so auf einmal, ohne jegliche amtliche Unterstützung, nur durch wunderbare, gute Menschen, welche ich erst vor wenigen Tagen kennengelernt hatte, wurde ich Gastronom in einem Hotel mit Gaststätte, inmitten der Großstadt Köln. Mit Unterzeichnung des Vertrags auf Rentenbasis wurde ich zum rechtlichen Besitzer des Grund und Bodens mit darauf bestehende Bauten, inklusive der Innenausstattung des Hotels und der Gasträume. Diese Übertragung war verbunden mit der korrekten Abzahlungsleistung an die bisherigen Eigentümer und stellte sich als reguläre, monatliche Rentenzahlung dar. Außerdem habe ich die pünktliche Rückzahlung des Darlehens an die Brauerei unterzeichnet, für welche der Vater von Ingrid die Haftung übernommen hatte. Mit der großzügigen und vertrauensvollen Unterstützung von dieser Familie, die ich bereits tief in mein Herz geschlossen hatte, endete unsere Beziehung überhaupt nicht: Ingrid kündigte ihre Arbeitsstelle beim Rechtsanwalt und übernahm bei mir im Hotel die Leitung der Administration, sie kannte sich in der Arbeit aus und wollte mir hier zur Seite stehen. Sie führte ihre 16-jährige Schwester ein, die sich freute, nun nach ihrem Schulabschluss in einem Hotel eine Anstellung zu erhalten und hier neben ihrer Schwester arbeiten zu können. Der jüngeren wie der älteren Tochter wurde im Personalteil des Hauses ein eigenes Zimmer zur Verfügung gestellt, wo sie nach langen Arbeitstagen in der Gastwirtschaft übernachten konnten. Der Vater ermahnte mich, keine zu hohen Löhne an seine Töchter zu bezahlen, aber ich wollte fair sein und entlohnte sie gerne großzügig. Um den Familienfrieden nicht zu stören, wurde jeder

der Töchter ein Lohnkonto bei der ›Sparkasse der Stadt Köln‹ eröffnet. Drei oder vier weitere Aushilfskräfte waren jeweils angestellt, damit der vollständige Service alle Tage und Abende gewährleistet war. Das freundliche, zuvorkommende Benehmen der beiden Schwestern und des Personals hatte viel dazu beigetragen, dass viele bisherige Stammgäste treu blieben und neue dazu kamen.

Nicht zuletzt war dies auch ein Verdienst des Küchenchefs. Er war gebürtiger Kölner und verstand es wunderbar, mit der etwas anderen Kölner Mentalität des Publikums umzugehen.

Köln 1960, Hotel ›Russe am Ring‹

Eine lustige Neuigkeit war für uns alle das Wochenende. In den Sechziger Jahren sind von der Polizei strenge Straßenkontrollen eingeführt worden; und noch strenger waren die Strafen, welche den Fahrern in angetrunkenem Zustand verhängt wurden, ausnahmslos für alle ohne Rücksicht auf die Person, welche bei diesem Vergehen erwischt wurde. Keiner konnte dies mit dem Bezahlen einer Buße erledigen, sondern man wurde für eines oder mehrere Wochenende im nächsten Gefängnis inhaftiert. Da sich unser Gastbetrieb unweit entfernt vom berühmten ›Klingelpütz Gefängnis‹ befand, war es geradezu selbstverständlich, dass sich Wochenend-»Knastgäste« am Freitagnachmittag zuvor noch zu uns zu Gast kamen und »auf Reserve« für die nächsten 48 Stunden jene Mengen Wein oder Bier oder Schnaps tranken.

Manch einer füllte sich kleinste Alkoholfläschchen und schob diese in die Strümpfe, bevor er sich zum Gefängnis begab. Noch nie zuvor bin ich so vielen Anwälten, Direktoren, Ärzten oder Beamten begegnet, wie an diesen Nachmittagen. Und kurz vor sechs Uhr gingen, oder besser gesagt, taumelten die Brüder brav zum Gefängnistor. Die fröhlichsten Stunden waren somit angesagt: Sonntagabend nach sechs Uhr wurden diese Trinker jeweils entlassen, wenige Minuten später hatten wir in der Gastwirtschaft alle Hände voll zu tun: da standen sie alle durstig an der Theke, aber nicht allein, denn sie brachten ihre noch uniformierten Gefängnisaufseher gleich mit und unterhielten sich per du, stießen an auf ewige Bruderschaft. Es ging so lustig zu, ich habe selten so viel gelacht und ich musste auch mit dem einen oder anderen auf Bruderschaft anstoßen. Oft wollte einer vergessen, dass zu Hause die Familie auf ihre armen, verfolgten Häftling wartete und sich sorgte, warum denn die böse Behörde ihren armen Angehörigen so lange zurückbehielt. Immer wieder hatte ich einen Gast spät am Abend an sein Zuhause zu erinnern, damit er dann endlich wegging ... mit einem viel missmutigeren Gesicht, als wie er sein Gefängniswochenende angetreten hatte.

Vergessen? Ja, auch in mir musste da etwas vergessen gehen: alle Jahre, welche ich schon einmal in Europa durchlebt hatte. Ich war zum ersten Mal in Deutschland, in Köln, ich hatte eigentlich gar nie etwas mit Deutschland zu tun, sondern diesen Staat einzig durch das Nazi-Regime kennengelernt. Hier war ich fremd, alles schien mir wie eine andere Welt. Das Kölsch war ein Dialekt, den ich nicht gleich mit der deutschen Sprache der Nazis in Verbindung brachte und die Gesellschaft suhlte sich in echtem oder vermeintlichem Reichtum, an nichts schien es zu fehlen. So blieben alle meine Erinnerungen in nebligem Hintergrund, den ich mit den fröhlichen Menschen in der Gastwirtschaft gerne so beließ. Auch ich wollte lachen und fröhlich sein, einfach Menschen nahe sein, ohne dass ich darum kämpfen, mich schützen oder verteidigen musste. Einfach ein normaler Mensch wollte ich sein.

22
Familie und Beruf

Nach einem Jahr folgten mir meine Frau und meine beiden Kinder und wir freuten uns daran, einander wieder zu haben. Meine Frau ist beruflich mit eingestiegen und die Kinder wurden eingeschult. In kurzer Zeit wurde ich zum perfekten Gastronomen und schaute mich bereits nach weiteren Betätigungsmöglichkeiten um. Fortlaufend entstanden Bekanntschaften mit vielen Persönlichkeiten der Gastronomie-Branche und so bekam ich eines Tages vom Hotel- und Gaststätten-Verband, wo ich Mitglied geworden bin, den Tipp, dass ein bekannter Kölner Gastronom, aus Gesundheitsgründen, sein seit vielen Jahren bekanntes Hotel mit Bar – im Zentrum Kölns – aufgäbe. Bei einer ersten und weiteren Begegnung beeindruckten mich die gepflegte Einrichtung und das gut geführte Unternehmen sehr positiv, und wir kamen bald zu einer Einigung. Bereits nach wenigen Wochen waren die Formalitäten geregelt und ich übernahm offiziell meinen zweiten Betrieb, das Hotel ›Russe am Ring‹. Dieses Unternehmen war weit entfernt von meiner bisherigen, kleinen und einfachen Gaststätte. Von nun an hatte ich mich um beruflich qualifizierte Mitarbeiter zu kümmern, um den bestens eingeführten Betrieb, wie bisher, erfolgreich weiterzuführen. Eine Geschäftsführerin, eine nette, junge Österreicherin, fand ich über eine Anwaltskanzlei in Linz an der Donau, wo ich sie abgeworben hatte. Die großräumige Bar bestand aus drei Abteilungen: einer rustikalen Bierschänke, einem eleganten Restaurant, wo eine Vier-Mann-Kapelle zum Tanz spielte und einer kleinen, intimen Bar, in welcher einige Bardamen arbeiteten. Diese Bereiche verwaltete meine Frau Rachel ganz versiert und mit viel Enthusiasmus.

Nach einigen Monaten übernahm ich unweit des Kölner Doms eine weitere Nachtbar, in der auch ein Varietéprogramm stattfand. Diese beiden Lokale, und ein anderes Lokal an der Kölner Messe, waren die einzigen in der Millionen-Stadt Köln, welche eine Nachtkonzession, bis fünf Uhr morgens, besaßen, weil der damalige Kölner Kardinal sehr um ein moralisches Wesen der Stadteinwohner besorgt gewesen war.

Mir behagte es, dass sich in meinen Lokalitäten eher Gäste aus der höheren Gesellschaftsschicht zusammenfanden, das hielt meine Betriebe attraktiv. Die Prosperität der Betriebe lief ausgezeichnet, und die Tätigkeit machte uns allen viel Spaß, abgesehen von der Ermüdung nach den langen schlaflosen Nächten, welche nun mal ein Bar Betrieb mit sich bringt.

Schwerer war das für meine Frau, obwohl sie eine Haushälterin zur Verfügung hatte. Schließlich wollte sie sich selber um unsere Kinder kümmern, sie beim Aufstehen begleiten und sie versorgen, bevor sie zur Schule gingen. Alles verlief mit erfreulichem Erfolg und wir genossen viele gute Beziehungen. Auch in meinem ersten Betrieb, in der Gaststätte ›Klingelpütz‹ gelang ein Jahr nach dem andern. Ingrid betreute den Betrieb hingebungsvoll zu jeder Stunde. Zu unser aller Entsetzen kam es jedoch zu einer sehr tragischen Begebenheit, Ingrid wurde krank, schwer krank. Sie musste ins Krankenhaus gebracht werden. Man diagnostizierte unheilbaren Brustkrebs, sie musste dort bleiben. Schneller als wir es begreifen konnten, verstarb diese wunderbare, erst 29 Jahre alte Frau und das war eine große Tragödie für uns alle. Wir konnten nicht begreifen, wieso gerade dieses wunderbare Wesen, diese immer hilfsbereite, flinke Frau so jung von dieser Welt gehen musste.

Ich habe im Krieg meine Geschwister und viele Verwandte und Bekannte verloren, um die ich noch immer trauerte und manches Mal weinte, aber die Trauer nach Ingrids Tod war unvergleichbar. Vermutlich war dies deshalb so, weil ich den Verlust der andern geliebten Menschen nicht unmittelbar in meiner Nähe mitbekommen habe, sondern er mir erst später mitgeteilt wurde. Ich sank ab in eine Krise. Erneut zweifelte ich an meinem Glauben, kam nicht weg von der Frage, weshalb Gott gerade solch eine gütige Person aus dem Leben holt, während hingegen so viele Verbrecher und menschliche Bösewichte ungeschoren davon kamen und sich nach all ihren Gräueltaten trauten, nochmals eine vor der gesamten Gesellschaft anerkannte Existenz aufzubauen?!

Der Verlust war für uns alle enorm. Sie fehlte uns sehr. Doch dann musste ich an den Betrieb denken, der nun ohne Leitung dastand. Ich glaubte nicht, jemanden finden zu können, der eine Ingrid zu ersetzen vermochte. Zeit verstrich. Irgendwann, dank so vieler Bekanntschaften, welche ich täglich in meinen neuen Betrieben begrüßte, sprach mich eines Tages ein Herr an, der mit seinen Berufskollegen im Restaurant saß. Er stellte sich vor als einer der Verwaltungsdirektoren der ›Ford-Werke Köln‹, und befragte mich nach geeigneten Unterkünften für die ausländischen Arbeiter der Ford-Werke. Damit fand sich die Lösung für meine Gaststätte: »Sie haben, meine Herren, vermutlich mit mir genau den Richtigen angesprochen, um helfen zu können.«

Wir verabredeten uns für den nächsten Tag in meinem ersten, kleinen Hotel. Er kam in Begleitung zweier anderer Verwaltungsleute und besichtigte das gesamte Haus. Sie bekundeten Interesse und erkundigten sich ausführlich nach der Möglichkeit, von ein paar notwendigen Anpassungen wie zusätzliche Toiletten und Kochgelegenheiten für die Gastarbeiter. Da ich keine Einwände hatte, sofern die Konditionen klar wären, fanden wir zu einer Einigung. Man lud mich ein, zur Vertragsunterzeichnung in die Direktion der Ford-Werke zu kommen, wo ich nochmals einen bestärkenden Eindruck erhielt, hierin eine gute Lösung für mein kleines Hotel getroffen zu haben. Ich erhielt einen Jahresvertrag mit einer Vorauszahlung von 65'000 DM. Ein nicht alltäglicher Betrag, anderseits musste ich mein gemütliches, kleines Hotel und meine Lieblings-Gaststätte für immer aufgeben. Meine Angestellten wurden in den anderen zwei Betrieben integriert, außer Ingrids kleine Schwester. Sie zog es vor, eine Anstellung in einem Büro der Stadtverwaltung anzunehmen.

In der ehemaligen Gaststätte ›Thüringer Hof‹ wohnten nun beinahe hundert Fremdarbeiter, sie schliefen auf Pritschen, welche in den Zimmern aufgestellt worden waren. In den Fluren wurden Arbeitstische mit Elektro-Kochplatten aufgestellt, wo die Leute ihre Speisen zubereiten konnten. Es war natürlich sehr eng. Am Anfang funktionierte das, weil die Italiener aus Gegenden kamen, in denen große Armut herrschte. Aber mit der Zeit, durch die Verdienste, welche für die Leute ein Vermögen darstellten und auch durch Besuche bei andern Landsleuten, die in besser ausstaffierten Unterkünften lebten, entstand eine Welle der Unzufriedenheit und die Arbeiter beklagten sich sowohl bei der Gewerkschaft, wie beim Italienischen Konsulat. Eines Tages wurde ich von der Verwaltung der ›Ford-Werke‹ angerufen, dass ich mich wegen einer Kommissionskontrolle im Hotel einzufinden habe, die Herren wollten mich antreffen.

Es kamen sowohl die Direktoren der ›Ford-Werke‹, der italienische Generalkonsul und Vertreter aus der Gewerkschaft. Nach Besichtigung der Unterkünfte und aller räumlichen Umstände entstand eine aufwühlende Diskussion, über unmenschliche Verhältnisse für fast hundert Leute, wo kaum für fünfzig Personen Platz genug wäre. Am schlimmsten und lautesten schrie mich der Konsul an. Das ließ ich mir nicht gefallen und konterte, dass die Unterbringung der Arbeiter hier die Sache der ›Ford-Verwaltung‹ sei und dass diese bestimmen, wie viel Leute wo wohnen sollten. »Und übrigens Herr Konsul, in Mauthausen, wo ich war, da war es viel schlimmer.« Der Konsul lief rot an und ging davon, ohne ein weiteres Wort zu verlieren. Die anderen verabschiedeten sich und gingen.

Nach einer Woche wurden vierzig Leute der Belegschaft anderswo untergebracht. Einer Senkung der Miete hatte ich nicht zugestimmt, da mein Vertrag für ein Jahr fest abgeschlossen war, und darin war keine Anzahl von Personen festgelegt, welche da wohnen durften.

Per Ende des Vertragsjahres wurden die Ford-Arbeiter abgezogen, und ich hatte bereits einen Vertrag für die nächsten zwei Jahre mit der Deutscher Bundesbahn in der Tasche, aber natürlich für nur fünfundvierzig Personen und die Miete war auf 4'500 DM monatlich festgelegt.

Zwei Jahre später verkaufte ich das Haus.

23
Österreich mag mich nicht

Nach zwei intensiven Jahren Tätigkeit in der Bundesrepublik – inzwischen erwarb ich noch weitere Unternehmen – fühlte ich mich mit der Stadt und den Menschen dort so, als hätte ich nie etwas Anderes im Leben gemacht, als wäre ich nie woanders ansässig gewesen. Die Kriegsjahre und meine anschließenden Pionierjahre in Israel schienen in weite Ferne gerückt. Bedenken, welche ich anfangs hatte und die Vorbehalte, welche mir manche Menschen entgegenbrachten, weil sie überhaupt nicht verstehen konnten, dass ich nach allen Geschehnissen im Krieg, nach meiner durch die Shoah verdorbene Jugend hier leben konnte und wollte, waren weit entrückt. Ich erlebte das Nachkriegs-Deutschland zum allergrößten Teil sehr anders, nämlich in verbindlichen Geschäftsbeziehungen, viel privatem Entgegenkommen, welches oftmals gerade durch die ebenso von der Gegenseite erfahrenen Jahre, schuldbewusst und beinahe durchgehend mit Großzügigkeit gepflegt wurde. Meistens wurde mir ein beachtlicher Respekt gezollt. Auch von den zuständigen Behörden wurde ich immer unbürokratisch und korrekt behandelt, und ich hatte problemlos die benötigten Bewilligungen erhalten.

Eine brüskierend andere Einstellung erfuhr ich leider in Österreich. Über viele Jahrzehnte ist das in ganz Österreich bekannte Haus »Zur Post« als traditionelles Unternehmen von ein und derselben Familie Bachbauer geführt worden. Leider war der letzte Besitzer mit seinen Angehörigen beim Absturz des Flugzeugs in England zu Tode gekommen und die verbliebenen Erben hatten keine Möglichkeit gefunden, den Betrieb aufrecht zu erhalten und die gesamte Anlage zum Verkauf ausgeschrieben. Ich erfuhr von dieser Ausschreibung und interessierte mich. Nach einer überzeugenden Besichtigung übernahm ich das Objekt. Ich war neugierig und zuversichtlich, erstmals im Heimatland meiner Mutter eine große Aufgabe übernehmen zu können. Es war ein sehr schönes, imposantes Haus. Mir gelang es, Marie als Geschäftsführerin einzubinden, jene Marie, die ich nach Kriegsende erstmals auf dem Feuerkogel getroffen hatte und mit der ich dank ihrer Mutter, meines Vaters zweite Frau, stets in Kontakt geblieben bin. Bekanntlich würden die zuständigen Wiener Behörden beinahe ein ganzes Jahr brauchen, um Genehmigungen dieser Art zu erteilen. Um diese verlustreiche Zeit nicht abwarten zu müssen, begab ich mich zum zuständigen Bezirksregierungs-Präsidenten in der Stadt Steyr und wollte bei dem obersten Behörde-Vertreter für meine Konzession reklamieren. Wie zu erwarten war, wurde ich mehrere Male vom Vorzimmer weggeschickt. Die Begründung war, dass der Herr Präsident keinen »Parteiverkehr« empfange. Verärgert trat ich schließlich nochmals vor und brachte meinen Entlassungsschein aus dem KZ Mauthausen mit, welches bloß hundertfünfzig Kilometer vor Wien gelegen hatte. Demonstrativ zog ich dieses Papier aus meiner Brieftasche und reichte es der Empfangsdame dieses großen Mannes mit den Worten: »Bitte geben Sie meine Visitenkarte dem Herrn Präsidenten.« Sie wurde blass, danach rot, als sie die Karte las und verschwand damit schnellstens hinter der Türe des Chefs. Und, oh Wunder!, wie schnell kam sie wieder heraus und sagte: »Der Herr Präsident lässt bitten.« Der Herr Baron (mit diesem Titel an seinem Schreibtisch angeschrieben) begrüßte mich und fragte, womit er mir helfen könnte. Mit meiner angeborenen Direktheit, ohne mit der Wimper zu zucken, sagte ich zu ihm: »Herr Präsident, ich wollte Sie zur Eröffnung unseres ihnen bekannten Hotels einladen, die findet nächsten Sonntag statt, und es kommen viele Presseleute.« »Aber, wie mir bekannt ist, haben Sie noch gar keine Genehmigung aus Wien erhalten?« »Das stimmt«, antwortete ich. »Hier, diese Unterlagen sind vor mehr als drei Monaten vollständig eingereicht worden, aber wir leben doch nicht zurzeit von Marie-Theresia! In der Bundesrepublik besitze ich mehrere Unternehmen und hatte auf keine Genehmigung länger als vier Wochen zu warten. Und nun hier, dieses renommierte Haus steht schon über ein Jahr leer, wegen jener unglücklichen Geschehnisse meiner Vorgänger, es ist geschlossen und wir mussten schon so viele Reservierungen aus Deutschland absagen. Ist ihnen nicht klar, welch ein irreparabler Schaden entsteht mit jedem Tag, den sie mit der Erteilung der Genehmigung hinauszögern? Und all dies wegen einer unbegreiflichen Bürokratie?« »Also gut, ich will ihnen helfen, habe auch ihre «Visitenkarte» gelesen, die hat mich genug schockiert. Drücken wir ein Auge zu und ich rufe jetzt den Polizeichef, damit er Bescheid weiß. Aber leider werde ich trotzdem Ihrer Einladung nicht folgen können: offiziell darf ich nicht an nicht genehmigten Veranstaltungen teilnehmen. Ich versichere Ihnen, dass ich irgendwann gewiss Gebrauch machen werde von Ihrer Einladung.« Damit verabschiedete er mich. Ich glaube mit ziemlicher Sicherheit, dass er nach meinen Besuch eine Beruhigungstablette schlucken musste.

Nun hatte ich zwar mit meiner Frechheit einen Sieg errungen; dennoch dauerte es ein weiteres halbes Jahr, bis die offizielle Genehmigung eingetrudelt war. Das Haus wurde sehr gerne besucht, am meisten von den Menschen aus der näheren Umgebung, wegen der Weinstuben und der Tanzmusik im großen Tanzsaal. Wöchentlich bekam die zuständige Polizei eine Lieferung von beliebtem Silvaner Weißwein und somit gab es nie Probleme.

In jenen Monaten ereignete sich dann eine noch unangenehmere Begebenheit, welche in mir stärkste Zweifel hervorholte, ob ich mich in Deutschland und Österreich am richtigen Ort befinde.

Ich lud einen guten Kölner Freund mit seiner Frau ein, bei uns in Österreich eine Woche Urlaub zu verbringen. Er war hoher Polizei-Offizier. Das Ehepaar reiste mit dem Zug an. Am Bahnhof erkundigten sie sich bei einem etwa vierzigjährigen Mann, wie man zum Hotel »Zur Post« gelange. »Warum müssen sie zum Jud?«, erwiderte der Angesprochene. »Es gibt hier genug Unterkünfte unserer Leut.« Mein Freund erzählte mir dies und fügte an: »Wäre ich nicht Polizist, hätte ich ihm bestimmt eine runtergehauen!« Und fügte hinzu: »Ich glaube nicht, dass du hier den richtigen Ort gefunden hast, du weißt, wie du in Deutschland geachtet und geschätzt bist und das hier solltest du mit Köln nicht verwechseln.«

Damit gab er mir viel zu bedenken. Aber das Ausschlaggebende sollte erst noch folgen.

An einen Wochenende erhielt ich die Nachricht, dass der Landestourismus-Minister mit mehreren Angestellten für zwei Tage ins Hotel kommen und die Möglichkeit prüfen wolle, in unserem Hotel eine Kneipp-Kur, ja überhaupt eine Badeanstalt einzurichten. Die zunehmende Nachfrage aus Deutschland dränge geradezu, eine geeignete Anlage dafür zu bauen. Mich erfreute diese Aussicht, und wir empfingen den Minister, in Begleitung von acht Angestellten verschiedener Berufe herzlich gerne. Alle wurden in besten Zimmern untergebracht, selbstverständlich zum Essen eingeladen und wir stellten fest, dass sie sich durchaus reichlich gütlich taten, an unseren alkoholischen Getränken. Am Sonntagabend, nach vielen Besichtigungen des Hauses und dessen Umgebung, nach Anfertigung diverser Skizzen und Pläne, verabschiedeten sie sich mit verheißungsvollen Dank und der Herr Minister versprach, mir in Kürze über die weitere Entwicklung zu berichten. Dennoch verstrichen manche Wochen ohne jegliche Zeichen vom Ministerium. Als eines Tages einige schwer beladene Lastwagen auftauchten, die Baumaterial wie Zement, Holz verschiedener Art und mehr transportierten, ließ meine Spannung nach, denn ich glaubte, nun würde mit dem versprochenen Umbau begonnen. Aber die Laster fuhren donnernd vorüber und ich musste erfahren, dass sich ihr Ziel am Ortsende befand, bei einem kleineren, unscheinbaren Gasthof. Dort wurde das Material abgeladen! Nach einigen Tagen beobachtete ich konsterniert und enttäuscht, dass tatsächlich an jenem Gasthof die Bauarbeiten begonnen hatten, meine Wut war riesengroß! Ich setzte mich ins Auto und fuhr nach Linz an der Donau, zum Büro des Tourismus-Ministeriums. Die Empfangsdame, welche mir den Zutritt zum Büro verweigern wollte, wurde von mir nicht sehr sanft zur Seite geschoben und ich betrat das Zimmer des Ministers. »Was ist los, was machen sie hier?«, fragte er nervös. »Ich wollte sie erinnern an die tollen Versprechungen, welche sie uns gegeben haben. Aber wie wir alle sehen, haben sie sich das anders überlegt und unterstützen mit ihren Plänen einen kleinen Gasthof?!« »Ja«, meinte er frech. »Zuerst sind unser Leut dran.« »Sie können mich mit ihren Leut ... !«, schrie ich laut auf. »Das Hotel wird liquidiert – ab sofort!« Und ich lief aus dem Büro hinaus.

Diese öffentliche Missachtung und arrogante Einstellung, weil ich eben nicht zu »unseren Leut« gehörte, war mir zu unerträglich! Es war für mich ein Zeichen, dass ich nicht in diese noch immer nationalsozialistische Welt passte. Ich hatte daraus meine Konsequenzen zu ziehen. Bei der Rückveräußerung des Betriebes hatte ich viel von meinen finanziellen Mitteln einbüßen müssen, anderseits hat es mich sehr beruhigt, mich aus dieser Situation befreit zu haben.

24
In der Hotel-Bar

Manchmal erlebte ich das Wunder, wie aus einem anfänglich unbedeutenden Ereignis eine schicksalshafte Entwicklung wurde. In diesen Jahren hat es einmal auch meinen beruflichen Weg markant betroffen, und davon möchte ich gerne erzählen.

An einem Freitagabend in der Hotel-Bar, wie oft um diese Zeit ohne ein einziges freies Tischchen, bei fantastischer Stimmung dank der einmaligen Hauskapelle, die schon beim Vorgänger erfolgreich im Hause aufgespielt hatte, hatte ich noch zusätzlich einen italienischen Musiker und Sänger engagiert; die Musik wechselte ab zwischen original Kölsche Karneval-Liedern, italienischen Opernarien und Volksliedern. In einer Ecke ist mir durch ihren Dialekt ein Tisch mit Schweizer Gästen aufgefallen. Nachdem sie genüsslich und lange gespeist hatten, setzten sie den Abend mit einer Trinkrunde nach der anderen fort, wie an der Menge der leeren Flaschen auf dem Servier-Tisch nebenan ablesbar war. Sie baten wiederholt den Kapellmeister an ihren Tisch und ermunterten ihn mit einem Trinkgeld, ein weiteres italienisches Lied erklingen zu lassen. Unserem italienischen Tenor gelang damit, alle Gäste zu Begeisterungsstürmen hinzureißen. Schon reichlich spät am Abend, ich war gerade dran, mich mit anderen Gästen zu unterhalten, krachte es auf einmal vehement und die Musik verstummte. Wie ich zum Podium eilte, sah ich den Chef der Schweizer auf den Stolz unseres Hauses klettern, auf unseren Klavierflügel von Bechstein, und er versuchte, da obendrauf zu tanzen. Natürlich brach das kostbare Instrument unter seinem korpulenten Körper gleich ein und ging komplett in die

Brüche. Wir alle standen da, wie versteinert, und starrten auf den verunglückten Tänzer, der sich aufzurappeln versuchte. Dann wankte er auf mich zu: »Sie sind bestimmt der Inhaber, ich bitte Sie sehr um Verzeihung für alles, was passiert ist.« Und entnahm seiner Brieftasche eine Visitenkarte. »Bitte kommen sie am Montag in unser Büro, und bringen sie eine Rechnung für das neue Klavier, jeder Betrag wird sofort bezahlt, suchen sie sich das Beste aus, das, welches sie haben wollen!«

Der Kapellmeister setzte erneut mit seinem Akkordeon an, und langsam kehrte bei den Gästen die verlorengegangene Stimmung zurück. Als die Schweizer das Lokal verließen, beglichen sie ihre Rechnung mit reichlichen Trinkgeldern für die Bedienung, und der Übeltäter kam nochmals zu mir mit weiteren Entschuldigungen. Gleich am nächsten Tag ging ich mit unseren Musikern zum größten Musikgeschäft der Stadt, um einen Ersatz für den Bechstein-Flügel zu finden. Unser ausgewähltes Instrument war ein Vorführflügel, deshalb war der Preis nicht so hoch wie für ein neues Instrument, vielleicht DM 8'000. Ich wollte nicht unverschämt sein und die Lage auszunutzen für ein fabrikneues Instrument, schließlich hatte unser Flügel auch schon einige Jährchen drauf gehabt. Am Montag begab ich mich dann mit der Rechnung zum Büro der Schweizer. Ich hatte bereits in Erfahrung gebracht, dass die Schweizerische Gesellschaft mit dem Bau des Einkaufszentrums in der Glockengasse beschäftigt war, gelegen gegenüber der Stadt-Oper an der Seite des berühmten Museums von »4711«. Ich wurde vom Chef sofort empfangen, der mich zuerst zum Kaffee einlud und sich noch mehrere Male für sein Verhalten entschuldigte. »Ich weiß nicht, was in mich gefahren ist«, sagte er. »Die Musik hatte es mir so sehr angetan, ich war so begeistert von ihrer Kapelle in ihrem stimmungsvollen Lokal ... « Als ich ihm die Rechnung reichte, meinte er: »Das ist aber kein neuer Flügel für diesen Preis?« Ich meinte: »Unser Flügel war auch nicht mehr neu und ich bin nicht einer der sie ausnützen will, sie haben doch den Schaden zu tragen!« Er schaute mich sinnierend an und erwiderte: »Sie sind ein sehr anständiger Mensch, ich kenne niemanden, der diese Gelegenheit nicht genutzt hätte, um sich einen neuen Flügel anzuschaffen«. Umgehend veranlasste er, dass mir die Sekretärin den Check über den Betrag ausstellte und ihn mir übergab ... mit nochmaliger Entschuldigung. »Wissen Sie, Ihre Lokalität hat eine einmalige Atmosphäre, man fühlt sich dort einfach wohl. Ich habe vor, noch mehrmals wenn ich in Köln bin, Sie zu besuchen. Aber keine Angst, weitere Klaviere werden nicht mehr gekauft«, schmunzelte er dann. »Übrigens: weshalb haben Sie sich nicht beworben, in unserem Zentrum etwas Besonderes einzurichten? Wir haben Bewerbungen der größten Gastronomen Deutschlands und auch aus vielen europäischen Ländern erhalten, welche hier eine Attraktion einrichten wollen. Wie steht es mit ihnen?« »Ich weiß nicht«, meinte ich. »Mir scheint die Konkurrenz zu groß und zweitens muss sehr viel Geld investiert werden, um etwas Besonderes aufzumachen.« »Hören Sie, ich gebe Ihnen einige Pläne mit, damit sie herausfinden können, wo eventuell doch Räumlichkeiten für ihre Art von Gastronomie geeignet wären.« »Und was passiert mit den fünfzig andern Bewerbern?« zögerte ich. »Überlassen Sie das mir. Lassen Sie sich einfach etwas Besonderes einfallen. Wenn es genügend auffallend sein wird, werde ich mit großer Wahrscheinlichkeit die Zustimmung des Grundbesitzers Herrn Mülhens bekommen; er besitzt Mitspracherecht bei der Planung.« Also nahm ich dankend die Pläne und verabschiedete mich in Freundschaft.

Einige Tage war ich nun mit den Plänen dieses Objekts beschäftigt, welches bereits im Rohbau fertig dastand. Es war ein faszinierender Komplex! Neben dem Erdgeschoss, welches bestimmt war für diverse Läden und mit mehr als 600 Quadratmetern für Gastronomie, waren im Kellergeschoss Räumlichkeiten eingerichtet für zwei Theatersäle, im ersten Obergeschoss Platz für einige hundert Parkplätze und in der Zwischenetage für Büros. Ich besprach mich mit einigen Architekten, mit Spezialisten für Inneneinrichtung, und zum Schluss begab ich mich zu einer großen Brauerei im Ruhrgebiet, von der mir bekannt war, dass sie noch keine großen Absatzmöglichkeiten in Köln besaß. Dem Vorstand der Brauerei stellte ich meine Planung für das Restaurant in diesem neuen Einkaufszentrum vor und stieß auf sehr große Begeisterung für dieses Unternehmen. Natürlich musste ich gleich offenlegen, dass die Errichtung dieser Gastronomie beinahe eine Million DM kosten werde. Sie baten um Bedenkzeit und würden das Projekt gerne prüfen. Tatsächlich bekam ich nach ein paar Tagen eine verbindliche Zusage, dass der Vorstand langfristig mit einer Investition von 300.000 DM einverstanden wäre. Das war für die damalige Zeit ein aufsehenerregender Betrag, den eine Brauerei für einen neuen Betrieb einsetzte. In übrigen wurde später dieser Betrag um fast 100.000 DM erhöht.

Und dann, mit einigen Plänen und Berechnungen ausstaffiert, besuchte ich wieder meinen neuen Freund, den Schweizer Chef des Unternehmens und ich legte ihm meine Unterlagen vor. Das alleinige Recht für Gastronomiebetriebe im ganzen Center beanspruchte ich für mich. Die Einrichtung sollte aus den zur Verfügung stehenden 600 Quadratmetern bestehen. Darin würden ein Konzert-und Tanzcafé, ein luxuriöses, elegantes, internationales Restaurant und eine Bierschänke integriert. Hinzu komme eine besondere Bar für die Schauspieler und Künstler der Oper und für die sich im Hause befindenden zwei Theatersäle. Ein Bistro für die Gäste, bevor sie ins Theater gehen oder es verlassen, sowie eine französische Crêperie kommen hinzu. Eine umfangreiche Küche in den hinteren Räumen sollten aufgebaut werden. Im Kellergeschoss gehören zwei Buffets je zu den beiden Theatersälen, ferner genügend Toiletten für alle Gäste. Für sämtliche Betriebe sah ich Garderoben für das Personal und Garderoben für Gäste vor. Die offene Terrasse beim Haupteingang sollte ebenfalls genutzt werden.

Mein Schweizer las, studierte, schaute mich dann ungläubig an und staunte: »Von diesen fünfzig Anfragen, welche mir hier vorliegen, kam keiner mit solchen Ideen, entweder sind sie ein Verrückter oder ein Genie. Und Sie glauben, Sie können das bewältigen, sowohl finanziell wie personalmäßig?«

Ich antwortete sorgfältig: »Das ist zugegeben kein leichtes Unternehmen, aber ich habe Spaß, das zu realisieren und ich glaube daran.« »Lassen sie bitte diese Planung hier, ich werde das heute mit Herrn Mülhens besprechen.« Bereits anderntags erhielt ich einen Termin zu einer Besprechung im Büro des Herrn Mülhens im Hause 4711. »Seien sie pünktlich, und bringen Sie sämtliche Unterlagen mit, die Sie haben!« Kurz vor drei Uhr nachmittags betrat ich das berühmte Haus 4711 und wurde ins obere Geschoss geführt, wo der Herr des Hauses, Ferdinand Mülhens residierte. Es war mir bereits bekannt, dass der Chef des Konzerns »4711« höchst selten irgendwelche Parteien empfängt und dass seine dreitausend Angestellten von seinen unzähligen Assistenten verwaltet sind. Der junge, auf den ersten Blick sympathische Herr des Hauses, empfing mich sehr herzlich und wir fanden auf der Stelle einen vertraulichen Ton miteinander, welcher sich mit der Zeit und auch in späteren Jahren zu einer gegenseitigen Sympathie entwickelt hat. Herr Mülhens war sehr interessiert an meinen Vorschlägen, aber, er habe, wie er sagte, eine sehr penible Einstellung gegenüber Unterhaltungs- und Vergnügungs-Lokalitäten, speziell im historischen Teil Kölns. Seit Jahrhunderten sei seine Familie hier ansässig, und er möchte ungern erfahren, dass dort ein Treffpunkt für Asoziale, Rowdies und Betrunkene entstehen würde und er fürchte, dass die ganze Umgebung, eingeschlossen der Kölner Dom und die Oper, damit ihr heutiges Renommee verlieren würden. Ich bestätigte ihm dieselben Bedenken und fügte an, mit welcher Strenge ich bereits bis dahin die Auswahl meiner Gäste getroffen hatte und dass diesem Thema an der Glockengasse nochmals mehr Gewicht zugemessen würde. Dann wollte der Herr des Hauses mitbestimmen, wie die Einrichtung, die Dekorationen und Beleuchtung aussehen würden; man wolle dies gemeinsam mit seinen Architekten planen, sobald der Mietvertrag unterzeichnet sei. Und so bekam ich den Segen des bekanntesten und eines der einflussreichsten Prominenten Kölns, dass ich in seinen Beinahe-Sakrileg geltenden Besitztums walten dürfte. Mehr noch als dieses, bekam ich von ihm das Recht, gegen ein symbolische Gebühr mein Konzert-und Tanz-Café die »GOLDENE GLOCKE« zu nennen und auch sein Familienwappen verwenden zu dürfen. Ab sofort strahlte nun Tag und Nacht eine goldene Glocke mit Überschrift über dem Eingang zu den Lokalitäten. Die darauffolgenden, anspruchsvollen Besprechungen mit dem Architekten – Herr Mülhens, war immer dabei – haben sich manchmal zu richtigen Kämpfen verwandelt.

Herr Mülhens entschied, dass die Tapeten im Café aus Japan eingeführt werden müssen, die Innenarchitektur im Café sollten nur aus Mahagoni und Palisander gestaltet werden. Die bestickten Vorhänge wurden ebenfalls aus dem Ausland geliefert, die Lampen aus Murano, der Teppich in blauer Farbe musste mehrere Zentimeter hoch sein, an jeder Kleinigkeit und um jede Kleinigkeit wurde gerungen. Schließlich war der große Boss zufrieden, ich weniger, als ich die Rechnungen bekam. Zum Schluss präsentierte sich ein Betrieb, wie er in Köln noch nie existiert hatte. Nicht nur in Köln. Es wurde mir von Gästen und Besuchern immer wieder gesagt, dass ein ähnlicher Betrieb in der ganzen Republik nirgends seinesgleichen finde.

Alle Lokalitäten und alle Betriebsräume wie Küche, Bäckerei, Lager, Bierkeller und andere, wurden mit einer selten gesehenen Perfektion eingerichtet.

Und dann kam das Personal. Ich fand einen Direktor eines großen Hotels in Karlsruhe, ein langjähriger Gastronomie-Fachmann, der anfänglich einen sechs-Monate-Probe-Vertrag mit mir unterschrieben hatte. Da ich kaum mehr für anderes Zeit fand, überließ ich es ihm, das benötigte Personal anzustellen. Dazu benutzte er unser Doppelzimmer-Büro im Obergeschoss des neuen Centers. Am Eröffnungstag bekam ich von dem Geschäftsführer eine Liste mit 104 Namen meiner neuen Angestellten. Ich fragte nur: »Brauchen wir wirklich so viele Leute?« »Natürlich«, antwortete er mir, »die Menschen arbeiten nur acht Stunden nach Gesetz und haben auch einen Tag pro Woche frei, sodass wir noch Ersatzkräfte brauchen.« Ich überließ ihm diese Angelegenheit und habe somit nie alle meine Angestellten kennengelernt. Eines Tages fragte ich eine junge Dame, welche neben mir stand: »Wer sind sie, was machen sie hier, hier ist kein Ort für Gäste, nur für das Personal.« »Chef, ich bin das Personal, ich arbeite hier seit drei Wochen.« Das Lachen über diese Umstände hallte durch alle Räumlichkeiten! Und dann setzte ich mich mit einigen Vernünftigen aus dem Personal zusammen und wir überprüften den Bestand des Personals. Es stellte sich heraus, dass ein Drittel des Personals frei hatte und dann zur Arbeit erschien, wann das nächste Drittel frei feierte. Mein trotteliger Geschäftsführer hatte ein System eingeführt, welches vielleicht in der Beamtenpolitik üblich war, in der Gastronomie aber absolut unrealistisch gewesen wäre. Diese Lohnausgaben hätte ich niemals bezahlen können. Diesen unmöglichen Geschäftsführer entließ ich umgehend, und dann filterten wir die fleißigen Kräfte von den untüchtigen, und, sage und schreibe, nach einen Monat, hat sich der Personalbestand auf etwa vierzig feste Angestellte herunter korrigiert. Einige Leute blieben auf Abruf zur Verfügung für Vertretungen bei Freitagen oder Erkrankungen. Von nun an verlief alles problemlos. Mit der neu angestellten Geschäftsführerin und einer neuen Sekretärin konnte ich mich so arrangieren, dass ich mich mehrere Stunden am Tag um meine anderen Betriebe kümmern konnte. Mit der Zeit wurden alle von mir so an ihrem Arbeitsplatz eingeführt, dass der Betrieb zufriedenstellend aufrechterhalten blieb.

Viel Zeit musste ich einsetzen, um geeignete Musik-Bands zu finden: das nachmittägliche Liebhaber-Publikum wollte natürlich konzertante Musik hören, und das Abendpublikum wünschte moderne Tanzmusik; so hatte ich Kapellen aufzuspüren, welche beide Komponenten meistern konnten. Oft reiste ich an verschiedene Orte, um selbst zu beurteilen, welche Kapelle für Köln geeignet sei.

Wie in jedem meiner Betriebe wurden die unwillkommenen Gäste von Betrieb ferngehalten; dazu war ein tüchtiges Ehepaar am Garderoben-

Köln 1962, in der »Goldenen Glocke«

eingang gut vorbereitet: Typen ohne passende Kleidung, Angetrunkene oder andere, die nicht in das Lokal passten, wurden nicht eingelassen, mit dem Hinweis, dass es gerade heute eine geschlossene Gesellschaft gäbe.

Fünfzehn Jahre bestand der Betrieb, nie ist eine Polizeistreife benötigt worden, um lästige Personen loszuwerden. Den größten Zulauf hatte die Künstlerschänke, wo außer den Schauspielern auch private Bürger verkehrten, allein schon, um neben einem Schauspieler stehen zu können, welchen man vorangehend in der Oper auf der Bühne erlebt hatte. Mit der Zeit habe ich alle wiederkehrenden Schauspieler-Gäste kennengelernt und war mit allen per Du. Die meisten ließen ihre Porträts an eine eigens eingerichtete Wand-Galerie hängen, ob es Peter Alexander oder Johannes Hesters oder jemand anders war. Unzählige Schauspieler Deutschlands und viele aus dem Ausland frequentierten dieses Lokal.

25
Im Spital – ein Wachtraum

Mitten in meinem hektischen Arbeitstag, beschäftigt mit Allerweltsproblemen, großen wie kleinen, holte ich mir auf einmal eine unerklärliche fieberhafte Erkrankung. Mit der üblichen Gleichgültigkeit und vertrauend auf meinen angeborenen Widerstand bagatellisierte ich die Erkrankung, bis eines Abends das Fieber auf 40 Grad anstieg. Der Hals schwoll an, ich konnte keinen Ton mehr herausbringen und die Welt drehte sich um mich herum. Der am späten Abend bestellte Notarzt verordnete eine sofortige Anlieferung ins Krankenhaus. Mit dem Krankenwagen wurde ich zu Universitätsklinik Köln gebracht und hier bald vom diensthabenden Arzt auf der Isolierstation untergebracht, wo ich bis zur Klärung, welche Infektion mich befallen hatte, in einem Privatzimmer lag.

Um mich herum schwirrten Ärzte und Krankenschwestern mit Mundschutz vor dem Gesicht, ich wurde an diverse Schläuche angeschlossen und erhielt einige Injektionen, versetzt mit diversen Medikamenten.

Zwei Tage schwebte ich in halbbewusstem Dämmerzustand, der Fieberstand blieb hoch, und ich war außerstande, einen klaren Gedanken zu fassen. Am dritten Tag glaubte ich mich in der Luft schwebend zu erfahren, um mich herum schwebten auch alle Anwesenden im Zimmer. Am späten Abend verschwanden alle, bis auf eine Person, die ich sofort als meinen Schutzengel erkannt habe. Mit goldigen Haarlocken schwebte sie vor mir in der Luft, dann kam sie zu mir und gab mir Tabletten und Wasser zu trinken und machte mir das Bettzeug zurecht. Sie war wunderschön, obwohl auch ihr Gesicht durch einen Mundschutz zur Hälfte verdeckt war. Ich konnte von ihr meine Augen nicht wegdrehen und schaute sie ziemlich durchdringend an, so dass sie dauernd wegschaute, um meinen fieberhaften Blick nicht auf sich ruhen zu spüren.

Die Müdigkeit und die Schlaftabletten taten das ihre, mich überfiel ein traumhafter Zustand, weder war noch glaubte ich zu schlafen, ich schwebte in der Luft, und neben mir schwebte auch der Engel von vorher. Wir stießen aufeinander, und dann wurde es dunkel um mich.

Mit der Morgendämmerung erwachte ich langsam, und fühlte mich endlich wieder ohne Fieber, und in ziemlich guter Verfassung. Ich streckte mich im Bett und legte meine beide Hände auf die Decke. Plötzlich erschrak ich zutiefst, denn auf meinen Arm und meiner Brust lag noch eine weitere Hand. Bin ich wahnsinnig oder träume ich, wieso habe ich drei Hände?

Ich drehte mich um, und da sah ich einen herrlichen Goldkranz von blondem Haar, es war von meinem Traumengel, ihr Gesicht. Sie kuschelte sich an meine Schulter, und ihr linker Arm umfasste meinen Arm und ruhte auf meinem Oberekörper. Sie schlief noch tief, ihre wunderschönen Lippen waren halb geöffnet. Ich stupste sie leicht an, da öffnete sie die Augen, schaute ein paar Sekunden verwirrt und setzte sich dann auf. »Oh mein Gott, wie spät ist es denn? Ich muss doch den Patienten das Fieber kontrollieren!«

Sie sprang aus dem Bett, da stand sie mit ihrem herrlichen, gutgebauten Körper vor mir, mit den wunderbaren geformten Brüsten, mit steif stehenden kleinen, dunklen Warzen. Sie bückte sich und sammelte am Fußboden herumliegende Unterwäsche, sowie ihren Krankenschwester-Kittel auf und verschwand im Bad. Nach einigen Minuten trat sie angezogen heraus, Ihre Haare nach hinten festgebunden. Sie kam zu meinem Bettrand und setzte sich an die Bettkante. Den Mundschutz trug sie nicht mehr. Ich traute mich, den Mund aufzumachen und fragte sie: »Was ist passiert, ich war gestern nach den Tabletten total weg und kann mich an nichts mehr erinnern.«

»Sie waren nicht weg«, meinte sie, »im Gegenteil, sie schauten mich mit Ihrem fieberhaften, teuflischen Blick durchbohrend an. Sie haben mich mit ihrem schwarzen Vier-Tage-Bart und ihrem zerzausten Haarschopf so angeschaut, dass ich mir dachte, so dürfte eigentlich der Teufel aussehen, wenn es den gibt, und ich konnte auch nie auf sie schauen, ohne mein Blick von ihnen abzuwenden. Dann, ich weiß nicht, was mit mir los war, hatte ich das Bedürfnis, mich neben Sie hinzulegen, ob ich das auf Teufelsbefehl gemacht habe, weiß ich jetzt nicht mehr.«

»Und dann?«, fragte ich gespannt.

»Ja, dann kam wirklich der Teufel auf mich los. Sie rissen mir meine Sachen vom Körper, schmissen alle Kleider auf den Boden ... und sie waren der Teufel in eigener Person. Das habe ich in meinem Leben noch nie erlebt und glaubte auch nicht, so etwas erleben zu können! Dann bin ich sehr erschöpft eingeschlafen. Und nun haben Sie mich geweckt. Jetzt muss ich aber zu meinen Patienten eilen!« Sie wollte von der Bettkante aufstehen.

»Nur noch eine Frage bitte, sind sie mir böse?« Sie stand auf, streichelte meine Haare und sagte leise. »Es war wunderschön« ... und lief aus dem Zimmer.

Am diesen Morgen fühlte ich mich fieberfrei und wie neu geboren. Nach einem ausgiebigen Frühstück kam der Chefarzt in Begleitung seiner Assistenten und Krankenschwestern. »Oh, sie scheinen Ihre Krise überstanden zu haben Herr M., kein Fieber mehr! Sollten sie bis heute Abend fieberfrei bleiben, fliegen sie morgen hier raus und sie können wieder an ihre Arbeit gehen. Sie sind doch der Inhaber dieses wunderbaren Lokals die « Goldene Glocke» in der Kölner Ladenstadt?« »Jawohl, Herr Doktor«, antwortete ich stolz über das ausgesprochene Lob. »Wissen sie, Herr M., meine Frau und ich gehen immer nach dem Theaterbesuch und auch mit unseren Freunden so gerne in dieses einzigartige Lokal unsere Stadt. Die fantastische Atmosphäre, die Musik, der Service, und das schönste, wir waren letztens unten im Theater auf eine Premiere mit Johannes Hesters, und dann saßen wir im Restaurant zwei Tische von Johannes Hesters und noch vielen anderen Schauspieler entfernt. Diese Art Gastronomie. welche sie geschaffen haben, gibt es weit und breit nicht mehr.«

»Darf ich, Herr Chefarzt, eine Bitte an sie richten«, fragte ich sehr gerührt über so viel Lob. »Ja, bitte«, antwortete er. »Ich bitte Sie sehr dringend, mich beim nächsten Besuch von der Bedienung holen zu lassen, ich werde Sie und Ihre Begleitung gerne als meine persönlichen Gäste einladen!« »Oh, das mache ich gerne, da können sie sicher sein«, lachte der Chefarzt, und verabschiedete sich mit Händedruck von mir.

Am nächsten Morgen wurde ich gesund aus der Klinik entlassen. Bei Erledigung der Formalitäten mit der Oberschwester sagte diese auf einmal zu mir: »Ich soll sie grüßen von der Schwester Elisabeth.« Ich wusste erst nicht, wer damit Elisabeth gemeint sei. »Das ist die Schwester, welche vorletzte Nacht Dienst hatte«. »Ach so«, sagte ich, » ist sie jetzt bei der Arbeit?« »Bei der Arbeit? Nein, sie liegt hier auf der Isolierstation, die Arme hatte sich von Ihnen angesteckt.« »Oh Gott, darf ich sie sehen?«, fragte ich total benommen. »Kommen sie mit, aber nur bis zur Türe, sie dürfen nicht hineingehen.« Sie öffnete auf dem Flur eine der Zimmertüren, und da sah ich die Arme, mit Schläuchen an der Apparatur angeschlossen. Sie lächelte matt als sie mich sah, ich schickte ihr einen Handkuss, und machte ein Zeichen, dass ich wieder käme.

Zwei Tage später kehrte ich wieder mit einen Blumenstrauß und Pralinen. Elisabeth war nicht mehr in der Isolierstation. Ich durfte sie in ihrem Zimmer besuchen, in welchem sie alleine lag. Sie lachte mich strahlend an. Ich küsste sie auf den Mund und streichelte ihre Hände. Sie sagte, dass sie sehr glücklich sei, dass ich gekommen bin und fragte: »Werden wir uns wieder sehen?« »Willst Du das wirklich?« » Oh ja, von ganzen Herzen bitte.«»Du weißt, wie ich mit meinen Aufgaben belastet bin«, sagte ich, » ich versuche das möglichste und werde bestimmt kommen.«

Dieses Versprechen konnte ich leider nie einhalten.

26
Heinz Kühn

Der unter meinem Namen errichtete Komplex »Goldene Glocke« im neu eröffneten Kölner Zentrum existierte sehr bald mit großem Erfolg: Menschenmassen frequentierten stetig die Lokalitäten, zu denen wie einst geplant zwei Restaurants, ein Tea-Room, eine Bar und von größter Bedeutung: das Konzert- und Tanz-Café gehörten. Dort trafen sich nachmittags Frauenkränzchen in gemütlicher Atmosphäre zu Kaffee und Kuchen, Vereine fanden sich regelmäßig ein, Studenten ... Abends wechselte das Publikum zu eher galant gekleideten Damen und Herren, welche bei Tafelmusik ihre Mahlzeit goutierten und ab und zu tanzten. Im Anschluss an Theatervorführungen und andere Veranstaltungen wurde das Lokal erneut besucht, nicht leicht war es dann, um Mitternacht einen Platz zu ergattern. Nach Türschluss wechselten viele zur Bierschänke, welche bis drei Uhr früh geöffnet war. Zunehmend fanden auch Prominente unser Restaurant, unsere Bar. Einige Botschafter, viele Künstler und Regierungsleute lernte ich dadurch kennen.

Besuchte der Ministerpräsident von Nordrheinwestfalen, Heinz Kühn, mit seiner Frau die Oper, so anschließend auch gerne unser Restaurant.

An einem kalten Herbstabend, gegen ein Uhr nachts, bat mich Heinz Kühn einst um Bestellung eines Taxis, sein Dienstwagen mit dem Fahrer komme nicht. Da er als Sozialist auch die Rechte der Angestellten schützen müsse, habe sein Fahrer nun ein freies Wochenende. Unter diesen Umständen bot ich dem Ministerpräsidenten und seiner Frau an, sie mit meinen Wagen nach Hause zu fahren, etwas mehr als zwanzig Kilometer außerhalb Kölns. Wie wir losfuhren, begann es zu schneien, die Sicht verschlechterte sich innerhalb kürzester Zeit, innerlich verfluchte ich mein spontanes Angebot. Mit bissigem Humor bemerkte ich: »Wissen Sie, Herr Ministerpräsident, hätte ich gewusst, in welches Wetter wir fahren, hätte ich Ihnen lieber 50.000 DM für ein Taxi bezahlt.« Meine Fahrgäste lachten, und Frau Kühn meinte: »Dafür kommen sie noch zu uns herein und bekommen von mir einen guten Kaffee serviert, da wird sich ihre Laune gleich bessern!« Tatsächlich ließen sie mich nicht zurückkehren, bevor ich noch eine Tasse Kaffee in ihrem hübsch eingerichteten Haus getrunken hatte.

Einen unvergesslichen Besuch erlebten wir an einem andern Wochenende. Im Theater AM DOM, welches sich bis zum heutigen Tag im Untergeschoss des Zentrums befindet, fand eine Premiere mit der Hauptdarstellerin, Lil Dagover, statt. Auf Einladung des Oberbürgermeisters fand anschließend ein Empfang statt. So wurde der Abend, nachdem der Bundespräsident, mit seiner Ehefrau und anderen Begleitern, im Theater gewesen war, zu einem großen Spektakel: die Polizei sperrte alle Zufahrtsstraßen ab und überall im Gebäude standen Polizisten Wache. In unseren Räumlichkeiten war ein feierlicher Empfang für die Hauptdarstellerin und alle anderen Schauspieler vorbereitet, zu dem viele Prominente und andere Gäste geladen waren. Dem Diner-Buffet mit köstlichen Getränken wurde herzhaft zugesprochen und alle haben sich angeregt unterhalten. So sind die Gäste bis in die Morgenstunden in der »Goldenen Glocke« verblieben, haben sich auch beim Tanzen vergnügt. Als sich der Bundespräsident verabschiedete, trat er auch an mich heran, drückte meine Hand und bedankte sich für »die erstklassigen Speisen und die vorzügliche Bedienung!« Ich erteilte meinem Assistenten Anweisung, sich bei den begleitenden Funktionären des Präsidenten zu erkundigen, an wen die Rechnung dieses Empfanges zu senden sei. »Der Bundespräsident war Gast der Stadt Köln, schicken sie bitte die Rechnung an den Oberbürgermeister der Stadt«, lautete die Auskunft.

Somit wurde die Rechnung von einigen tausend Deutscher Mark am nächsten Tag, ordnungsgemäß an die Stadt Köln, Herrn Burauen*, gesandt. Wir staunten nicht wenig, als einige Tage später die Rechnung von der Stadt an uns zurückkam, mit einen Rotstift vermerkt in echt Kölsch: »Hamo nix mit am Hut.«

Da ich Herrn Burauen persönlich gut kannte – beide waren wir Senatoren in einer Karnevals-Gesellschaft – lachte ich anfangs herzlichst über seinen Humor. Aber dann packte mich die Wut und ich diktierte meiner Sekretärin ein Schreiben mit einer neu ausgestellten Rechnung: An das Sekretariat des Bundespräsidenten, Herrn Dr. H. Lübke. »Für Ihren Abend Empfang am .... erlauben wir uns die Rechnung von Betrag ... zuzustellen.« Bald erhielten wir aus Bonn, aus dem Sekretariat des Bundespräsidenten, eine erneute Absage: »Der Herr Bundespräsident war der Gast der Stadt Köln, senden Sie bitte die Rechnung in das Stadtamt Köln.« Im Trubel der Arbeit und wichtiger anderer Probleme, fehlte mir jegliche Motivation für weitere Auseinandersetzungen und ich ließ die Angelegenheit fallen. Doch eines Tages guckte die mir bekannte Journalistin des ›Kölner Stadtanzeiger‹ herein; sie pirschte immer nach Sensationen aus der Künstlerwelt oder von anderen Berühmtheiten. Unter anderem fragte sie, welche Berühmtheiten letztens unsere Lokalitäten besucht hätten. »Ach«, meinte ich, »abgesehen vom Bundespräsidenten, war nichts besonderes, aber der bezahlt ja sowieso seine Rechnungen nicht.« Sie sprang erregt auf: »Erzählen sie mir, wie ist das gelaufen?« Das war mir nun unangenehm, aber ich konnte nicht mehr ausweichen und musste mit dieser unrühmlichen Geschichte auspacken, bis sie alles aus mir herausgepresst hatte. Am nächsten Morgen riss die Sekretärin in meinem Büro die Türe auf, zeigte sich ganz aufgelöst mit dem »Kölner Stadtanzeiger« in der Hand: »Schauen sie das an!« Auf der ersten

---

* Theo Burauen (1906–1987), Zeit seines Lebens in der SPD, gilt vielen – auch aufgrund seiner Sozialpolitik – als der populärste Kölner Oberbürgermeister des 20. Jahrhunderts, der im Stadtrat (1964–1981) stets auf überfraktionelle Harmonie, auf die von ihm so genannte »Kölnische Fraktion«, gesetzt hatte.

Zeitungsseite fand sich links im Foto der Bundespräsident, ich daneben. Der Begleittitel lautete in großen Buchstaben: »Herr Bundespräsident Zechpreller«, gefolgt von einem sarkastischen Kommentar zu diesem berühmten Diner. Kaum fand ich Zeit, den Artikel zu Ende zu lesen, als alle Telefone auf meinem Schreibtisch los klingelten. Es meldeten sich verschiedene mir unbekannte Leute, welche erfahren wollten, was passiert sei. Und dann meldete sich der Oberbürgermeister. Er brüllte dermaßen, dass ich kein Wort verstand, außer dass er Ärger mit Bonn habe, wegen dieser Sch ... und ich wäre daran schuld!

»Wieso ich? Sie schrieben doch, sie haben nichts mit am Hut.« Er knallte den Hörer hin. Die lästernden Anrufe hörten während Stunden nicht auf. Gegen Mittag wurde ich vom Café aus angerufen, jemand erwartete mich. Ich begab mich nach unten, wo ich einen uniformierten, behelmten Verkehrspolizisten vorfand. »Sind sie der Chef?«, fragte er. »Ja.« »Ich soll ihnen dies hier persönlich vom Oberbürgermeister übergeben. Sie müssen mir hier den Empfang bestätigen.« Ich unterschrieb seine Bestätigung und er fuhr davon. Im Umschlag steckten einige tausend Deutsche Mark, exakt der Betrag der unbezahlten Präsidenten-Rechnung.

27
Burg Hohenscheid

In den ersten fünf Jahren meiner Berufstätigkeit in der Bundesrepublik habe ich ein, mir nicht zu träumen gewagtes, Vertrauensverhältnis, seitens der Geschäftswelt zu meiner Person hergestellt. Täglich wurde ich mit Angeboten und Offerten überschüttet, wie ich es mir nie habe vorstellen können. Es war unmöglich, auf alle Angebote einzugehen, entweder aus finanziellen oder aus zeitlichen Gründen, es hätte meine Kapazität gesprengt. Als mich aber eines Tages eine angesehene prominente Persönlichkeit besuchte und mir ein imposantes Gebäude, die Jahrhunderte alte Burg unweit der Stadt Solingen zum Kauf anbot, ließ sich mein Ehrgeiz und mein Einbildungsglaube an meine Glückssträhne nicht beherrschen: Ich wollte das höchst verlockende Angebot zumindest prüfen.

So fuhr ich mit ihm dem Vermittler zur Burg Hohenscheid hinaus, unweit der Stadt Solingen gelegen. Auch in seinem renovierungsbedürftigen Zustand präsentierte sich mir ein wirklich imposantes Gebäude. Der jetzige Besitzer hatte es in Verrechnung mit anderen Geschäften von seinen Gläubigern erhalten; zog aber vor, dafür einen solventen Käufer zu finden. Ich war sehr angetan von der Innenarchitektur und von den Einrichtungen des Gebäudes, und die angebotenen Kaufbedingungen schienen mir zu sehr verlockend, um gleich abzulehnen. Kurz gesagt, innerhalb weniger Wochen erkor ich mich tatsächlich zu einem Burgherrn mitten in Deutschland!Unabdingbar war, die Führung aller meiner bisherigen Verpflichtungen an kompetente Mitarbeiter zu überantworten.

Burg Hohenscheid bei Solingen

Nun war ich frei, mich mit den Fachleuten um die Restaurierung des Objektes zu kümmern. Geeignetes Personal für die Arbeit in einer Burg musste gefunden werden. All dies bereitete mir wieder, wie bei allen bisherigen Projekten, Riesenspaß. Ich liebte es, zu organisieren,zu planen, aufzubauen, aber dies war eine Krönung aller meiner bisherigen Tätigkeiten in Deutschland! Zur Eröffnung lud ich viele meiner Freunde und Besucher aus andern Betrieben ein, unter anderem auch meine Kölner Karnevals-Gesellschaft, in welcher ich selbst Senator war. Ein Wochenende in einer Burg zu verbringen, war für sie alle ein unvergessliches Erlebnis. Sie genossen, bei höfischer Musik und Feuerschein vom Kamin, ein höfisches Diner inmitten des steinernen Empfangssaales. Es kam sehr viel Prominenz, um sich von unserer bekannt gewordenen Gourmet-Küche verwöhnen zu lassen.

Aus München tauchte eines Tages eine Schauspielertruppe auf, mit Marianne Koch, Hans-Joachim Kulenkampff und vielen andern mehr. Einige Male begrüßten wir in Begleitung seiner Parteifreunde den Außenminister Walter Scheel, welcher in unmittelbarer Nähe gewohnt hat.

Eines Tages sprach die staatliche Direktion für Kultur vor. Sie organisierte Konzerte, und wollte nun eine Musik-Truppe von 29 Personen für eine Woche in der Burg unterbringen. Es waren nicht mehr und nicht weniger als die ›Rolling Stones‹, welche erstmals eine Tournee in Deutschland geplant hatten. Sie sollten mehrmals in der Dortmunder Westfalenhalle auftreten. Voller Begeisterung bereiteten wir alles vor, um diese Gruppe bei uns zu Gast zu haben. Die Presse, welche unweigerlich davon erfahren hatte, belagerte das Haus, um die Stars zu interviewen und zu fotografieren.

Nicht alle der Truppe waren Musiker. Einige waren Techniker, die sich um die Instrumente und um die Übertragungsanlage kümmerten, und einige Freundinnen und Freunde welche ihre Musiker begleiteten. Den ganzen Vormittag, bis zu den Nachmittagsstunden, schliefen sie alle, sodass für die nervende Reporter keine Gesichter zu sehen waren. An den Nachmittagen fuhren die meisten mit ihrem Bus nach Köln oder Düsseldorf, um einen Stadtbummel zu machen und kehrten rechtzeitig zurück, zur Vorbereitung ihres abendlichen Auftritts. Am dritten Tag ihres Aufenthalts verblieb ich in der Burg, weil gleichzeitig auch noch andere wichtige Persönlichkeiten zu Gast waren: in Düsseldorf fand eine wichtige Industrie-Messe statt. Es waren Direktoren und Vorstände wichtiger Unternehmen, welche zu diesem Treffen angereist waren. Die große Band kehrte kurz nach Mitternacht hungrig von ihrem Konzert zurück. Der Chefkoch wurde geweckt, um schnell etwas Essbares zuzubereiten. Es wurde viel getrunken, die Stimmung hob sich mit fortschreitender Stunde, es wurde lauter und lustiger. Zu meinem Schreck holten sie ihre Instrumente herbei und dann dauerte es nicht mehr lange, bis sich von allen Seiten die Türe öffneten und die aufgeweckten Gäste hervorlugten, herbeiströmten: die Herren in Schlafrocks oder Pyjamas stauten nicht wenig, die Rolling Stones vor sich spielen zu sehen und vor allem zu hören! Mike Jagger lud die Zuhörer ein, Platz zu nehmen, und bald stand oder saß jedermann vor einem gefüllten Glas. Die jungen Begleiterinnen der Band holten die Herren zum Tanz. Oh Wunder, keiner dieser wichtigen Managers und schon etwas älteren Herren verweigerte sich, und so wie sie waren, in ihren Schlafbekleidungen, rockten sie mit Vergnügen mit. Zu mir kam die Ehefrau von Mike, die zierliche Bianca, und fragte mich, welchen Tanz ich wünschte. Ich bat um einen spanischen ›Paso Doble‹. Bianca ging zu ihren Mann, flüsterte ihm höchstwahrscheinlich meinen Wunsch zu. Er gab seinen Kollegen ein Zeichen, und nun wurde die bisherige Beatmusik beendet, der bekannte ›Paso Doble‹ aus Carmen fing an.

Diesen Tanz werde ich nie vergessen, Bianca, gebürtige Brasilianerin, hatte diesen Tanz im Blut, und sie führte mit mir die unmöglichsten Figuren aus, sodass die andern Paare das Tanzpodium für uns frei machten. Mike hatte seine teuflische Freude an diesem Spektakel. Er ließ die Musik nie aufhören, hatte immer wieder neu angefangen. Langsam glaubte ich, wenn es noch länger dauert, würde ich umfallen. Dann war es doch auch für Bianca zu viel, wir machten Schluss unter großem Applaus. Noch heute, wenn ich auf einer Veranstaltung die Melodie eines ›Paso Doble‹ höre, suche ich nach einer Tänzerin, die vielleicht etwas vom Tanztalent einer Bianca Jagger hat.

Am nächsten Morgen beim Frühstück, sprach ich den Leiter der Messe-Vertreter an: »Ich bitte sehr um Verzeihung für die vergangene Nacht, sie sind bestimmt alle sehr müde.« »Aber im Gegenteil«, lachte dieser breit. »Wissen Sie, wenn ich meiner Frau erzähle, dass ich mit der Bianca von den Rolling Stones getanzt habe, wird sie platzen vor Eifersucht, und das macht mir noch jetzt viel Spaß!«

28
Die Gäste-Reihe und das Öl-Embargo

Einige Wochen nach dem turbulenten Aufenthalt der Rolling Stones begrüßten wir einen weiteren berühmten Gast, den Beatles-Star, Paul McCartney, mit seiner Ehefrau Linda. Sie kamen zur Erholung für zwei Wochen in unser Burghotel. Natürlich haben die Reporter diese Erholungszeit mit ihrer Dauerbelagerung vor und im Haus sehr gestört. Jeden Tag erschienen in der Lokalzeitungen Artikel über den Star und seine Frau, sogar wann und was sie essen, am schlimmsten war aber jener Reporter, der es schaffte, einen Schnappschuss zu machen, auf dem zu sehen war, dass in der Suite des Paares eine Wäscheleine bis zum Fenster hing, woran die Unterwäsche der Dame trocknete. Trotz der großen Ehre, solch berühmte Gäste im Hause zu empfangen, fühlte ich mich sehr entlastet, als wir die beiden mit viel Herzlichkeit verabschiedeten, und sie in ihre englische Heimat zurückreisten.

Das Öl-Embargo der arabischen Öl-Lieferanten, anno 1973, erzeugte eine Wirtschaftskrise in ganz Europa, somit ebenso für alle meine Betriebe, inklusive Burghotel. An vier Wochenenden war für sämtliche Fahrzeuge strengstes Fahrverbot. Nur dank einer Sondergenehmigung von Landes-Innenministerium konnte ich ab und zu zur Burg hinausfahren, um nach dem Stand der Dinge zu sehen. Die Fahrt auf der Autobahn war eine gespenstische Angelegenheit. Abgesehen von gelegentlichen Polizeifahrzeugen oder einem Sanitätswagen des Roten Kreuzes, waren die normalerweise sehr befahrenen Straßen wie eine Mondlandschaft und man war wirklich froh, endlich jede Fahrt zu beenden. Die monatelang andauernde Blockade hatte allen Betroffenen sehr große Verluste zugefügt. Wir haben den größten Teil des Personals entlassen müssen. Insbesondere für die dicken Gemäuer der Burg waren die Heizungskosten unermesslich gewesen, gerade zum Herbst und Winter, als wir monatlich die Öltanks auffüllen mussten.

Zu dieser Zeit habe ich zum ersten Mal verflucht, dass ich die Idee hatte, diese Burg zu kaufen. Ich musste letztlich aus allen meinen anderen Unternehmen die Kosten aufbringen, um sie zu erhalten.

Schließlich waren diese Monate überstanden, und ich erlebte mit meinen Betrieben einige unbeschwerte Jahre. In der Reihe meiner berühmten Gäste befand sich auch ein jahrzehntelanger Freund von mir, Shmuel Rodensky.

Er und seine Frau waren sehr erfolgreich als Schauspieler im Habima-Theater zu Tel Aviv, und mit seiner Rolle als »Fiddler on the roof« im Musical ›Anatevka‹ hat er Weltberühmtheit erlangt. In beinahe zweihundert Vorstellungen ist er damit aufgetreten. Und das war die Zeit, in der er eine Woche mit seiner Frau in meinem Burg-Hotel verbringen konnte. Ich habe diese Tage mit ihm sehr genossen und stets mit ihnen Frühstück eingenommen. Einmal bemerkte Shmuel nebenbei, er würde so gerne einen marinierten Hering essen. Seine Frau Nyura, stets besorgt um die Gesundheit ihres überaktiven Gatten, warnte ihn behutsam: »Shmuel, Du weißt doch, dass dir der Arzt verboten hat, solche scharfen Sachen zu essen.« Darauf erhob sich Rodensky vom Stuhl, faltete seine Hände wie zum Gebet, verdrehte die Augen zur Decke und rezitierte theatralisch: »Lieber Gott, nehm sie die Zure zu dir hinaus, mach ihr dort endlich den Garaus. Ich werde verbejssen meine Lippen, und dir helfen stüppen (schieben)! Nur nejhm sie zu dir!«*

Eines Tages kam eine absolut außergewöhnliche Angelegenheit auf mich zu: Durch meine vielen Verbindungen mit ausländischen, diplomatischen Vertretern habe ich auch gute persönliche Kontakte zu Vertretern

---

* Frei übersetzt: Lieber Gott, nimm diese Sorge zur dir hinauf, mache ihr den Garaus. Ich werde auf die Zähne beißen und dir stoßen helfen. Nur, nimm sie zu dir.

der arabischen Welt erhalten. Eines Tages kehrte ein sehr wichtiger Diplomat bei uns ein und brachte mir den Vorschlag für ein Treffen mit dem Innenminister des Saudi-Arabischen Königreichs, hier in der Burg. Ich war erstaunt darüber, aber natürlich stimmte ich zu. Wenige Tage danach trafen wir uns in der Burg mit Seiner Exzellenz und mit unserem gemeinsamen Freund der »Deutschen Welle«.

So erfuhr ich, dass der Minister vorhatte, in meiner Burg das nächste OPEC-Treffen durchzuführen. Er habe diesen Ort gewählt, weil man in der heutigen Terrorwelt nirgends mehr sicher sein könne und hier schien ihm auf Anraten unseres gemeinsamen Freundes der richtige Ort zu sein.

Wir verhandelten den Preis für eine Woche Aufenthalt und besprachen dann doch auch das Problem des Sicherheitsschutzes. Ich schlug vor, beim Oberbürgermeister der Stadt Solingen vorzusprechen, und für die Dauer der Konferenz um Polizeischutz zu bitten. Die Bürgermeister lehnte dies kategorisch ab, er verfüge im Bereich der Stadt nicht über genügend Polizeikräfte und einer solchen Verantwortung wäre er absolut nicht gewachsen. Er empfahl dem Minister, sich in die Hauptstadt Bonn, ins Außenministerium zu begeben und dort Soldaten für dieses wichtige Treffen anzufordern. Tatsächlich fuhren die beiden Gäste zum Außenministerium nach Bonn. Aber hier zeigte man die kalte Schulter, und verwies auf das Schloss Gymnich bei Bonn. Dieses war Eigentum der Regierung, und zeigte sich nicht bereit, Soldaten an andere Orte zu befehligen. Unzufrieden verließ der enttäuschte, saudische Minister die deutschen Gesprächspartner und kehrte in seine Heimat zurück.

Die OPEC-Sitzung fand dann in Wien statt. Terroristen überfielen diese Sitzungsversammlung, es gab Tote, es gab Entführungen.

Wieder einmal im Leben hatte mich eine über uns stehende Macht beschützt, obwohl ich am Anfang unglücklich gewesen war, dass die Sitzung nicht bei uns zustande kam! Hätte dieser Überfall bei uns stattgefunden, wäre nicht auszumalen gewesen, welch tragische Ereignisse in meiner Burg hätten eintreffen können!

Eine witzige Episode trug die Geschichte dennoch in sich: Selbstverständlich habe ich die vom Minister auferlegten Geheimhaltung strengstens eingehalten. So vermochte ich zum heutigen Tage nicht begreifen, dass ich inmitten dieser Tage einen Anruf der israelischen Botschaft erhalten habe, dass ich mir bei Zustandekommen der OPEC-Sitzung keine Sorgen zu machen brauche um das Bedienungspersonal, man hätte mir so viel Leute gesandt, wie es gebraucht hätte, ein Anruf hätte genügt! – Nie gelang mir, das Geheimnis zu lüften, wie bei dieser absoluten Geheimhaltung dennoch etwas zu diesen Leuten durchgedrungen war.

Da ich inzwischen auch in Spanien und sogar auf der Insel Teneriffa einige Betriebe errichtet hatte, beschloss ich, die inzwischen zu teuer gewordene Burg loszuwerden. Dabei erinnerte ich mich an einem raffinierten Spruch eines Geschäftskollegen: »Wozu nutzt es mir, eine schöne Frau zu haben, wenn sie mit meinen Geld um sich rumschmeißt und somit zu teuer wird?« Die Burg war auch wie eine schöne Frau, aber viel zu teuer.

Es hat sich ergeben, dass das Land Nord-Rhein-Westfalen dringend Unterkünfte für Asylanten aus Afghanistan suchte. Das Land übernahm die belastenden Bankhypotheken, und somit war ich mit einem tränenden Auge die Schöne los. Afghanistan-Flüchtlinge bekamen auf einmal Rokoko und Empire-Einrichtungen und ich, wenn ich mal in die Gegend fahren musste, machte immer einen weiten Umweg um nicht an diese Einrichtungen erinnert zu werden.

29
Gedanken, als Jude in Deutschland zu leben

Immer wieder wurde ich in den Nachkriegsjahren befragt, wie ich die Einstellung der heutigen Generation der Deutschen gegenüber der Vergangenheit einschätzte. Dahinter befanden sich die Bedenken, ob man mich als ehemaligen Holocaust-Überlebenden nicht als lästiges Objekt in der heutigen Bundesrepublik betrachte und selbst als höchst ungelegen wahrgenommen werde. Meine Antwort auf diese Herausforderung war meistens dieselbe. Ich meinte, dass ich persönlich, welcher unter der Nazi-Herrschaft alles überlebte, mich besser und schneller mit dem Umfeld verstehe, als Menschen von auswärts, welche keine direkten Kontakte mit der hiesigen Bevölkerung haben. Mir war durchaus klar, dass sehr viele der Überlebenden ihr Leben nicht mehr in den Griff bekommen hatten, dass sie übermannt von Leiden und zutiefst gebrochen, einen Weg gesucht haben, ohne ihn jemals wieder zu finden.Letztlich blieb mir, froh zu sein, dass ich so jung gewesen war, dass meine jugendliche Aufmüpfigkeit mir damals und danach die Kraft gegeben hat, mich dort durchzusetzen, wo ich war, wo ich meine Aufgabe erkannt habe.

Und so erlebte ich immer wieder Situationen, welche mir bestätigten, dass ich normal integriert bin und mit anderen Bürgern gleichgestellt werde.

Ich erinnere mich an die Weihnachtstage des Jahres 1996: Die Stadt Köln feierte das 750-Jahr-Jubliäum des berühmten Kölner Domes. Und wer arrangierte das drei Tage dauernde Fest in den Räumen des Erzbischofs? Natürlich der ehemalige Holocaust-Überlebende und das bestimmt nicht zur Begeisterung von hunderter, katholischer Gastronomen der Stadt Köln. Ich hatte die Ehre, neben dem Erzbischof zu sitzen und die wichtigen Gäste zu empfangen. Anlässlich dieser großen Feier gewann die Stadt eine Neuigkeit hinzu, welche mir vergönnt war einzuführen: Zur Weihnachtszeit reisten sehr viele Touristen in die Dom-Stadt, viele auch aus umliegenden Ländern, um im Dom die feierlichen Messen zu begehen.

Da beinahe alle Restaurants geschlossen waren – es stand kein Personal zur Verfügung, welches bereit gewesen wäre, am Heiligen Abend zu arbeiten – verblieben die meisten Gäste in ihren Hotels und entsprechend meistens ohne Verpflegung. Ich fand dies eine absurde Situation. Da reisten Menschen an, um zu feiern und ihren Aufenthalt zu genießen und anstelle eines festlichen Diners, saßen sie in der Lobby ihres Hotels und hungerten. Ich besprach mit meinem nicht-christlichen Personal die Lage und fand eine Crew, welche bereit war, an den Weihnachtstagen zu arbeiten. Mein international ausgebildeter Chefkoch stammte aus Israel, manche vom Bedienungspersonal waren Muslime und einige nicht katholischen Glaubens. Ich versprach den Arbeitswilligen einen zusätzlichen Lohn und prophezeite, dass die Trinkgelder an einem solchen Tag nicht zu klein sein würden.

Wir richteten einen Plattenspieler mit Weihnachtsliedern ein, dekorierten den ganzen Raum mit frischen Blumen und Kerzen. Dem Verkehrsamt teilte ich rechtzeitig mit, dass wir bereit sein, ausländische Gäste in unbegrenzter Zahl zu empfangen und zu bewirten. Ich erhielt die Bewilligung, die »Goldene Glocke« offen zu halten. Gegen acht Uhr abends war im Restaurant kein Stuhl mehr frei; zusätzliche Gäste mussten auf eine spätere Stunde vertröstet werden. Weihnachtsmelodien bereicherten die Feiertagsstimmung wärmstens. Nach der Messe im Dom kehrten erneut Gäste bei uns ein und genossen den gemütlichen Aufenthalt. Es war ein sehr erfolgreicher Abend, auch die Bedienung war begeistert, nicht zuletzt von den erhaltenen Trinkgeldern. Nach den Feiertagen berichteten die lokalen Zeitungen über den gelungenen Abend der Ausländer in der »Goldenen Glocke«, im einzigen Lokal, wo dafür gesorgt wurde, dass die angereisten Gäste nicht mit schlechter Erinnerung vom Heiligabend nach Hause fahren mussten. Unweigerlich waren ein Jahr später an Heiligabend alle Restaurationsbetriebe in Köln geöffnet.

Eines Tages wurde ich von der Sowjetischen Botschaft in Bonn zu einer Besprechung mit dem Generalkonsul eingeladen. Ein junger, sympathischer Beamter empfing mich, war bestens der deutschen Sprache mächtig. Im Auftrag vom Herrn Botschafter richtete er aus, dass dieser sehr beeindruckt gewesen sei vom großartigen Empfang in Köln, welchen ich damals organisiert hatte. Er meinte damit die Soirée, welche im Auftrag der Gemeinschaft der Polnischen und Russischen Botschaften für das große, internationale Reisebüro »ORBIS« veranlasst worden war. Wie üblich, hatte ich sehr Sorge getragen für tadelloses Gelingen bei der Betreuung der Gäste, sowohl mit Speisen, wie auch mit Getränken. Zum Schluss der Veranstaltung überließ mir der russische Generalkonsul einen vollen Karton mit russischem Champagner, so mochte ich mich bestens an ihn erinnern! Er ergänzte: »Der Botschafter kennt auch ihre anderen Betriebe, auch ist er begeisterter Gast in den Bonner Crêperien! Und ich soll Ihnen ausrichten, dass sie jetzt, während der Perestrojka*, wenn Sie nach Moskau gehen, dort größten Erfolg haben werden! Überlegen Sie nicht zu lange, kommen Sie zu uns! Wenn sie sich dafür entschieden haben, werden sie von uns ein Empfehlungsschreiben an den Oberbürgermeister von Moskau erhalten, in dem wir Sie mit allen ihren Tätigkeitsbereichen empfehlen werden. Das ist eine einmalige Chance!«

Ich war perplex über dieses unerwartete Angebot und verlangte genügend Tage Bedenkzeit. Innerlich aber saß ich bereits im Flugzeug. Zuerst

---

* Aus Wikipedia:)* Perestroika (russisch перестройка, seltener auch Perestrojka »Umbau, Umgestaltung, Umstrukturierung«) bezeichnet den von Michail Gorbatschow ab Anfang 1986 eingeleiteten Prozess zum Umbau und zur Modernisierung des gesellschaftlichen, politischen und wirtschaftlichen Systems der Sowjetunion.

jedoch wollte ich einen geregelten Abschluss in Köln hinbekommen, das war mein allererstes Anliegen. Ich muss einen Weg finden, alles so zu organisieren, dass hier die Betriebe weiter so rund liefen, so wie bis dahin. Ich machte mit dem Botschafter einen neuen Termin aus und wollte mich verabschieden, da sagte er: »Nur noch ein persönliches Anliegen hätte ich an Sie: ich habe meinen Vater in Moskau, er ist Ingenieur, hat leider keine passende Arbeit. Werden Sie meinen Vater engagieren können, wenn Sie dort anfangen?«

Der Prozess stand in engem Zusammenhang mit der Aufhebung der Einschränkungen der Meinungs- und Pressefreiheit in der Sowjetunion unter dem Schlagwort Glasnost (wörtlich: Offenheit, Redefreiheit, Informationsfreiheit). Der Begriff bezog sich auf weite Teile der Gesellschaft und bedeutete im weiteren Sinn die Demokratisierung des Staates ab 1986. Die Perestroika beinhaltete zunächst Lockerungen der Parteidirektiven in der Politik der Zentralverwaltungswirtschaft. So wurde Betrieben ab 1987 eingeräumt, selbstständig Entscheidungen zu treffen. Dies war ein bedeutender Einschnitt in die Ära des Sozialismus, bei dem erste Elemente der Marktwirtschaft eingeführt wurden.

»Er wird gewiss einige nützliche Fähigkeiten einbringen!« »Das wird kein Problem sein«, antwortete ich, »ich verspreche es.« (Damals wusste ich nicht, dass auch dieser große Konsul bei mir als Angestellter anfangen wollte, und vorläufig seine Diplomaten-Tätigkeit ruhen lassen würde.) Nach einigen Sitzungen mit meinen führenden Angestellten und Änderungen in einigen Betrieben, wo ich Hauptpersonen des Betriebes zu Partnern erhob und ihnen somit mehr Verantwortung auf ihre Schultern legte, wusste ich, dass die Leute auf das Wohlergehen des Betriebes achten werden, da auch für sie diese Umstrukturierung von Nutzen sein wird. Ich fuhr wieder nach Bonn zur russischen Botschaft und wurde vom Botschafter persönlich empfangen. Er gab mir nützliche Tipps, wie ich in Moskau erfolgreich mit den Behörden umgehen könne, und übergab mir ein Jahres-Visum. Es wurde in meinen Pass geheftet, mit dem Aufdruck »Reisezweck: Humanitäre Angelegenheiten«. Dies ersparte mir eine erkleckliche Summe an Gebühren. Auch bekam ich bereits via Bonn ein Zimmer im größten russischen Hotel der Republik reserviert, eines von 3000 Zimmern, direkt neben den Parlament der Duma*!

* Heute bezeichnet Duma bzw. Staatsduma (russisch Государственная Дума/Gossudarstwennaja Duma) meist die erste Kammer (Volkskammer) des Parlaments der Russischen Föderation – dies im Gegensatz zur zweiten Parlamentskammer, dem Föderationsrat.

30
1988–94 – Episode Moskau

Eine schwierige Scheidung lag hinter mir, meine größer werdenden Kinder befanden sich bereits seit einiger Zeit in einem Schweizer Internat. Ich musste darauf vertrauen, dass sich meine Ex-Frau kümmerte und die Kinder besuchte. Meinerseits sorgte ich wie zuvor dafür, dass wir die Schulferien zusammen verbringen konnten.

Ich flog nach Moskau.

Ein Angestellter des Bürgermeisteramtes holte mich am Flughafen ab und brachte mich in dieses riesige Hotel. Hier muss man sich, nach Bekanntgabe der Zimmernummer, am Hotel-Eingang vor der Rezeption, der entsprechenden Etage in die lange Warteschlange einreihen, um den Zimmerschlüssel zu erhalten. Es standen Dutzende von Menschen an, und es ging sehr langsam vorwärts. Vor mir befand sich eine bildhübsche, junge Frau mit schwarzen langen Haaren, elegant angezogen, eine Diplomatentasche unter dem Arm. »Sind Sie neu hier?«, fragte sie auf russisch. Da mir russisch noch aus meiner Schulzeit gleich wieder vertraut war, antwortete ich: »Ja, ich bin heute aus Deutschland angekommen und warte auf meinen Schlüssel.« Ich wusste, dass in diesem Hotel alle Duma-Abgeordneten absteigen und fragte deshalb harmlos: »Und Sie sind Diplomatin?« »Wy Diplomatka ? Njet. Prostitutka« – »Wie bitte, Diplomatin? Nein, ich bin Prostituierte ... «

Ich glaube, ich wurde abwechselnd rot und weiß im Gesicht, wusste nicht, wohin ich schauen sollte, aber die Dame erklärte mir nüchtern, sie komme aus Azerbaijan und das Leben sei hier wahnsinnig teuer. »Wissen

Sie, was ein paar Strümpfe kostet?!« Natürlich wusste ich das nicht, und dann fragte sie noch: »Kann ich etwas für Sie tun?« Ich lehnte brüsk ab und war erleichtert, bald am Rezeptionstisch angelangt zu sein, ergriff schnell meinen Schlüssel. Im Zimmer öffnete ich als erstes die Flasche mit Wasser, welche glücklicherweise auf dem Tisch bereit stand, trank beinahe alles leer, um mich von dieser Begegnung zu beruhigen.

Zwei Tage nach meiner Ankunft in Moskau wurde ich im Stadtamt vom Oberbürgermeister empfangen. Ein etwas älterer Herr, ziemlich korpulent; seine rötliche Gesichtsfarbe und glänzende dunkle Augen zeugten davon, dass er, wie viele andere hier, Alkohol nicht verachtete. Er hatte schon sehr viele Jahre diesen Posten inne und einhergehend den Ruf eines großen Despoten. Er beherrschte alle Institutionen, weil die meisten abhängig waren von der Zusammenarbeit mit seinen Abteilungen. Er bat mich, Platz zunehmen und sagte: »Wie ich aus dem Schreiben des Botschafters lese, haben sie keine Probleme mit der russischen Sprache. Ich verstehe auch aus diesem Schreiben, dass Sie Moskau beibringen wollen, wie richtige Gastronomie funktioniert?« Seine etwas zynische Bemerkung quittierte ich mit einen Lächeln und sagte: »Nicht ganz so, Herr Bürgermeister, ich liebe persönlich die russische Küche. Und wenn Sie meine Speisekarte aus Deutschland oder Spanien sehen, finden Sie einige hiesige Spezialitäten, die seit langem auf meiner Speisekarte stehen. Ich möchte nur einige hier unbekannte Menüs hinzufügen.« Dann wurde es sachlich, und wir besprachen praktische Probleme, bis er einen Anruf tätigte. Nach einigen Minuten stieß ein älterer Herr, elegant gekleidet, zu uns. Er war mir vom ersten Augenblick an sympathisch. »Mister Murlakow, das ist der wichtigste Mensch der sowjetischen Gastronomie, Boss von 7000 Restaurants und Hotels in ganz Russland. Ohne ihn können Sie hier im Land nichts unternehmen. Ich lasse Sie allein, damit Sie die Einzelheiten besprechen können. Wenn Sie mich brauchen, erreichen Sie mich immer.« Er verabschiedete sich und ging. Wir tauschten unsere Visitenkarten und dann hob der russische Gastronomie-Boss an zu erklären: »Ich weiß nicht, ob Ihnen bekannt ist, dass Sie als Ausländer allein kein Unternehmen leiten dürfen? Das Gesetz sieht dafür die Institution von «Joint-Ventures» vor. Das heißt, Sie dürfen nur 50% der Anteile der Gesellschaft haben, zu 50% müssen Russen beteiligt sein. Überlassen Sie mir Ihre Unterlagen, welche Sie mitgebracht haben und ich werde Ihnen binnen zwei Tagen Ihren zukünftigen Firmenpartner vorstellen. Wie vereinbart, wurde ich zwei Tage später von ihm abgeholt und wir fuhren in seinem Wagen, gelenkt von einem uniformierten Fahrer in den Stadtteil ›Lefortowo‹. Das ist ein historischer Teil aus den Zeiten des Zaren, Peter des Großen. Hier wohnten die ersten Deutschen und Holländer. Wir hielten vor einem etwas alten, aber bestens gepflegten Gebäude. An der Front des Hauses befand sich eine große Bäckerei, welche, wie mir gesagt wurde, alle Konditoreien Moskaus mit Kuchen belieferte; drinnen befanden sich mehrere große Räumlichkeiten. Wir gingen in das Büro des Unternehmens, wo ich dem Chef des Objektes vorgestellt wurde, Herrn Klutschnikow. «Er wird ihr Joint-Venture-Partner und hier sollten Sie Ihr erstes Spezialitäten-Restaurant einrichten. Das muss aber wirklich etwas besonderes werden, denn sehen Sie, dieses Gebäude gegenüber, das ist die größte Militär-Akademie Moskaus! Sie bekommen als Gäste nur hohe Offiziere, Generale und Colonels; einfache Soldaten werden hier nicht verkehren. Nun überlasse ich Euch beide Partner alleine, machen Sie ihre Pläne, einen Businessplan, und wir werden die benötigten Investitionen finanzieren.

Ich bearbeitete noch einige Tage lang einen Haufen von Unterlagen, Plänen, und Kosten-Aufstellungen, machte Abklärungen, dann flog ich zurück nach Köln.

Bei einem Termin mit dem Vorstand der Dortmunder Union Brauerei, berichtete ich über meine Moskauer Eindrücke und über fantastische Möglichkeiten, deutsches Bier in Russland zu verkaufen. Mit Fotos belegte ich den Herren, dass ich selbst Zeuge war, wie in einer der Hauptstraßen

Moskaus Schlangen von hunderten von Menschen am Straßenrand standen mit Eimern, Blechbadewannen, Benzinkanistern und anderen Behältern. Ich hatte beobachtet, dass ein Wasserzisternen-Wagen hielt, Wasserschläuche an die Zisterne angeschlossen wurden und den Wartenden ein dunkles Gebräu in ihre Behältnisse gefüllt wurde. Obwohl das bloß ein warmes, schwach alkoholhaltiges Gebräu war, wurde es teuer unter die Leute gebracht. »Für diese Leute ist es egal«, meinte mein Begleiter, »die haben keine Möglichkeit richtiges Bier zu kaufen, hauptsache, da ist noch etwas Alkohol drin.« Die mir zuhörenden Direktoren der Brauerei schauten mich ungläubig an: »Ist das noch heute in der Zeit der Perestroika möglich?«, fragte einer. »Sie müssen das gesehen haben, dann werden Sie gleich morgen in Moskau eine Brauerei eröffnen«, meinte ich.

Wir berieten über meine Pläne zur Errichtung von mehreren Lokalitäten, angefangen in der Stadt Moskau selbst. Der Vorstand meinte zum Schluss der langen Debatte: »Wir sind bereit mitzumachen, stellen aber eine Bedingung: nehmen Sie unseren Exportdirektor mit, den Herrn Baron von Keyserling. Er hat schon in vielen anderen Ländern die Verhältnisse kennen gelernt und wir sähen es gerne, dass er zum Partner Ihrer GmbH wird. Uns ist es recht, wenn er die Übersicht über die notwendigen Investitionen führt. Ich hoffe, Sie werden gut miteinander zurechtkommen.« Und ja, das wurde wirklich eine fantastische Zusammenarbeit!Herr von Keyserling war ein jüngerer Mensch, von Beruf Architekt, hatte viele Jahre in Amerika gelebt. Es entstand eine richtige Freundschaft zwischen uns.Nach einiger Zeit wurden unser Joint-Venture Partner, Herr Klutschnikow, und ein Vertreter des Bürgermeisters nach Dortmund eingeladen, um die Brauerei zu besichtigen. Das Staunen der Russen war grenzenlos ... »Und Sie wünschten sich, eine solche Brauerei in der Sowjetunion zu besitzen?«

Die Brauerei stellte die Gelder zur Verfügung. Wir erwarben in Deutschland alle benötigten Geräte und Einrichtungen wie Kühlanlagen, Herde und so weiter. Der Baron, erstmals nach Moskau mitgereist, grübelte einige Tage lang in sich hinein, kam dann zu mir und sagte: »Sie merkten, dass ich letztens sehr viel überlegt habe, aber jetzt, mein Partner, werde ich es Ihnen verraten. Es ging um den Namen dieses Betriebes hier.« Ich lachte zuerst: »Für so etwas brauchen Sie so viel Zeit?« »Ja, hören Sie mir zu, es geht hier um Weltgeschichte; wir besitzen Unterlagen, welche uns dies bestätigen. Sie kennen meinen Namen, wissen Sie wer vor einigen hundert Jahren so hieß? Der Botschafter von Friedrich dem Großen, der beim russischen Zaren, Peter dem Großen, war. Mein Ur-Ur Großvater hieß Baron von Kaiserling. Und in diesem, seinem Haus, wo wir jetzt sitzen, wohnte die Geliebte von Zar, Peter dem Großen, sie hieß Anna Mons. Ihr Vater kam aus Holland und hatte hier eine Schreinerei. Es kam aber so, dass sich der Botschafter von Keyserling, der auch privat mit dem Zaren befreundet war, auch in Anna Mons verliebte. Und so beschlossen die beiden, davonzulaufen. Im Winter, mit Pferde und Schlitten, flüchteten die beiden in Richtung Wien.

Als der Zar davon erfuhr, jagte er mit seinen Kosaken hinter ihnen her und erwischte die beiden noch, bevor sie Österreich erreicht hatten. Er war böse auf seinen Freund und schickte ihm mit einem erzürnten Begleitbrief zu seinem Kaiser zurück, er wolle ihn nie mehr sehen. Etwa ein Jahr danach, als die Liebe des Zaren zu Anna Mons nicht mehr so stark war und seine Sehnsucht nach dem Spiel und der Jagd größer wurde, als diese Liebe, schrieb Peter dem Kaiser erneut ein Schreiben, in welchem er mitteilte, der Baron könne seine Anna wieder haben und sie sogar heiraten. Jubel, Trubel, Heiterkeit, der Baron lässt sich nicht lange bitten, kehrt nach Moskau zurück und heiratet seine geliebte Anna. Bei der Geburt eines Kindes stirbt Anna aber. Ich war angetan von dieser Geschichte, habe auch einige Unterlagen der Vergangenheit einsehen können. Und wie soll der Betrieb hier heißen? Natürlich »Anna Mons«! Und so geschah es. Ein großes Schild an der Hausfront mit dem Namen »Anna Mons« wurde angebracht, alle Speisekarten trugen ebenfalls diesen Namen. Im Haupteingang des Hauses sollte ein Großportrait mit dem Liebespaar, Zar Peter und Anna, aufgehängt werden. Dafür beauftragte ich einen sehr bekannten Maler. Ein Bild von Zar Peter war nicht schwer zu erhalten, aber in keinem Museum wusste man von einem Bild der Anna Mons. Tage vergingen und das Portrait konnte nicht fertiggestellt werden. Der Baron war gerade zu Besuch in Moskau und wir sprachen darüber, und dann sprang ich auf: »Ich weiß ja, welches Gesicht Anna hatte!« Alle schauten mich verdutzt an. »Du bist es«, sage ich zum Baron, Du bist doch einer, der aus dieser Familie stammt. Also hast Du gewiss auch eine Ähnlichkeit mit Deiner Ur-ur-Großmutter!«

Moskau 2003, Restaurant ›Anna Mons‹

»Nein, auf keinen Fall!« schrie der Baron. »Na, stell dich nicht so an, gib mir ein schönes Foto von dir, den Rest machen wir schon.«

Es war ein langer Kampf, aber zum Schluss hatte ich sein Foto. Der Maler brauchte einzig sein Gesicht mit einer schönen, zeitgerechten Modefrisur zurechtzumachen, ihr ein passendes Kleid anzuziehen, etwas Schmuck und wir hatten eine Anna. Das über ein Meter hohe Bild in Goldrahmen hing im Foyer des Lokals, und wir besaßen die Frechheit, trotz des kommunistischen Regimes einen Zaren bei uns aufzuhängen. Zweimal war die Frau des Präsidenten, Raisa Gorbatschowa, mit einer Freundin in unserem Lokal, und sie fotografierten sogar das Portrait.

Gemälde von Zar Peter dem Großem mit Anna Mons

Eines Abends nach der Oper kam der Intendant mit einer Gruppe amerikanischer Gäste, Musiker der Bostoner Philharmonie. Da gerade auch der Baron anwesend war, und die Gäste seinen Namen erfuhren, musste sich der arme Mann mit ihnen unterhalten und dauernd als Fotoobjekt zu Verfügung stehen, mal unter dem Portrait, mal mit einzelnen Gästen. Und so wurde dieses Lokal zum Elite-Treffpunkt Moskaus.

Nach dem ersten Erfolg entwickelte sich meine Firma rapide; ich erhielt das alleinige Vertriebsrecht zum Import von Mineralwasser und ›Schweppes‹ des bekannten Unternehmens ›Apollinaris‹, die Bierproduktion der Dortmunder Union und des Schultheiss Berlin. Wir eröffneten, wenige hundert Meter Luftlinie vom Kreml, entfernt einen riesengroßen Supermarkt, welcher sogar mit dem einzigen staatlichen Supermarket »Beresowska« konkurrierte und mit der Zeit mit seiner Produktauswahl die Konkurrenz übertraf. Unser System entwickelte sich nach einem ganz einfachen Prinzip: Hauptlieferant war die deutsche Metro AG. Für eine schnelle Lieferung haben wir bereits damals eine Logistik aufgrund einer Nummerierung eingeführt, was beinahe alle Sprachprobleme überbrückte und so wurde per Fax oder E-Mail die Menge des gewünschten Produktes und die Nummer des Produktes bestellt und geliefert. Das Metro-Lieferungs-System funktionierte sehr gut, innerhalb von drei bis vier Tagen lag die bestellte Ware auf der Palette und sobald deren zwanzig geladen waren, fuhr der Transporter in Richtung Moskau ab.

Wir waren zu der Zeit die Nummer eins des Umsatzes bei Metro AG. Keine Ladung unter 100’000 DM wurde transportiert, und pro Woche fuhren zwei bis drei Lastwagen nach Moskau. Unsere Zollabfertigung, am selben Ort, kontrollierte den Inhalt und plombierte die Wagen. Transporte wie Wasser, Bier fuhren vom Produktionsort aus direkt nach Moskau. Zusätzlich wurden wir vom Duty-Free-Großhandel in Hamburg mit Zigaretten und Alkohol beliefert. Wir verkauften im Supermarkt nur gegen Fremdwährung. Der Umsatz war enorm. Inzwischen eröffneten wir in der Region

Taganka ein weiteres Objekt, das Haus in der Nähe eines Theaters mit Namen »Bei Peter«, gemeint war natürlich der Zar. Im oberen Teil wurde eine Crêperie eingerichtet, nach meinem in Deutschland erprobten System, und im unterem Teil eine Nacht-Bar mit Musik-Kapelle. Hier erlaubten wir uns ein Novum für die Moskauer Welt und richteten eine Striptease-Bar ein, aber nicht wie im Westen mit Tänzerinnen dieser Art, sondern mit jungen Ballett-Tänzerinnen, die wir durch einen Bekannten vom Bolschoi Theater vermittelt bekamen. Trotz Hungerlohn verdienten diese Mädchen, für ihre nicht leichte Tätigkeit, bei uns bedeutend mehr Geld als sonst wo für ihre Auftritte, außerdem großzügige Trinkgelder von öfter reichlich betrunkenen Gästen. Die Schau war anders, als sich der Leser, die Leserin jetzt denkt! Bei uns mussten sich die Gäste ausziehen und das erledigten eben die Mädchen, zerrten an den Betrunkenen, belustigten Männern, bis sie in Unterwäsche dasaßen. Die Männer versuchten zwar auch den Mädchen, ihre Kleider auszuziehen, aber das Lachen und Tollen war so groß und mit ihrem Glas voll Getränken, das sie nicht aus der Hand ließen, blieb es dabei, während die Mädchen dann zu den heißen Rhythmen der Kapelle weiter tanzten.

Die Stimmung war stets einmalig, es ging so bis fünf Uhr früh, wir mussten mehrere Sicherheitsleute vor der Tür stehen haben. Der Andrang war groß, speziell von etwas älteren Herren, nicht gerade von der ärmeren Schicht. Wir erfuhren, dass unsere Leute vor dem Eingang auch ihr gutes Geschäft machten, weil sie ohne »Bakschisch« keinen hineinließen: »es hätte keine freien Plätze ... «.

Einige Tage nach der Eröffnung fand die offizielle Einweihung des Betriebes statt. Es erschienen Journalisten, das Fernsehen und natürlich viele Politiker und Beamten der Verwaltungen, Die Ansprache hielt der sympathische, große Boss, der mich eingeführt hatte. Und was er sagte, hatte mich sehr gerührt. »Schaut mal diesen Kerl hier an«, und wies auf mich.

»Er kam vor einem Jahr zu mir und erzählte mir, dass er in Moskau ›etwas Besonderes‹ machen wolle. Solche traf ich in den letzten Jahren schon oft, unzählige Ausländer, besonders Amerikaner, welche mit Millionen prahlten und versprachen, in Moskau etwas Besonderes darzustellen. Und was passierte mit diesem großen Gerede? Die haben sich gut bewirten lassen, die tranken maßlos Wodka mit mir und anderen, dann fuhren sie nach Hause und haben sich nie wieder gemeldet. Dieser Kerl hier hat nicht lange gefackelt, wir haben keine Partys gefeiert und er hat was gegründet, was noch keinem in so kurzer Zeit gelungen ist; hier ist schon sein drittes Restaurant und jedes davon ist etwas Besonderes. Der Union Supermarkt von ihm ist Gesprächsthema in Moskau und es wird noch mehr geben, wie ich höre. Komm jetzt, mein Freund, auf so etwas müssen wir trinken und alle müssen jetzt mit Dir trinken!«Mir wurde ein Glas Wodka in die Hand gedrückt, und alle standen auf und prosten mir zu: »NASDOROWIE« – Prost! Ich war zu Tränen gerührt, das war ein berührender Glückstag in meinen Leben.

Dieser nette Freund wurde nach Übernahme der Präsidentschaft durch Jelzin in die russische Botschaft nach Kanada versetzt.

Nach weniger als drei Jahren besaßen wir in Moskau ein Hotel mit achtzig Zimmern, fünf Restaurants, zwei Supermärkte, ein Sportgeschäft mit deutschen Sport-Geräten. Wir belieferten etwa zwanzig andere Betriebe mit Bier, Wasser-Produkten und Alkohol. Insgesamt hatten wir 320 Angestellte, sowie drei PKWs zur Verfügung. Inzwischen hatte ich mein bisheriges Kölner Büro und meinen Etappen-Wohnsitz nach Moskau verlegt. Durch Bekannte habe ich erfahren, dass im Zentrum der Stadt der russische Patriarch, Alexei II., sein großes Kloster umgebaut habe. Er eröffnete eine Joint-Venture-Gesellschaft mit der Kanadischen Kirche, bekam hierfür zehn Millionen US Dollar. Er ließ sein Kloster zu einem Vier-Sterne-Hotel mit zwei Restaurants umbauen. Das Schweizer Konsulat, welches vorgängig im Kloster sein Büro hatte, ist aus dem Gebäude ausgezogen und dieses Büro wurde mir übergeben, mit anliegender Wohnsuite.

Ich war sehr glücklich, wie mir dieses Projekt gelungen war. Und nun zu diesem Objekt bekamen »normal Sterbliche« keinen Zutritt. Rund um das Gebäude befand sich eine Mauer und vor dem Eingang standen bewaffnete Soldaten Wache. Nur mit einer Sondergenehmigung durfte man hineingehen. Als Dauermieter habe ich natürlich diese Genehmigung erhalten. Das Hotel war nur für speziell eingeladene Auslandgäste bestimmt. Und das Restaurant wurde sehr oft von Regierungsmitgliedern benutzt. Eigens für den Patriarchen und seine Begleiter ließ ich im Hotel eine Bier-Bar einrichten, mit Dortmunder Union-Bier im Ausschank. Für den Patriarchen ließ ich einen Art Thron–Sitz herstellen, was ihm sehr gefallen hat. Die Bar war abends immer bestens belegt.

Beinahe neun Jahre lang dauerte dieses Russland–Abenteuer. Dann begann die Partnerschaft mit meinen russischen Joint-Venture-Partner langsam und stetig lästiger zu werden für mich: sukzessiv wurde offensichtlich, dass mich die Leute hintergingen, mit verschiedenen unehrlichen Praktiken. So wurde der Einkauf in Deutschland eingestellt, und unsere Provisions-Anteile, welche wir auf die Einkaufspreise draufschlagen konnten, fielen weg. Waren wurden ab sofort in Finnland oder Schweden eingekauft, über die ich keine Kontrolle ausüben konnte. Auch arbeiteten die Partner nicht mehr wie in den ersten Jahren, dauernd im Betrieb, um Kontrollen auszuüben, immer öfter waren sie auf Reisen im Ausland und gaben großzügig Geld aus, für so genannte »Geschäftsreisen«. Ich beschloss auszusteigen, und meine Anteile an Russen zu verkaufen. Dabei kam ich nicht reich heraus, aber ich wollte nicht so weitermachen und beendete das Kapitel Russland. Dennoch bedauerte ich diese Jahre nicht.

Ich hatte einige wunderbare Menschen kennengelernt wie den Leibarzt von Michael Gorbatschow, Herr Dr. Gudimenko. Er hatte mit seinem Chef, dem Präsidenten, sechzig Länder bereist: Zu allen Theater-Aufführungen saß er in der Neben-Loge von diesem großen Regierungschef. So bin ich mehrmals ins Bolschoi-Theater eingeladen worden und konnte die Aura um den russischen Präsidenten hautnah miterleben, ganz abgesehen von unvergesslichen Aufführungen, die neben meinem beruflichen auch mein privates Leben grandios bereichert haben. Eine ebenso unvergessliche Bekanntschaft machte ich durch das Treffen mit dem Präsidenten des Moskauer Senats Ordzhonikidze. Eine elegante, sehr sympathische Persönlichkeit. Wir freundeten uns an, und ich erfuhr seine Abstammung. Es gibt sogar eine Straße mit seinem Namen in Moskau. Ich wurde zu ihm nach Hause eingeladen und lernte seine Familie kennen.

Er erzählte mir, dass sein Großvater von Tiflis gekommen war, auch die Geburtsstadt Stalins. Diese seien anfangs sogar enge Freunde gewesen. Aber sein Großvater war ein gebildeter, intelligenter Intellektueller und Stalin ist zu einem ungehobelten, brutalen Genossen geworden. Der Großvater sollte Sekretär der Partei werden. Was machte Stalin? Er zwang seinen Freund, Selbstmord zu begehen! Ordzhonikidze zeigte mir eine sehr alte Original-Aufnahme vom Begräbnis seines Opas. Den offenen Sarg trugen vier Leute auf den Schultern. Der erste links war Stalin, und das Foto zeigt, wie ihm Tränen über die Wangen flossen.

»Sehen Sie dieses Schwein, er hatte ihn umgebracht und tut so, als ob er um ihn weinen würde!« Ich habe erlebt, wie die Moskauer diesem Enkel eines großen Mannes noch heute mit viel Stolz und Respekt begegnen. Als ich mit ihm ein bekanntes Restaurant betrat, erhoben sich die Leute von ihren Stühlen, manche kamen heran und umarmten ihn, manche küssten ihm die Hand: Ich war gerührt ab so viel Respekt und Liebe, die diesem Menschen von den Leuten entgegenkam.

Bevor ich aus Moskau abreiste, möchte ich damit schließen, dass ich auch noch das Gegenteil aller Güte von einem wichtigen Menschen erlebte, das mich persönlich betroffen hat. Nach der Abdankung von Gorbatschow als Präsident und mit Übernahme dieses Amtes durch Boris Jelzin suchte die Stadtverwaltung für das Haus Gorbatschows, welches gerade erst fertiggestellt worden war, eine zweckmäßige Verwendung. Durch meinen obig erwähnten Freund hatte ich die Möglichkeit erhalten, dieses wunderbare Gebäude zu besichtigen: 35 luxuriös eingerichtete Zimmer, ein großer Konferenzraum, ein großer Speisesaal für hundert Leute, eine perfekte Kücheneinrichtung und alles, was man sich so als Staatsoberhaupt nur wünschen kann. Der Freund meinte, dieses teure Haus stehe jetzt leer und die Stadt überlege, ob man hier einen Klub für ausländische Diplomaten einrichten solle, mit Spiel-Casino und diversen Unterhaltungen. »Was meinen Sie dazu?«, fragte er mich. »Sie haben einen Grund, mich zu fragen?« »Richtig, was halten Sie persönlich von solch einer Einrichtung?« »Das kann fantastisch funktionieren«, antwortete ich. »Ich bespreche das heute mit dem Bürgermeister und mit den anderen. Kommen Sie morgen Mittag in mein Büro.« Am nächsten Tag wurde ich, trotz hunderter wartender Menschen in der Halle des Stadthauses, sofort von der Sekretärin hereingeholt: »Der Chef erwartet Sie!« Nach kurzer Begrüßung sagte er lachend, »Wissen Sie, dass sie anstelle Gorbatschows hier stehen?« Und legte mir einen Vertrag vor, in welchem stand, dass dieses Haus von Präsident Gorbatschow an mich verpachtet wird, zwecks Einrichtung eines Klubhauses für ausländische Diplomaten und eines Spiel-Casinos. Die Jahresmiete würde 150'000 US Dollar fürs erste Jahr betragen. »Unterschreiben Sie?« Ich glaubte wieder einmal zu träumen, das war wieder ein Geschäft des Lebens. Ich bedankte mich, und wollte gehen. »Ich will mich erst informieren«, sagte ich. Langsam meinte er: »Wissen Sie was hier fehlt? Die Unterschrift des Präsidenten Jelzin; wir wissen nicht, was er mit diesem Haus vor hat.« Mein Enthusiasmus bekam eine kalte Dusche. »Und was glauben Sie, wird er tun?« »Bei diesem Menschen weiß man nie, was er denkt. Morgen wissen wir es.«

Nach einer schlaflosen Nacht war ich am nächsten Tag wieder im Stadthaus. Aus der Miene meines Freundes wurde mir klar, dass die Sache verloren ist. »Sie haben kein Glück, wissen Sie, was Jelzin gemacht hat? Er

KURZ N

Besuch aus Moskau

Der Gastronom Vitaly Kljutschnikov und der Bezirksbürgermeister Alexander Alexandrowitsch Kwatsch verhandelten mit Brau und Brunnen sowie mit dem Kölner Gastronom Danny Murlakov über die Eröffnung einer Bierstube in Moskau. Unser Bild zeigt (v. l.) Danny Murlakov, Alexander Kwatsch, die Dolmetscherin, Dr. Friedrich Ebeling, Vorstandssprecher

Brau und Brunnen, Vitaly Kljutschnikov, Dr. Michael Brenscheidt, Leiter Export Brau und Brunnen, und Bernd Baron von Keyserling vom Export Brau und Brunnen.

zerriss den Vertrag in kleine Fetzen und brüllte ›Njet! Verschwindet!‹ Und so war das nur ein kurzer Traum, mein Glück und Reichtum zu Ende.«

31
1984 bis 1999 – Rückkehr ohne Zukunft

Mein unruhiges Leben setzte sich fort, kaum war ich in Köln wieder sesshaft geworden. An einem Konzert-Nachmittag sind mir an einem Tisch zwei junge Frauen in Gesellschaft eines Herrn aufgefallen. Besonders die jüngere der beiden Frauen hatte eine sehr anziehende Wirkung auf mich gemacht. Mit der üblichen Anrede des Hausherrn, über den Eindruck und das Wohlbefinden der Gäste, sprach ich die, mir noch unbekannten, Herrschaften an und wurde, nachdem ich einen Drink offeriert hatte, tatsächlich eingeladen, mich dazuzusetzen. In dieser Unterhaltung erfuhr ich, dass das Ehepaar bei Essen lebte und dass die andere junge Dame aus Flensburg zu Besuch zu ihrer verheirateten Schulfreundin gekommen war. Das Ehepaar hatte beschlossen, ihr Köln vorzuführen und sie neben anderem auch in das bekannte Kaffee zu einem Nachmittagskonzert einzuladen, das soeben alle sehr genossen hatten. Ihre besondere Art ließ mich meine Augen nicht mehr von der jungen Frau abwenden und dann befragte ich sie, wann sie wieder vor habe, Köln zu besuchen. Sie meinte, nicht so früh, weil sie ihr Studium abgeschlossen habe und nun ihre Lehrerin-Karriere beginne. Ich gab nicht auf, und fragte sie, und wenn sie dazu ganz herzlichst eingeladen würde. Sie lachte verschmitzt und sagte: »Man kann nie wissen, geben Sie mir bitte Ihre Telefonnummer.«

Dann wurde es Zeit, sich zu verabschieden; ich blieb ziemlich betrübt und gedankenverloren zurück. 27 Jahre habe ich gemeinsam mit meiner Frau verbracht, gemeinsam hatten wir unsere Nachkriegs-Existenz aufgebaut, gemeinsam Tiefen und Misserfolge durchgestanden und stets zueinander gehalten, uns gegenseitig in allen Situationen geholfen. Zusammen hatten wir diesen Erfolg erreicht, den wir jetzt genießen konnten. Das war der positive Teil der Gemeinschaft. Der negative Teil sah ganz anders aus: durch übermenschliche Stressbelastung beim Aufbau immer weiterer Betriebe, durch übertrieben viele Reisen in die betreffenden Staaten und immer weniger ansprechbar durch den Ehepartner, ging nicht nur die ursprüngliche, zarte Liebe verloren, es entstanden auch Spannungen und Diskussionen, welche oft im Streit endeten.

Ich konnte auch keinen großen Einfluss auf die Erziehung der beiden Kinder mehr nehmen, da ich bei wichtigen Entscheidungen oft nicht zugegen war. Es war klar, dass unter solchen Umständen nicht mehr viel von der einstigen Liebe geblieben ist.

Da ich den Betrieb, den meine Frau, mit aufgebaut hat, veräußert hatte und sie somit zu einer normalen Hausfrau degradiert habe, beschloss sie kurzer Hand, mit der Tochter nach Israel zu ihrer Schwester zu reisen. Unser vierzehnjähriger Sohn wurde von mir an eine Mittelschule in der Schweiz, in das berühmte Monte-Rosa-Internat geschickt, wo wir ihn bestmöglich aufgehoben glaubten. Von da an blieb ich allein in Köln. Trotz meines Full-Time-Jobs fehlte mir die Nähe und Liebe einer Frau. Nach einiger Zeit nahm ich mir vor, das Mädchen aus Flensburg anzurufen. Aus einem ziemlich langen Gespräch ist ein ständiger Kontakt geworden. Kurz vor Weihnachten wurde ich aus Flensburg angerufen und meine getreue Gesprächspartnerin teilte mir mit, dass sie mit einer Freundin für ein paar Tage nach Köln kommen würde; ob ich damit einverstanden sei? Natürlich habe ich mit Begeisterung zugestimmt, obwohl die Schutzbegleitung nach einer Dame nicht das war, was mich sehr glücklich machte. Ich holte die beiden am Bahnhof ab und brachte sie in meine Wohnung. Die Damen wählten ein Schlafzimmer aus, in dem sie bleiben wollten, und ich blieb brav außen vor. Abends gingen wir in eines meiner Restaurants, beschlossen den Abend in einer Nachtbar. Nach drei Tagen verabschiedete sich die

Freundin von R. und mir, und wir blieben alleine. Das Schlafzimmer war mir nicht mehr verschlossen und wir verbrachten wunderbare, unvergessliche Stunden zu zweit.

So wurde die kurze Bekanntschaft zu einer großen Leidenschaft und Liebe. Fortan blieben wir in Kontakt, wir besuchten uns gegenseitig nach Möglichkeit, entweder kam sie zu mir oder ich fuhr an den Ort, wo sie als Lehrerin tätig war. Das reichte mir auf Dauer nicht; ich wollte immer mit meiner neuen Liebe zusammen sein. So bedrängte ich die Schulbehörden in N.R.W. und erwirkte, dass R. von Schleswig-Holstein nach NRW in Köln, als Lehrerin, versetzt werden konnte. Wir erwarben in einem Kölner Bezirk ein Haus mit Garten und lebten eine Zeit lang in glücklicher Harmonie miteinander. Wir fuhren in den Urlaub nach Spaniens Costa del Sol und wir verliebten uns beide in die herrliche Landschaft in diesem wunderbaren Klima. Wir beschlossen alles zu tun, um in einem solchen Paradies leben zu können. Unser Traum sollte sich schneller verwirklichen, als wir geträumt hatten.

Kurz vor unserer Rückreise nach Deutschland lernten wir einen Herrn kennen, der Direktor der deutschen Schule in der Stadt Marbella war. Er erzählte von seinen Sorgen über die mangelnden Lehrkräfte aus Deutschland, weil die meisten Angst hatten, ihr Beamtenstatus zu verlieren, wenn sie nach Spanien gehen. Meine Partnerin guckte mich an, wir hatten denselben Gedanken und ich fragte, welche Vertragszeit abgeschlossen werden müsse, damit ein Lehrer eine Anstellung erhielte, hier in Spanien. Er meinte, zwei Jahre müssten es mindestens sein, und als R. sagte, sie sei Deutschlehrerin und würde gerne eine Zeit lang in Spanien als Lehrerin arbeiten, strahlte er über sein ganzes Gesicht und meinte, dass es für ihn ein glücklicher Tag war, uns heute zu treffen.

Wir verabredeten uns, um die Marbella Schule kennenzulernen. Diese lag auf einen hohen Berg mit vielen wirren Straßen und Kurven, ein wunderschönes Gebäude. Der Direktor bereitete einen Vertragsentwurf für R., der nachträglich vom Generalkonsul unterschrieben wurde. Zurück in der Republik, profitierte ich ein weiteres Mal von meinen Beziehungen zur zuständigen Behörde und wir erhielten wiederum ein besondere Bewilligung, welche meiner Partnerin die Aufnahme ihre Lehrtätigkeit in Spanien erlaubte. Für mich aber folgte die schwere Entscheidung, mein geliebtes Unternehmen in Köln, die »Goldene Glocke« mit dem Konzert-Kaffee und allen anderen Abteilungen, nach fast 15-jähriger Tätigkeit, aufzugeben und zu veräußern, da ich von Spanien aus unmöglich den bestehenden, nicht ganz gewöhnlichen Status des Unternehmens weiter garantieren könnte. Diese Vermutung hat sich leider bestätigt, da der Nachfolger, welcher den Betrieb übernahm, nach weniger als einem Jahr Konkurs erklärte und den Betrieb aufgab. Die Bevölkerung, die Medien beklagten lange Zeit die Aufgabe des Betriebes, weil nie wieder etwas Gleichartiges und Attraktives in Köln oder Umgebung existierte. Was meine geschäftliche Seite betraf, erhielt auch ich nie den vereinbarten Kaufpreis für den Betrieb. Jedoch hatte mir keiner meiner Betriebe, welchen ich im Verlaufe der Jahre meiner Tätigkeit aufgegeben hatte, so viel Zufriedenheit und Glück wie dieses Unternehmen gebracht. Letztlich konnte ich mir verzeihen wegen dem nun folgenden Spanien-Abenteuer verzichtet zu haben. Nach der erfolgten Scheidung von meiner ersten Frau heiratete ich R.

In Spanien angekommen, erwarben wir eine wunderschöne Villa mit fünf möblierten Zimmern und einem üppigen Garten. Der Verkäufer dieses Objekts war ein hoher englischer, pensionierter Offizier, der seinen Kaufpreis aus finanziellen Gründen nicht erfüllen konnte. In fünf Gehminuten befanden wir uns Meeresstrand. Innerhalb weniger als einem Jahr war ich schon wieder Eigner dreier Restaurants und darauf, in einem Einkauf-Center, folgte ein viertes. Zwei der Restaurants lagen unmittelbar am Meeresstrand, eines davon im bekannten Touristenort Fuengirola, wo sich bis um ein Uhr nachts Gäste aus aller Herren Länder tummelten. R.+fuhr mit dem Auto zur Schule, wo sie bis vier Uhr nachmittags arbeitete. Wir gingen jeden Tag zum Meer baden und schlossen mit der Zeit viele Bekanntschaften. Wir lebten zufrieden und glücklich. Etwa nach einem Jahr unseres Aufenthalts in Costa del Sol bekam ich eines Abends einen besonderen Besuch in meinem Crêperie-Restaurant in Fuengirola. Der Herr war aus unserem Bekanntenkreis, der Lebensgefährte der deutschen Leiterin der Siedlungsverwaltung, in welcher wir lebten. Dieser Mann aus einer adligen Abstammung, welcher auf sämtlichen Veranstaltungen der adligen Familien immer dabei war und sogar auf dem königlichen Madrider Hof oft Gast war, kam in Begleitung einer Frau, welche aus einem Tizian-Bild stammen mochte. Die kupferroten Haare, ein pfirsichfarbener Teint, ihre grünen, glänzenden Augen, bei einer zierlichen, elegant wirkenden Figur, das alles wirkte auf mich, als würde ich träumen. Unser Freund machte mich mit der Dame bekannt, sie kam aus der Stadt Sevilla, wo praktisch sämtlicher spanische Adel zu Hause ist. Ich gesellte mich zu deren Tisch auf ein Glas köstlichen portugiesischen Portweins. Nach dem Abendessen gesellte ich mich erneut zu ihnen.

Die Juanita, wie ich sie nennen werde, war begeistert von meinem Betriebssystem und den hier servierten Speisen. »Wissen Sie«, meinte sie, »so etwas gibt es nicht in Spanien, so ein Betrieb in Sevilla würde zu einem Weltschlager, ich verspreche Ihnen, wenn wir einen solchen Betrieb dort aufmachen würden, werde ich zu Eröffnung den Vater des Königs mitbringen.« Ich achtete nicht auf dieses Versprechen, aber auf ihre Worte, »wenn WIR so einem Betrieb aufmachen, das heißt, sie will mit mir eine Restauration aufmachen?!« Mich überfiel ein Schauer. Wir unterhielten uns noch sehr lange, ich konnte mich von ihren Augen kaum mehr lösen, sie schaute mich so betörend an, dass mir beinahe unheimlich wurde, von einer noch nie zuvor gesehenen Frau so verzaubert zu werden. Wir verabschiedeten uns mit meiner Zusage, dass ich demnächst nach Sevilla kommen werde, um Eindruck zu gewinnen über die Stadt und unsere Planung. Sie überließ mir ihre Koordinaten und die beiden gingen. In dieser Nacht war ich sehr aufgeregt, ich versuchte dies meiner Frau gegenüber zu vertuschen, um sie nicht zu beunruhigen. Bald meldete ich mich zu einem Besuch bei Juanita in Sevilla an. Am Ausgang des kleinen Flughafens stand sie, die Madonna, in eigener Person. In weißem Kostüm, mit einem seidenen, blauen Schal um den Hals, schien sie mir wie eine Märchenfee, sodass ich schlucken musste vor Aufregung. Sie kam auf mich zu, umarmte und küsste mich auf beide Wangen nach guter, spanischer Art. Dabei stieg ihr betäubender Parfum-Geruch in meine Nase, der mein Blut steigen ließ. Sie führte mich zu einem glänzenden, noch ganz neu aussehenden Porsche und wir fuhren davon. Unterwegs erzählte sie mir ihre Geschichte, um, wie sie erklärte, ihr etwas komisches Benehmen besser verständlich zu machen.

Sie war fast fünfzehn Jahre verheiratet mit einem sehr berühmten Spanier aus der Künstlerwelt. Sie haben zwei wunderhübsche Kinder von zwölf und vierzehn Jahren, ein Mädchen und einen Jungen. Sie zeigte mir ein Foto. Engelsgesichter, wie sie beide hatten, sieht man nicht so oft. »Sie sind mehr als schön«, staunte ich und ergänzte: »Kein Wunder bei so einer Mutter«. »Oh ja, sie sind mein ganzes Glück, und sie bleiben immer bei mir.« Dann fuhr sie fort: vor etwa eineinhalb Jahren sei ihr Mann nach Südamerika gereist, als Gast eines Staatspräsidenten, habe sich in dessen Frau verliebt und sei ziemlich schnell mit ihr abgehauen. Zurück in Spanien, habe er die Scheidung eingereicht, und nun sei sie seit einem Jahr geschieden. »Ich werde nie mehr einen Spanier heiraten.«

Inzwischen waren wir in einer wunderschönen Villengegend angelangt. Vor einem herrschaftlichen Gebäude fuhr Juanita in eine Allee ein und dann befanden wir uns vor einem aristokratischen Gebäude, welches bestimmt mehr als hundert Jahre alt war. Wie wir aus dem Wagen stiegen, näherte sich ein Diener in Livré und holte den Wagen ab. Eine junge Bedienstete mit weißer Schürze und Kopfhaube öffnete uns die Türe. Seien Sie willkommen! Gönnen Sie sich erst eine Erfrischung, danach lade ich Sie ein in den großen Salon zu kommen. Wenig später fand ich mich dort ein, wo mich ein reich gedeckter Tisch, mit teurem Porzellan und vergoldeten Besteck, empfing. Wir tranken spanischen Wein, knabberten spanische Tapas und genossen köstliche Hauptgerichte. Nach einer Pause, beim Mokka, bestimmte Frau Juanita: »Jetzt fahren wir in die Stadt, damit ich Ihnen zeigen kann, wo wir unseren gemeinsamen Betrieb einrichten werden.« Kurz vor der Einfahrt in den Hafen blieben wir stehen und gingen zu Fuß weiter. Wir kamen zum Hafeneingang, markiert mit einem riesigen Monument, auf dem ein uniformierter Mann mit Admiralshut auf einem Pferd saß. »Ist das Columbus?«, fragte ich Juanita und umgehend nach ihrer Antwort hätte ich mich selbst ohrfeigen können. Sie lachte. »Nein, mein Freund, das ist mein Urgrossvater. Er war Admiral der Armada.« Ich bat um Verzeihung für meine dumme Frage. »Wissen Sie, unsere Familie ist seit hunderten von Jahren in Sevilla ansäßig und wir besitzen noch heute tausende Quadratmeter von Grund und Boden mit Orangen-Plantagen. Übrigens, wenn Sie in Deutschland Verbindungen mit dem Obstmarkt haben, könnten Sie mich unterstützen, dort die Orangen zu verkaufen. Ich habe dazu weder Lust noch Zeit.«

Juanita führte mich weiter, zeigte mir nach dem Hafen ein Künstlerviertel, wo sie glaubte, dort wäre der bestgeeignete Ort, um eine Crêperie einzurichten. Anschließend besuchten wir ein elegantes Café. Meine Begleiterin wurde von vielen respektvoll gegrüßt. Ein vornehmer, eleganter Herr in weißem Anzug verbeugte sich vor der Senorita, küsste ihr die Hand und begrüßte auch mich mit Händedruck.»Das ist der Oberbürgermeister von Sevilla«, stellte sie mir den Herrn vor. »Und das ist mein Freund, mit dem ich hier seine Crêperie eröffnen möchte.« Der elegante Grande machte Vorschläge fürs weitere Vorgehen, er empfahl uns, sich vorab vom Stadtarchitekten beraten zu lassen, küsste ihr wieder die Hand und verabschiedete sich. Wir fuhren zur Stadt hinaus und gelangten an einen kleinen Palast. Juanita wohnte auch hier und führte mir auch hier ihren unbeschreiblichen Reichtum vor. Auf einem Tischchen in Schlafzimmer stand ein Gemälde von einem jungen Mädchen. Sie wies auf das Bild: das bin ich mit zwanzig

Jahren, schau mal, wer das gemalt hat. Ich glaubte erst nicht, was ich lesen konnte: Für meine geliebte kleine Juanita von Deinem Pablo Picasso. J. sah mein Staunen. »Oh ja, Pablo war unser Freund und kam sehr oft hierher zu Besuch.« Wie wir zu ihrer anderen Villa zurückfuhren, war es Juanita längst gelungen, mich dermaßen zu betören, dass ich kaum mehr wusste, wo mir der Kopf stand. Sie schien alle Prominenz nicht nur zu kennen, sondern auch zu ihrem Freundeskreis zu zählen, und zudem sah sie dermaßen gut aus, dass ich wirklich geblendet war von ihr. Irgendwann dachte ich dann doch wieder an R. Sie fand sich wieder im dritten Monat schwanger. Ich beruhigte mich nach dieser kleinen Auseinandersetzung, welche diese Spanierin in mir ausgelöst hatte und kam nach Hause zu meiner Frau, Ich nahm sie in meine Arme und küsste sie zärtlich, dass sie mich mit Staunen anschaute und ich sagte ihr: »Dieses Geschäft werde ich nicht machen, weil diese Frau zu wichtig ist im öffentlichen Leben, sie wird sich niemals auf Dauer mit einem Restaurant beschäftigen können.« Diese Meinung teilte ich ein paar Tage danach an Juanita mit und bedankte mich für alles.

Noch einige Zeit weilten wir in Spanien. Als unsere Mädchen jedoch schulreif wurden, beschlossen wir, noch einmal unsere Zelte abzubrechen und miteinander in unsere vorherige Heimat, nach Deutschland, zurückzukehren.

›Anmerkung zu Oscar Schindler‹

Mein Vater wurde beim Transport von Plaszow nach Mauthausen, zusammen mit einer weiteren Gruppe abgesondert und wie sich später herausstellte, nach Böhmen in Schindlers Fabrik eingeliefert. Als Maschinenbau-Fachmann wurde er eingesetzt zum Arbeiten bei einer dieser Maschinen, und hier geschah das Unglück, dass er den Mittelfinger der linken Hand verlor.Oscar Schindler kümmerte sich persönlich um den Verwundeten, sorgte für eine ordentliche medizinische Behandlung und auch dafür, dass mein Vater einige Tage nicht zur Arbeit erscheinen musste. Ja es war sogar so, dass anschließend eine leichtere Beschäftigung für ihn im Betrieb gefunden wurde.

Nach dem Krieg, bei Oscar Schindlers Besuch in Israel, galt einer der erster Besuche unserer Familie. Leider lebte mein Vater nicht mehr zu dieser Zeit, Schindler aber wurde herzlichst von der Familie meines Bruders Joseph empfangen. Mein Bruder ging mit ihm in ein bekanntes Konfektionsgeschäft, wo er Schindler mit mehreren Kleidungsstücken beglückte, und zusätzlich wurde auch eine finanzielle Hilfe seitens meines Bruders geleistet. Oscar Schindler war für beinahe zwei Wochen täglicher Hausgast der Familie und wir freuten uns auch, ihn im Rahmen der Familie in verschiedene Tel Aviver Speiselokale zu führen. Es sind auch einige Fotos gemeinsam entstanden. Schindler hatte sehr gute Erinnerungen an unseren Vater und sprach über ihn mit sehr viel Respekt und Sympathie.

Epilog

Die hier beschriebenen Geschichten sind alle, bis auf kleine Änderungen, wegen der Verantwortung, gegenüber noch heute lebenden Personen, aus voller Wirklichkeit entstanden. Der bekannte Schriftsteller und Philosoph Ralph Giordano, der einige Kapitel zu lesen bekommen hat, bewunderte mein Gedächtnis, nach mehr als sechzig Jahren so viele Einzelheiten und Fakten nicht vergessen zu haben. Tatsächlich, während des Schreibens wiederbelebte sich meine Erinnerung. Alle Geschehnisse und die Personen welche da drin beteiligt waren, meistens auch deren Namen, fielen mir wieder ein.

Der Horror, der auf mich und auf uns alle zukam, wirkte auf mich, damals 16-jährig und ohne Lebenserfahrung, vielleicht anders, als auf die reiferen, erwachsenen Menschen. So kannte ich aus meiner Umgebung Menschen, welche aus lauter Angst und Verzweiflung über die ungewisse Zukunft Selbstmord verübten. Als Beispiel nenne ich hier unser Gymnasiallehrer Ehepaar, er war Mathematiker, sie Lateinlehrerin. Ich weiß nicht, ob das die Wirkung der vielen gelesenen Bücher war, die in mir einen trotzigen, sturen Unwillen entwickelt hat, mit dem ich mir vornahm, mich nicht gehen zu lassen und unbedingt zu überleben. Diese Haltung verblieb mir über die ganze Kriegs-zeit. In den Lagern strengte ich mich an, durch nicht immer dem konventionellen Sklaven-Verhalten entsprechenden Gehorsam aus der Reihe zu tanzen. So wurde ich zum Pferdepfleger im SS-Gut Popiele, so meldete ich mich als Schreiner-Fachmann in Lager Stryj und so wurde ich später, in den anderen Lagern, als Dolmetscher eingesetzt. Natürlich bedingten diese Aufgaben unter den mörderischen Aufsehern schon immer eine mit höchster Aufmerksamkeit belegte Zurückhaltung.

Nach der Befreiung, im Mai 1945, wurde ich mit 37 Kilo Körpergewicht zusammen mit den anderen in ein Krankenhaus eingeliefert. Etwa nach vier oder fünf Wochen, als alle anderen sich noch immer betreuen lassen mussten oder bereits feiern konnten, habe ich mich dem Krankendienst des Hauses zur Verfügung gestellt. Ich genoss sowohl beim Personal, wie auch bei den Kranken, einen gewissen Respekt.

Heute, im Jahr 2014, zurückblickend auf die vergangenen Jahrzehnte, muss ich feststellen, dass mir diese harte, unvergessliche Vergangenheit eine eigene Härte und Sicherheit mitgegeben hat, die mir nach dem Kriege verhalf, jene gesellschaftlichen und geschäftlichen Erfolge zu erreichen, wie ich sie hier beschrieben habe. Ich verkehrte mit Diplomaten und Ministern, mit berühmten Schauspielern unserer Gesellschaft auf derselben Stufe, von Du zu Du, ohne jegliche Hemmungen,und wurde ebenbürtig ernst genommen. Das soll nicht heißen, dass damit die vergangene Unglückszeit und Tragik doch noch etwas Positives für sich gehabt hätte, sondern, dass der Betroffene selbst, der Mensch in sich, gegen solche Katastrophen den Willen und die Stärke aufbringen muss.

Als einer der noch wenigen verbliebenen Holocaust-Überlebenden wünsche ich niemandem so seine Stärke beweisen zu müssen.

David Murlakow

2013 – Nachruf an Trudi

Im März 2013 ist sie verstorben, man hat sie kremiert, ihr kein Grab gegönnt. Man hat mir nicht vergönnt, sie bis zur letzten Stunde zu begleiten, keiner vermochte zu begreifen, wie viel sie mir bedeutet hat.

Als kleiner Junge und als kleines Mädchen sind wir uns begegnet im Wohnhaus unserer Eltern. Wir waren Schulfreunde und wir sind mit den schwierigen politischen, kriegerischen Verhältnissen voneinander entfernt worden. Jahre später habe ich vernommen, dass sie geheiratet, zwei Kinder zur Welt gebracht hat. Ich habe in einer andern Welt gelebt, aber meine guten Erinnerungen an sie stets bei mir gehabt. Trudi hat zu mir gehört, als wäre sie ein Teil von mir, wie eine Schwester, eine nahe Freundin.

Diese Idylle hatte damals mit dem Kriegsausbruch geendet, weil Hitler alle Reichsdeutschen in das Land beordert hatte. Man sollte glauben, dass damit unsere gemeinsame freundschaftliche Geschichte zu ende ging. Das Schicksal wollte es anders. In den siebziger Jahren als wir in Köln lebten, bei einer Erzählung aus der alten Heimat, fiel mir der Name unserer damaligen lieben Nachbarn wieder ein. Dies verhalf mir, eine Suchanfrage an das Rote Kreuz zu senden und, Oh Wunder!, innerhalb kurzer Zeit vermittelte man mir die Anschrift in der Stadt Hamburg! Ohne Bedenken flog ich nach Hamburg, und mit Herzklopfen klingelte ich an der Türe, die mit dem mir so vertrauten Namen angeschrieben war. Die Türe wurde mir geöffnet von einer hübschen, blonden Frau, die ich mithin trotz der vergangenen dreißig Jahre als meine Trudi von einst wiedererkannte. Auch sie erkannte mich sofort und sprach mich mit meinem Vornamen an. Die gemeinsame Freude, gemischt mit vielen Tränen, war riesig! Wir sprachen über meine verlorenen Geschwister; besonders wurde Trudi betroffen wegen des schrecklichen Todes meiner damals vierzehn Jahre alten Schwester Klara, mit welcher sie so gerne gespielt hatte. Trudi machte mich mit ihrem netten Ehemann und ihren drei erwachsenen Kindern bekannt. Wenig danach lud ich ihre Familie nach Köln ein und machte sie bekannt mit meiner Familie. Beide Frauen, meine Ehefrau und die Trudi, fanden sich gegenseitig sympathisch und korrespondierten lange miteinander, tauschten jahrelang Geschenke zu Geburts- und Feiertagen aus. Mit der Zeit und meinen Geschäftsreisen ins Ausland, danach durch die Scheidung von meiner Frau, wurde der Kontakt zwischen uns zusehends seltener, bis er ganz aufhörte. Nach der dritten Scheidung aber, als ich mich einmal nach frohen Momenten der Vergangenheit sehnte, nach den Kontakten, welche sich tief in meinem Gedächtnis eingegraben hatten, kam ich nicht umhin, wieder einmal Trudi anzurufen. Und hier erfuhr ich, dass sie ihren Mann vor einiger Zeit und nach langer Krankheit verloren hatte. Ich habe ihr mein Bedauern ausgesprochen. Sie erfuhr, dass auch ich mittlerweile alleinstehend war. Wir haben uns getroffen, bei mir und bei ihr zuhause, und dann war es beschlossene Sache: wir wollten den weiteren Weg gemeinsam gehen, zusammenziehen. Die Umstände begünstigten, dass ich mein Leben in Köln beendete, und mit Hab und Gut nach Hamburg wechselte. In ihre große Wohnung, die uns beiden genügend Raum bieten würde. Nie sind wir ein Ehepaar geworden, unser Band war, was es immer war: eine durch nichts zu trübende Freundschaft, in die niemand dazwischenzutreten vermochte. Wir haben lange Gespräche geführt, mit vielen Einzelheiten und Erinnerungen aus unserer Vergangenheit, einen leichten, liebevollen Haushalt geführt, wunderbare Reisen, gemeinsame Erholungskuren genossen und wir waren ein trautes Paar, das in Achtung und Verbundenheit, Tag und Nacht miteinander verbrachte.

Trudi wurde bei meiner ganzen Familie akzeptiert, sowohl bei den geschiedenen Frauen, wie auch bei allen unseren Kindern; ein nicht alltägliches Privileg für eine neue Partnerin des Vaters oder ehemaligen Ehemannes. Trudi konnte sich wunderbar in die Rolle einer Mutter, einer Schwester oder einer Geliebten wandeln, dafür liebte ich sie sehr. Leider wurde dieses Glück nach zwölf unbeschwerten Jahren durch eine schwere Parkinson Erkrankung abrupt beendet.

Am 29.03.2013 verstarb dieses wunderbarste menschliche Wesen. Die Trauer und der Schmerz um diesen Verlust werden mich bis zu meinem Tod begleiten.

Jüdische Überlebens- und Nichtüberlebensschicksale aus Polen bearbeitet und herausgegeben von Erhard Roy Wiehn

Stanisław Dygat

Bodensee

Roman über den
polnisch-englisch-französischen Mikrokosmos
während der Internierung in Konstanz 1940

Deutsche Erstauflage 2022; 276 Seiten,
€ 24,80. ISBN 978-3-86628-750-1

Die Originalausgabe erschien 1946 unter dem Titel *Jezioro Bodeńskie* in Polen. Ebenfalls 1946 erschien die von Antoine Dygat, dem Vater des Autors, übersetzte französische Ausgabe *Le Lac de Constance* in Frankreich. Diese französische Ausgabe war Grundlage für die deutsche Übersetzung.

Aus dem Vorwort zur deutschen Erstauflage von Hans-Christian Trepte
Stanisław Ludwik Dygats Roman *Bodensee* (Jezioro Bodeńskie), 1946

Nach vielseitigen Bemühungen liegt nunmehr *Bodensee* von Stanisław Dygat (1914-1978), ein Schlüsselroman der polnischen Literatur, auch in deutscher Übersetzung vor. In der unmittelbaren Nachkriegszeit wurde der Text als ein Angriff auf die »Bourgeoisie« und die bürgerliche »Intelligenz« in Polen gewertet. Das hat auch mit der Entstehungsgeschichte des Buches zu tun, hatte doch Dygat den Romantext bereits von November 1942 bis Juni 1943 niedergeschrieben, mit seiner Veröffentlichung 1946 war das Werk aber in die leidenschaftlich ausgetragenen Auseinandersetzungen um eine neue, volksdemokratische polnische Literatur geraten und damit als wichtiges Zeugnis der literarischen Strömung der »Abrechnungen mit der Intelligenz« interpretiert worden. In Polen selbst gibt es in den letzten Jahren ein wachsendes Interesse an Dygat, an seinem Privatleben als Bohemien, an seinem sozialen Engagement und künstlerisch-literarischem Werk. Mit der Dichterin und Journalistin Agnieszka Osiecka hatte Dygat in Warschau einen renommierten künstlerisch-literarischen Salon geführt, der von namhaften in- und ausländischen Künstlern besucht wurde. Im November 1957 brach Dygat endgültig mit der regierenden »Polnischen Vereinigten Arbeiterpartei« (PVAP), 1964 unterzeichnete er den »Brief der 34«, der Rede- und Publikationsfreiheit einforderte. Der Schriftsteller gehörte auch zu den Unterzeichnern der an den polnischen Sejm gerichteten Gedenkschrift »Memorial 101«, 1975 hatte er schließlich mit weiteren polnischen Intellektuellen gegen die auf dem 7. Parteitag der PVAP beschlossenen Veränderungen in der Verfassung der Volksrepublik Polen protestiert, was ihm letztendlich ein zeitweiliges Publikationsverbot einbrachte.